殻

――脱じり貧の経営――

高橋伸夫
[著]

ミネルヴァ書房

プロローグ

「じり貧」。

「じり貧」とは「じりじりと少しずつ貧乏または欠乏の状態になること」（『広辞苑』第6版）。なにやら昨今の日本経済を象徴しているかのような表現である。

思えば，最初の頃は強みがあって成功した事業のはずだったのに，いつのまにか，じり貧に陥っていた……。そんなお話をいくつか。

【販売店網】

A社のa事業部は，A社の主力製品aのみを扱っている。かつてA社は，製品aの導入期・成長期に，競合他社との間で代理店獲得競争を繰り広げ，なんとか販売店網の確立に成功，競争に生き残ったという歴史があった。それ以来，今日に至るまで，a事業部はA社の収益の柱であり続けてきた。

ところが，a事業部が特化している製品aの属する市場は，既に成熟期，衰退期に入り，市場は縮小傾向にある。おまけに成長期に急拡大させた代理店の店主たちも，いまや老齢化が進み，そのほとんどには後継者もいないので，近年，代理店数は自然減を続けている。市場全体が縮小傾向の中で，なんとかマーケット・シェアは維持しているものの，売上高は緩やかに減少を続けていた。しかし，何か手を打とうにも，a事業部は「事業部」とは名ばかりで，実際には，支店に配

置した人員で各地の代理店の管理をしているだけ。経営効率化のためにと、とっくの昔に製造部門を手放し、いまや製品 a の製造はおろか、商品企画をする人員すらいなかった。それでも販売店網さえ管理していれば、少ない人員で安定的に利益を稼ぎ出す a 事業部は、収益が不安定な他の事業部に比べれば、じり貧とはいえ、A 社にとって依然として重要な事業部には違いなかった。それに、製品 a の品質に対する、根拠のない絶対的な自信……。

【親会社本体の営業力】

β社は、傘下のβグループが拡大をし始めた頃、どんどん増えていく子会社群に共通する経営サービス b を、各社がそれぞれもつのは非効率だと考えた。そこで、経営サービス b を担当するβ社内の部隊をβ社から分社化してB社を設立し、βグループ各社の経営サービス b をB社に担当させることにした。この経営サービス b 自体はβグループ内に限らず、βグループ外の企業にも提供可能なもので、実際、設立当初には引き合いもあった。しかしB社の営業はいまだにβ社本体に丸投げの状態である。確かに、β社本体に丸投げしていた方が、営業費もかからないし、これまでは、それで安定的な売上と利益率を維持できていた。

しかしB社がβ社より分離してから時間がたち、かつてβ社から移ってきた優秀な人材も、いまやみんな定年退職していなくなってしまっていた。分社後に入社してきたB社のプロパー社員は、優秀ではないとはいわないが、βグループ各社から見れば、どうしても小粒に見えてしまうのだった。また、β社本体に営業を丸投げして頼り切っているので、B社内は仕事が降ってくる先に合わせて、つまりは

β社の各事業部に対応させて，典型的な縦割りの部門構成になっており，大きな会社でもないのに，B社の部門間には横の連携というものがほとんどなかった。その行過ぎた縦割りのせいで，B社内部での相互牽制が効かない状況が常態化し，内部統制上の問題が表面化してしまった。このことをきっかけに，B社から他へ委託先を変える会社も現れ始め，そのせいでB社はさらにβ社本体にしがみつくという悪循環に陥っていた。近年，βグループの成長に，かげりが見え始め，業績はじり貧傾向にあるが，β社本体に営業を丸投げしている限り，つぶれる心配はない……のだが。

【好立地の不動産】

C社は，たまたま隣接地に大手の大型ショッピング・センターが進出してきたことをきっかけに，地主の息子が社長となって起業し，そこに店舗を建てて営業を始めた会社である。社長には，特に経験やノウハウがあったわけではないが，人が集まる場所での商売は，売上高も利益も安定していた。おかげで，社長は，経営の苦労を知ることもなく，趣味に打ち込めるほどの時間的な余裕もあった。

ところが，少し離れた場所に別の大手の大型ショッピング・センターが進出してくると，さすがに客足が落ち始めた。社長が店舗を増やすことを考え始めた矢先，同業他社が経営危機に陥っていることを知り，そこの店舗を買い取ることにした。社員さえやる気になればなんとかなるという知人の経営コンサルタントの助言を信じ，にわかに熱血社長と化して，社員を鼓舞し続けた。しかし，立地条件以外に，これといって何の強味もなかったC社が，立地条件の悪いところにも店舗をもってしまったことで，業績はさらに悪化した。もともとC

社の土地・建物は父親の所有で，C社は賃借料を支払って借りていた。今回も，土地・建物は，父親が資金を出して買ってくれていた。そこで社長は父親に泣きついて，地代家賃を安くしてもらい，C社はなんとか黒字を確保できることになった。しかし，そもそも父親は大家として，立地条件の悪い店舗のリニューアルに金をかけることには反対で，ますます店舗の老朽化が進む中，さらに客足が遠のきつつあった。

【特　許】

D社は，社長が技術者出身で，特許をとったユニークな装置で，その分野では世界的に有名になった会社である。ニッチ市場ではあったが，あまり宣伝などしなくても，顧客側から問い合わせがきた。ただし，より高機能の装置を作るには，どうしても他社の特許を使用する必要があり，そうなると，当然のことながら，他社との間で特許のクロス・ライセンス契約（互いに特許の使用を認め合う契約）を結ばなくてはならなかった。ところが，そんな契約を結んで特許の使用を許諾してしまっては，せっかく今，特許で参入を防いで独占しているのに，他社の参入を招いてしまうことになる。そこでD社は，特許による独占を維持するために，高機能化路線はとらず，その代わり，納入先のニーズに合わせて徹底的にカスタマイズすることで対応することにした。そのおかげで，D社は顧客満足度の高い会社としても有名になり，新規の顧客も増えた。特許による独占のおかげで高利益率も維持することができた。

こうなると，いつしか社長は，ニッチ市場でソリューション・ビジネスを展開していることこそがD社の強みだと考えるようになってしまった。そして，研究開発そっちのけで，これからは，お客さんを

待っているだけではだめだと，顧客第一主義を掲げ，ソリューション・ビジネスを積極的に売り込んだのである。しかし，競争相手の会社も指をくわえて眺めていたわけではない。D社の特許を回避する国内他社製の類似装置が，市場の一部に食い込んできた。それだけではない。欧米製のより高機能の装置が，国内市場にも投入され始めたのである。こうして，D社のシェアと売上はじり貧に陥っていった。

【フランチャイズ契約】

E社は，ある地域に限定して，あるフランチャイズ・チェーンの店舗を展開していた。出店当時は目新しい業態で，一般の消費者にはなじみの薄い分野だったが，比較的狭い地域に集中的に出店することで，広告宣伝費を節約し，スキルを必要とする人材も節約し，経営効率は良かった。パート，アルバイトも含めて店員の士気も高く，その行き届いたサービスが評判になり，業績は好調だった。

ただし，フランチャイズ本部との契約により，同じ商号，商標を使って他地域に出店することはできないことになっていた。この契約のおかげで，E社自身も，その地域の中では守られ，利益も十分に出していたのだが，この地域の中では，もはや飽和状態で，これ以上成長することは望めなかった。そんな中，近年になって，E社だけでも飽和状態の同地域に，別系統のチェーンやE社を辞めて独立した人が，安さを売りにして出店を始めた。こうしてE社の業績は，じり貧傾向に陥ることになる。

このA社〜E社の話をセミナーなどで紹介すると，すぐに出席者から質問が出る。

「このA社（～E社）って，ひょっとして〇〇社のことですか？」

まぁ，出てくるわ出てくるわ，その〇〇社のバリエーションの多さには驚かされる。業種も規模も実に雑多。中には私が名前を聞いたこともないようなローカルな（質問者のご近所の）会社名まで出てくるのである。

A社～E社いずれの例でも，【　】で表示したように，企業が幼弱な時期には企業を保護してくれていたものがあった。それを本書では「殻」と呼ぶことになるのだが，殻は確かに色々なものから身を守るのに役立つ。しかし，その殻にしがみついて経営していると，いずれは，「じり貧」状態に陥る……そんな風に単純化して考えると，業種や規模の違いに多少目をつぶれば，似たような会社はいくらでも見つけられるということなのだろう。

そうやって，どこの会社か詮索しながら会場が盛り上がってしまうといい出しにくくなるのだが，実は，このA社～E社の例は，私の創作なのである。しかし，なかなか信じてもらえない。中には，「創作だとかいっているけど，本当はうちの会社のことですよね」などと迫ってくる人までいる始末である。「申し訳ないですが，私はそんな会社聞いたこともありません」とはいいにくいし，本当に困ってしまう。実際，私がA社～E社の例を創作した際，参考にした似たような会社は山ほどあり，多くの会社の共通項のようなものを抽出して，それにもっともらしくディテールを脚色するとこんな感じになった……というのが正直なところである。要するに，こんな例は，身の回りにいくらでもある。日本中が「じり貧」の会社で溢れているのだ。

面白いもので，似たようなことは，1980年代前半，米国の鉄鋼，自動車などの産業が苦境に立たされたときにも指摘されていた（Tichy &

Devanna, 1986)。その指摘は，まずは「ゆでガエル現象」(boiled frog phenomenon) の解説から始まる。この現象は，もともとカエルが主役の古典的な生理学的反応実験のアナロジーで，カエルを突然熱湯に入れると，カエルはびっくりしてすぐに飛び出すが，カエルを冷水の鍋の中に入れて，ゆっくりと熱を加えていけば，温度の変化がゆっくりなので，カエルは熱湯になっていっていることに気づかず，飛び出すことなく，鍋の中でゆで上がって死んでしまうという現象を指している。その上で，当時，「じり貧」状態に陥っていた米国の鉄鋼，自動車などの産業は，まさにこの現象の犠牲者であり，この現象は「文化の繭」(cultural cocoon) ができるために温度変化に気がつきにくくなることで起こるのだと説明したのである。[1]「じり貧」状態に陥る会社を観察してみると，何やら繭のようなものがありそうだ，というティシーたちの指摘は，本書の殻に通じるものがあって実に興味深い。

　そして，ここで強調しておきたい重要なことは，「じり貧」の会社（創作とはいえ，A社～E社のようなケース）でも，赤字ですぐに倒産，というような状態にはなっていないということなのである。なぜそうなるのか？ 読者の中には，C社の不動産やD社の特許などから，レント (rent) を連想した人も多いだろう。レントはもともと地代の意味で，土地利用者が土地所有者に対して支払う利用料のことであるが，国民経済計算の所得支出勘定における賃貸料 (rent) には，土地の純賃貸料だけではなく，特許権・著作権等の使用料も含まれていて，まさにC社やD社のケースは，そのものズバリなのである。さらに経営戦略論では，レントの概念はもっと広く，簡単にいってしまえば標準以上の利益率のことなので（高橋・新宅, 2002），不動産や特許に限らず，A社～E社には【　】内で示したようなレントの源泉があり，

そのおかげで「赤字ですぐに倒産」という事態が回避されていると考えることもできる。

　つまり経営戦略論的な言い方をすれば，殻はレントの源泉となっていることもありそうだ……ということになる。少なくとも企業の幼弱期には，おそらく殻は，レントに限らず，資源の獲得にも役に立っているのだろう。だからこそ，しがみつくわけだ。時間がたって，そのありがたいご利益が薄れてきたとはいえ，そのおかげで，なんとか収支は黒字……と保護されているケースも多いのではないか。だから，余計，始末に負えないともいえる。なぜなら，仮に赤字に転落していたら，事業をやめるとか売却するとか合理化するとかせざるをえなくなるのに，殻は今でも会社の収益の役に立ち，細々ながらでも黒字を出し続けているので，それができないからである。しかし，その殻にしがみついている限り，これ以上，成長の見込みがないことは，経営者も従業員もわかりきっており，じりじりと少しずつ貧乏の状態になっていくことも目に見えている。まさに「じり貧」なのである。

　実は，こんな始末に負えない状態に陥るのは，古い会社ばかりとは限らない。たとえば，クライアント（お得意さん）をつかまえて（これが殻になる），起業してはみたものの，あまりにニッチすぎて，実のところ成長する見込みはほとんどなく，かといって，そこそこ売上があって，現有の少人数の従業員を食わせていく程度には儲かっている小さな会社の経営者は，本当にたくさんいる。少なくとも，私が会ったことのある「ベンチャー」の経営者は，ごく一部を除いて，みんなそうだった。ベンチャー企業の経営者を気取っていたいし（本当は，成長する見込みのない会社はベンチャーとはいわないのだが），従業員の生活にも責任があるので，その会社をつぶすにつぶせない状況に陥って

いることが多いのである。これも本質的には同じである。だから，会社を買ってくれそうなところが見つかると，経営者は喜んで売却してしまう。

　なんだか経営学にまつわる色々なことが殻にかかわってきそうだ。ただし，殻の概念から導き出される結論は，従来の経営学とは異なり，かなり斬新である。「本業がじり貧」とくれば，新規事業開発，多角化，……と続くのが，これまでの経営学，経営戦略論の常識だが，殻の経営学では，そんな陳腐な結論は出てこない。では「殻」とは，正確には一体どんな概念なのか？　最初だけ，ちょっと硬めの話にはなるが，そんなところから議論を始めることにしよう。

殻
——脱じり貧の経営——

目　次

プロローグ

第1章　鉄の檻から殻へ……………………………………1

鉄の檻　『プロテスタンティズムの倫理と資本主義の精神』　天職と鉄の檻　原典にはなかった「鉄の檻」　邦訳では1988年改訳で「鉄の檻」登場　「鉄の檻」はパーソンズの誤訳だった　「殻」で読み解く　人がしがみつくから殻になる　ひきついてしがみつく行為＝硬直性　「じり貧」が生じる理由　対照的な殻

[付録] パーソンズ訳の「鉄の檻」を捨てたコールバーグの新英訳　22

第2章　T型フォードの誕生……………………………………25

フォードがガソリン自動車にたどり着くまで　最初はオモチャ扱い　リーランドとの出会い　最初はユーザー・イノベーション　フォード社の設立とセルデン特許　フォードが選んだ製品デザイン　T型フォードの特徴　軽量化の鍵バナジウム鋼　ドミナント・デザインでかつデファクト・スタンダード　デファクト・スタンダードを確立した会社は有利か？　ドミナント・デザインと技術的優位性　ドミナント・デザインとは新しいものが何もない製品デザイン

第3章　大量生産と工程イノベーションに突っ走る……………49

特化すれば工程イノベーションが加速する　【流動状態】に見られるとされる現象　【特化状態】に見られるとされる現象　ハイランド・パーク工場　移動式組立ラインの登場　移動式組立ラインの影響　親工場と組立分工場　内製化の象徴リバー・ルージュ工場

第4章　しがみつかれて殻になったT型フォード……………69

生産性のジレンマ　定期的なモデル・チェンジという妙案

目　次　xiii

　　T型フォードは生産性のジレンマの典型例か？　　柔軟性を失っていたのは経営者の方　　不変を売りにしたT型フォード　　不変のT型車のモデル・チェンジ　　開発はするが，T型の後継車種にあらず　　全金属製閉鎖型ボディ車の登場　　T型フォードの生産中止

第5章　世界初の汎用デジタル電子計算機 ENIAC ……………87

　　ドミナント・デザインでもデファクト・スタンダードでもない殻　　ムーア・スクールとブッシュ微分解析機　　モークリー　　モークリーとアタナソフの出会い　　モークリーとエッカートの出会い　　モークリーとゴールドスタインの出会い　　PXプロジェクトの発足　　ENIACの具現化　　アキュムレータの構築とプログラム内蔵方式のアイデア　　ENIACのプログラム　　ゴールドスタインの入退院とアキュムレータの完成　　割り込んできたフォン・ノイマン　　EDVACレポート　　アイデア泥棒

第6章　殻として機能しだした ENIAC ……………………………117

　　ENIACの実現が流れを変えた　　ENIACの完成と高稼働率　　ENIACの試運転と完成式　　ムーア・スクールの大いなる誤算　　ENIACチームの主要メンバーの流出　　ムーア・スクール・レクチャー　　ENIACについて教えてくれ　　ムーア・スクール・レクチャーのインパクト　　アナログからデジタルの時代へ　　殻ENIACにしがみついた英国の大学で　　アタナソフの失敗　　ENIACの中にはABCのものは含まれていない　　殻としてのENIAC

第7章　化石化するコンピュータ・デザイン ………………………147

　　UNIVAC　　レミントン・ランド社に身売り　　IBMの参入　　ENIAC特許とクロス・ライセンス契約　　IBMモデル1401　　システム/360　　ENIAC特許の使用料請求　　システム/360はそれほどの技術革新ではなかった　　ソフトウェアOS/360の失敗　　化石化したコンピュータ・デザイン　　ENIAC特許の独占と無効評決

第8章　化石化以外の道——予言者・古き理想の復活 …………… 173

1　スケール観をもった予言者　175
結果的な累積生産量では説明できない　　学習曲線の原点　　予言者としてのフォード

2　古くても復活すべき思想・理想　182
天職義務というエートス　　精神が生み出す学習曲線　　精神を失えば止まる進歩　　進歩を求める飽くなき精神　　「天は自ら助くる者を助く」

終章　背負うべきは殻ではなく自分の選択 …………………… 193

自分らしくないから　　自己概念を脅かすものは拒絶される……で終わっていいのか？　　統計分析なら無視されるたった5％の成功例　　競争的同型化だけではなく，制度的同型化も　　自然淘汰ではなく人為選択をこそ選ぶべき

エピローグ　207

注　213

参考文献　229

索　　引　239

第1章
鉄の檻から殻へ

鉄の檻

　米国の社会学者，ディマージオ (Paul J. DiMaggio) とパウエル (Walter W. Powell) が書いた論文「鉄の檻再訪」"The iron cage revisited" (DiMaggio & Powell, 1983) は，組織の「同型化 (isomorphism)」について論じている有名な論文である。

　この論文の内容については，本書の終章で再紹介するが，ここで注目するのは，ディマージオ=パウエルの論文「鉄の檻再訪」が，実は，あの有名なマックス・ウェーバー (Max Weber；1864-1920) の『プロテスタンティズムの倫理と資本主義の精神』(Weber, 1920) の最後の部分の紹介から始まっているということなのである。その最後の部分には，次のようなことが書かれていた。

　　この秩序界は現在，圧倒的な力をもって，その機構の中に入りこんでくる一切の諸個人——直接経済的営利にたずさわる人々だけではなく——の生活のスタイルを決定しているし，おそらく将来も，化石化した燃料の最後の一片が燃えつきるまで決定しつづけけるだろう。バックスターの見解によると，外物についての配慮は，ただ「いつでも脱ぐことのできる薄い外衣」のように聖徒の肩にかけられていなければならなかった。それなのに，運命は不幸にもこの外衣を鋼鉄のように堅い檻としてしまった。(中略)

今日では，禁欲の精神は——最終的にか否か，誰が知ろう——この鉄の檻から抜け出してしまった（Weber, 1920, pp. 203-204 邦訳 p. 365）。

「鉄の檻」というキーワードは，ウェーバーに由来していたのだ。

『プロテスタンティズムの倫理と資本主義の精神』

……と，ここまで読んで，「あぁ，そうだったのか，なるほど」と膝をポンと叩くような人は，しばらく読み飛ばしていただいても結構。そうではなくて，正直いって，引用されている文章は，日本語で書いてあるとは思えないほどに，読んでもチンプンカンプンで，まぁ「ウェーバー」（これは英語読みで，ドイツ語読みでは「ヴェーバー」になる）の名前くらいは聞いたことがあるけど……という感じの人は，しばらく私の解説に付き合っていただきたい。

その有名なウェーバーの書いた『プロテスタンティズムの倫理と資本主義の精神』も書名くらいは聞いたことがあるという人は多いと思うが，なにしろ書名が長すぎるので，覚えるのも大変。そこで私よりも少し上の世代の学生たちからは『プロ倫』と俗称されるようになっていた。では，『プロ倫』とはどんな本だったのかというと……。

『プロテスタンティズムの倫理と資本主義の精神』（*Die protestantische Ethik und der Geist des Kapitalismus*）は，『宗教社会学論文集』（*Gesammelte Aufsätze zur Religionssoziologie*）第1巻として本になって1920年に出版されたものである。これは，もともと1904/1905年に『社会科学・社会政策雑誌』（*Archiv für Sozialwissenschaft und Sozialpolitik*）Vol. 20, pp. 1-54/Vol. 21, pp. 1-110 に発表された同名

の原論文「プロテスタンティズムの倫理と資本主義の『精神』」("Die protestantische Ethik und der »Geist« des Kapitalismus")に改訂を加えたものなのである。

論文から本になるときに，原論文にどのような改訂が施されたかについては，いくつかある邦訳書の中では，梶山訳・安藤編（ウェーバー，1920/1994）で，安藤の手によって原論文からの改訂の内容が明示されている。1920年の本と1904/1905年の原論文とを対比して読めるように訳されていて，まさに労作である。本書では，これ以降は，1920年出版の『プロテスタンティズムの倫理と資本主義の精神』を引用することにするが，本書での邦訳の引用ページ数は，特にことわりのない限り，ワイド版岩波文庫の大塚久雄訳（ヴェーバー，1920/1991）によっている。ドイツ語の原典のページ数は，Weber（1920）と同じ出版社から1934年に出版された版が私の手元にあるので，その版によっている。

なお，気がつく人は気がついたと思うが，実は注意して見ると，1920年に本として出版される際に，その書名から1904/1905年の原論文のタイトルにあった精神 Geist の引用符が脱落している。そのため，本の Weber（1920）を示す場合には，精神の引用符は付けず，『プロテスタンティズムの倫理と資本主義の精神』となる。ただし，Weber（1920）の内容細目の「Ⅰ. Das Problem」の 2. には，「Der »Geist« des Kapitalismus」と記され，引用符が付いており，こうした混乱は，ウェーバーが Weber（1920）の改訂と校正までは手がけたものの，その間に肺炎を患って，刊行を見届けることなく1920年に急逝したことも原因らしい。なお，本書で引用している大塚訳（ヴェーバー，1920/1988/1989/1991）では，その裏表紙や訳者序文の冒頭で Weber（1920）

の邦訳であるとしているにもかかわらず，書名の中でわざわざ »Geist« と引用符を付けているが，その理由はわからない。

　というような『プロ倫』の最後の部分に書かれていたというのが，この章の冒頭の引用部分なのだが……。多分，再掲しても，大部分の読者は，読む気力も起きずに読み飛ばすだろうと思うので再掲しない。

　とりあえず，私にわかることだけを解説すると，引用部分に登場する「バックスター」というのは人の名前で，激動と混迷の17世紀英国を生きたピューリタンの牧師リチャード・バクスター（Richard Baxter；1615-1691）のことを指している。バクスターは，内乱期には教派と闘う議会派従軍牧師として，共和制期には教区牧師として，王政復古期には非国教徒として生きたという（今関，2006）。

　しかし，そこだけわかっても，あとはさっぱり……なので，Weber (1920) の大塚訳 (1988) の「訳者解説」をもとにして，噛み砕いて解説すると，次のようなエッセンスが詰め込まれているらしい。

天職と鉄の檻

　ここでウェーバーが注目しているのは，キリスト教的な禁欲である。とはいっても，私のようなほとんど無宗教の日本人にはピンとこないのだが……。

　ウェーバーによれば，まず中世では，世俗を離れ，修道院にこもって神に仕える世俗外的禁欲の倫理なるものが生まれたらしい。そこに宗教改革が起きて，それ以降は，世俗を離れて修道院にこもって信仰するのではなく，世俗の中で普通に生活しながら，キリスト教を信仰するという「ピューリタニズムの世俗内的禁欲倫理」が広まっていった。この信仰のスタイルが，当時興隆しつつあった中産的生産者層の

第1章 鉄の檻から殻へ

人々に受け入れられていったという。

つまり,世俗から切り離された修道院の生活が特別に聖意にかなうのではなく,むしろ「世俗そのもののただ中における聖潔な職業生活」(Weber, 1920, 大塚訳「訳者解説」p. 401)(いいフレーズですねぇ)こそが聖意にかなう大切な営みであり,われわれの世俗の職業そのものが神からの召命,天職(Beruf)ということになる。

こういう天職義務あるいは世俗内的禁欲が「資本主義の精神」を形成する不可欠な核となったとウェーバーはいうのである。このような行動様式を身につけた労働者が大量に存在して,はじめて資本主義的な産業経営の一般的成立が可能になったというわけだ。こうして,禁欲的プロテスタント(ピューリタン)たちが営利を敵視していたヨーロッパで,資本主義の精神は生まれたのである。しかし,いったん資本主義の社会的機構ができてしまうと,信仰のような内面的な力はもはや必要なくなり,やがて鋼鉄のようになったメカニズム――鉄の檻――が逆に世俗内的禁欲あるいは天職義務を外側から強制するようになる。そして,いまやその「資本主義の精神」自体さえもしだいに忘れ去られていき,精神を失った天職義務の行動様式だけが亡霊のように残存するというのである。

とここで,もし気づいた読者がいたら,たいしたものだが,今述べた1ページほどの解説は,拙著『ダメになる会社――企業はなぜ転落するのか?』の最後の章である第7章の節「天職と鉄の檻」(高橋, 2010, pp.193-195)から,あえて文章を抜き書きしたものである。なぜなら,そこがきっかけになって,本書のメイン・テーマが降ってきたからである。

実は,ディマージオ=パウエルの論文「鉄の檻再訪」について,社

会学者である安田雪氏と共著の形で，解説論文，安田・高橋（2007）を書いたことがある。しかし，私には少なからず違和感があった。本当に「鉄の檻」は官僚制を表しているのか？　ディマージオ=パウエルのウェーバーの引用の仕方は間違っているのではないか？　という違和感である。実際，本書でこれまで言及した箇所でも，組織や官僚制などが全く登場しない。

その違和感が確信に変わったのは，恥ずかしながら拙著『ダメになる会社』を献本させていただいていた，ウェーバー学の権威，折原浩氏からいただいた書簡（折原浩, 2010年12月18日私信）を読んだ時だった。目から鱗が落ちるとはまさにこのこと。「折原書簡」に列挙されていた中のある小さな指摘が，その後，私の関心をどんどんひきつけていくことになる。そこに垣間見たものは，社会学やウェーバーに縁遠い（私のような）経営学徒には「驚き」の内容であり，同時に，経営学的に重要なインプリケーションをもつ貴重なアイデアの存在だった。

原典にはなかった「鉄の檻」

日本でも，「鉄の檻」という用語は広く流布しており，私の個人的な体験でも，私が大学の学部学生だった1970年代後半には，少なくとも私の周辺では，ウェーバーによる官僚制の比喩として聞いた記憶がある。この傾向は近年でも変わらず，たとえば，代表的なウェーバーの解説本である山之内（1997）でも，「ヴェーバーが『鉄の檻』と呼んだ近代の官僚制的秩序」（山之内, 1997, p.95），「近代官僚制という『鉄の檻』」（山之内, p.96），「官僚制の『鉄の檻』」（山之内, p.98）と連呼される。

第1章 鉄の檻から殻へ

　そして《鉄の檻＝官僚制》というイメージを前提にして，官僚制批判の出発点としたり，ウェーバー批判のシンボルとしたりすることが行なわれてきた（荒川，2007）。たとえば，「鉄の檻」（官僚制）によって現代人を無気力な歯車と化す……といったステレオタイプな説明の仕方である。ディマージオ＝パウエルの論文「鉄の檻再訪」でも同様であり，論文の最初のページには「官僚化のテンポが速まるにつれて，社会を研究する者は，鉄の檻のイメージに悩まされてきた」（DiMaggio & Powell, 1983, p.147）とある。

　ところが，意外かもしれないが，「鉄の檻」などという用語は，ウェーバーの『プロテスタンティズムの倫理と資本主義の精神』の原典には存在しなかったのである。原典にはなかった「鉄の檻」つまり英訳語アイアン・ケイジ（iron cage）は，実は，1930年のパーソンズ（Talcott Parsons；1902-1979）による英訳（Parsons訳, Weber, 1920/1930）*The Protestant Ethic and the Spirit of Capitalism* での英訳語"iron cage"に由来するものだったのだ。ウェーバーが使っていたドイツ語の原語はゲホイゼ（Gehäuse）であり，辞書を見ても「檻」などという意味はなく，しかも，後述するように，比喩的にすら，「官僚制」という意味などでは，使われていなかったのである。

　原典 Weber（1920）でゲホイゼが登場するのは，たった4カ所，p.37，p.203の各1カ所，p.204の2カ所だけである。それに対するパーソンズ訳（1930）は，手元にある2刷（1948）によれば，p.54では"order of things"，p.181では"iron cage"と"cage"，p.182では"cage"となる。そして，それに対応する邦訳語は，それぞれ大塚訳（1991）の p.51 では「鉄の檻」，p.365 では「鋼鉄のように堅い檻」と「鉄の檻」，p.366 では「鉄の檻」になっている。すなわち，原典

Weber (1920) ではゲホイゼが4カ所に登場するが,パーソンズ訳 (1930) で"iron cage"となっているのは原典の2カ所目に対応した1カ所 (p. 181) だけであり,大塚訳 (1991) では,逆に原典2カ所目を除いた3カ所が「鉄の檻」になっている。

邦訳では1988年改訳で「鉄の檻」登場

実は,Weber (1920) の最初の邦訳,梶山訳 (ウェーバー,1920/1938) では,ゲホイゼは「外枠」と辞書的な意味に近く訳されていた。梶山訳 (1938) の私の手元にある初版1刷では,ゲホイゼの訳は初出で「外枠 (環境)」(p. 31) と訳された後,3カ所で「外枠」(pp. 244-245) と訳されている。

それがどのような経緯で「鉄の檻」になったのか? 実は,梶山力は,肺結核の療養生活の中で訳業を行い,梶山訳『プロテスタンティズムの倫理と資本主義の精神』を1938年に有斐閣から出版した。そのため,この訳業で心身を消耗し,多くの註 (大部分は第2章の註) が未訳のまま,1941年にわずか32歳でこの世を去っている (梶山訳・安藤編,1994)。

その後,同門で先輩でもある大塚久雄が,これら欠落した註を訳出し,また梶山の訳文を改訳して,岩波文庫から,梶山・大塚訳『プロテスタンティズムの倫理と資本主義の精神』として,1955年に上巻 (梶山・大塚訳,ウェーバー,1920/1955),1962年に下巻 (梶山・大塚訳,ウェーバー,1920/1962) が出版された。しかし,そこでもまだゲホイゼは「外枠」のままだったのである (梶山・大塚訳,1962,下巻 p. 246)。変わったのは,「外枠」の初出箇所である梶山・大塚訳 (1955) 上巻 p. 50 で,梶山訳で「外枠 (環境)」だったものが,括弧部分がとれて,

単に「外枠」となったところだけだった。

　ゲホイゼが「鉄の檻」になったのは，それからさらに四半世紀も後のことである。1988年に大塚の単独訳になったときに，大塚訳（ヴェーバー，1920/1988）は，パーソンズの英訳を採用して，ゲホイゼを「鉄の檻」と訳し換えたのだ。この岩波書店から1988年に単行本として出版された大塚訳『プロテスタンティズムの倫理と資本主義の精神』は，早くも翌1989年に岩波文庫に入り，さらに1991年にはワイド版岩波文庫にもなっている。

　実は，私が1970年代後半の学生時代に買ったことのある岩波文庫の上・下巻（1955, 1962）の『プロ倫』には，まだ「鉄の檻」は存在しなかったのである。お恥ずかしい話だが，当時は，買っただけで読んだわけではないので，そんなことは知りもしなかったが。結局，私が『プロ倫』を読んだのは，前述の解説論文，安田・高橋（2007）を書くときに買い求めたワイド版岩波文庫が初めてで，それまでは，1988年に大塚単独訳に切り替わっていたことすら知らなかった。

　ちなみに，英語の"cage"とは，鳥を閉じ込めておくための「籠」や獣を閉じ込めておくための「檻」のことであるが，日本語の「籠」と「檻」では，イメージが随分と違う。しかし，どちらも英語では"cage"なので，本書では単に英語の"cage"を表す場合には，「ケイジ」とカタカナ表記をすることにする。

「鉄の檻」はパーソンズの誤訳だった

　もともとの原語ゲホイゼには，「外界から幼弱な生命を守り，孵化にそなえる生命の暫定的凝固態」（折原，2008, p.3）というニュアンスが籠められていたといわれるが，ケイジあるいは「鉄の檻」と訳し

た途端，そのニュアンスは脱落してしまい，拘束するという一方的なイメージになってしまう。

このことに関しては，英訳語アイアン・ケイジに対する荒川 (2001；2007) の包括的研究がある。荒川によると，パーソンズによる英訳語アイアン・ケイジは，ミッツマン (Arthur Mitzman) によるウェーバーの伝記『鉄の檻』によって飛躍的に有名になったという。ちなみに，ミッツマンの『鉄の檻』の出版は1970年で（ただし，なぜか copyright は1969年になっている），その日本語訳の出版は1975年であった。1970年代後半に大学生だった私が「鉄の檻」という言葉を耳にしたのは，このタイミングだったのである。そして，1983年にディマージオ=パウエルの論文「鉄の檻再訪」(DiMaggio & Powell, 1983) が出版された。

私などは意外な印象を受けるが，「外枠」が「鉄の檻」と訳し換えられた『プロ倫』の大塚単独訳が出版されたのは，ディマージオ=パウエルの論文からさらに5年後の1988年，実は，ミッツマンの『鉄の檻』が有名になってから18年も後だったのである。

しかし，ここで注意しなくてはならないのは，パーソンズの訳語アイアン・ケイジを書名にまで使っているミッツマン自身が，自著の本文中ではアイアン・ケイジを採用せず，「鋼鉄のように堅固な家」と訳していたことである。さらにわざわざ注で「この文章末尾の句を私はドイツ語の語義にしたがって変更した。原語はパーソンズの訳語 "iron cage" を遥かに超えた意味をもっている」(Mitzman, 1970, p. 172 邦訳 p. 160) とパーソンズ訳を批判していた。

それ以降，英語圏の研究者によって，アイアン・ケイジという訳語は批判的に検討されてきたという。中でも，「重荷」であると同時に

生きる上で「不可欠」なものとして，セイヤ (Derek Sayer) が示した「かたつむりの殻 (shell)」に代表されるように，"shell" と訳される例も多くなっているという。実は，もともとドイツ語のゲホイゼには「かたつむりの殻」という意味もある。セイヤは「おそらくお荷物ではあるが，それなくしては生きることが不可能なものという両義的な意味において」鉄の檻よりもかたつむりの背中の殻の方が適切なアナロジーで，それと対比して「檻は外からの拘束であるにとどまる」(Sayer, 1991, p.144 邦訳 p.175) としている。荒川 (2001；2007) もまた，「殻」と訳した方がより適切だとしている。横田 (2011) も「殻」と訳し (p.352)，実はドイツの哲学者ヤスパース (Karl Jaspers；1883-1969) も「殻」(Gehäuse) 概念を使っていたのに，ウェーバーの方の「殻」(Gehäuse) が「鉄の檻」と訳されてしまったために，「ヤスパースの『殻』概念との重なりを覆い隠してきた」(p.377 注81) と指摘している。

　また，『プロ倫』の英訳は，1930年のパーソンズによる英訳の後，21世紀に入って，コールバーグ (Stephen Kalberg) による新英訳が，何度か版を改めて出版され，最新版は Oxford University Press から2011年に出版されている (コールバーグの新英訳の版の関係は複雑なので，章末付録を参照のこと)。コールバーグの新英訳では，ゲホイゼはアイアン・ケイジではなく "casing" (包装) と改められている (Kalberg 訳, Weber, 1920/2011, p.177)。

　荒川は，ウェーバーの他の著作にも当たってゲホイゼの用法を網羅的に調べた上で，一方では過酷な競争を繰り広げる外部からの「保護」，他方では内部での「抑圧」という二義があり，それを「殻」概念で現しているのではないかと考察している。

それに対して「鉄の檻」では、一方的に閉じ込められる単なる抑圧のみの機構になってしまう。それ故か、ミッツマンの『鉄の檻』では、「鉄の檻」はウェーバーのペシミズム（厭世論, 悲観論）を通じて語られるものとして登場する (Mitzman, 1970, p.3 邦訳 p.3)。こうして、英訳・日本語訳の翻訳を介して、「鉄の檻」概念があたかもウェーバー自身の用語であるかのように受容されてしまう歴史的流れが生まれ、その流れに乗って、ウェーバー批判のシンボルとする議論も多かったのである。

「殻」で読み解く

さて、ここまでの解説を一応の予備知識として、再度、ウェーバーの『プロテスタンティズムの倫理と資本主義の精神』の最後の部分に戻って、次の文章をもう一度読み直してみよう。今度は再掲する。

> この秩序界は現在、圧倒的な力をもって、その機構の中に入りこんでくる一切の諸個人——直接経済的営利にたずさわる人々だけではなく——の生活のスタイルを決定しているし、おそらく将来も、化石化した燃料の最後の一片が燃えつきるまで決定しつづけるだろう。バックスターの見解によると、外物についての配慮は、ただ「いつでも脱ぐことのできる薄い外衣」のように聖徒の肩にかけられていなければならなかった。それなのに、運命は不幸にもこの外衣を鋼鉄のように堅い檻としてしまった。（中略）今日では、禁欲の精神は——最終的にか否か、誰が知ろう——この鉄の檻から抜け出してしまった (Weber, 1920, pp.203-204 邦訳 p.365)。

肩にかけられている「薄い外衣」が堅くなったのだから、なるほど、「殻」の方がずっと自然である。「鉄の檻」では不自然だ。そして最後の文は、英語でも shell を使ってこんな言い方をする「Only the shell of the religion remains.（その宗教はその殻［外形］しかとどめていない）」［新編英和活用大辞典（研究社）］。

さらに、訳語を「殻」にすることで、ずっと自然になるのは、その比喩のニュアンスである。この部分を、荒川（2001）は、次のように説明している。

> いったん殻が形成されれば、もはや禁欲的精神といった内的要因は不要となり、殻は自由を抑圧する機構と化すという指摘だ。だが、近代人が「職業人たらざるをえない」のは、過酷な近代資本主義の世界から自らの没落を防ぐためであることに、再度注意しておこう。つまり人々は、過酷な経済競争からの保護を求め、自ら進んで（あるいはいやいやながらも）「鋼鉄の殻」の中に入っていくのである。

つまり、天職義務の行動様式という殻は、確かに外側から天職義務を強制しているのであるが、他方で、いざとなれば、まるで「かたつむり」のように、天職義務の行動様式という殻を盾にして身を守り、信仰も精神ももたずに、資本主義の世界で生きていくことを可能にしているのである。

もっとわかりやすくいうと、最初、人々は信仰心から一生懸命に働いていたのだが、やがて、その勤労意欲旺盛な人々を前提とした新しい社会——資本主義社会——が成立してしまうと、今度は、人々が一

生懸命に働くことを求められるようになる（つまり拘束）。もっとも，一生懸命働いていさえすれば，資本主義社会の中では，他人からとやかくいわれることなく大きな顔をして生きていけるので（つまり保護），信仰心や精神なんかなくても，殻に守られて生きていけるのである。

折原（1969, pp.292-296 ; 2003, pp.10-12）によれば，ウェーバーが1904/05年に書いた論文「プロテスタンティズムの倫理と資本主義の『精神』」は，一見純然たる学術論文として，「資本主義の『精神』」の核心にある「職業義務感」と，「禁欲的プロテスタンティズムの職業倫理」との意味連関を問い，歴史・社会科学的に究明している。しかし，このテーマそのものは，ウェーバー自身の体験を昇華させたものでもあるという。

実は，ウェーバーが，職業人として順風満帆の上昇線をたどり，30代も半ばを過ぎた少壮教授として円熟期に入ろうとする矢先，重い神経疾患をわずらってしまったのである。そして，最小限の職業義務すら果たせずに，各地を転々として療養と苦悩の日々を過ごすことになった。そんな日々の中でアイデアがはらまれていったのである。

当時のウェーバーを一番苦しめていたものは，「職業人」(Berufsmensch）だけを「完全な人間」とみなし，そうではない者を人間として低く見る人間観，感情であったという。ウェーバーは，それまでは，「それが何から自分を守るのかも分からずに，なにかの護符にしがみつくように，学問的な仕事にひきつるように（痙攣して krampfhaft）しがみついてきた」と告白していたという。つまり，学問的な仕事さえしていれば……と，それにしがみついて生きてきたものの，いったん病気になってしまうと，今度は，その生活が重荷になり，自らを苦しめることになったのである。

人がしがみつくから殻になる

ただし,「拘束」という表現自体が, 実は「鉄の檻」のイメージに引きずられすぎであり, 修正を要することも指摘しておきたい。本来のゲホイゼは「殻」であり, 正確にいえば,「殻」が拘束しているわけではない。人間の側が一方的に, 護符としての「殻」の陰で「ひきつるようにしがみついている」だけである。むしろ,「それをやむなく引き受けるのではなく, みずから意欲する」姿がそこにあるのであり, それこそが,「禁欲的職業労働に没頭したピューリタンの, はるかなる末裔の姿に他ならない」のである (折原, 1969, p. 294)。言い換えれば, まさに「人々は, 過酷な経済競争からの保護を求め, 自ら進んで(あるいはいやいやながらも)『鋼鉄の殻』の中に入っていく」(荒川, 2001) のである。それを「拘束」「抑圧」と表現してしまうことは,「鉄の檻」のイメージに引きずられすぎであり, やはり重要なニュアンスを失ってしまうことになるのではないだろうか。

殻にまつわる両面性は, 殻には表面/裏面で別の機能があるという意味での両面性ではない。より正確に表現すれば, 表から護符として見えている殻をひっくり返して裏を見てみると, 殻の裏には, ひきつるようにしがみついている人間がいる, という意味での両面性なのである。同じ巻貝でも,「かたつむり」というよりは, 平たい「あわび」のイメージに近い。もっといってしまえば, 人がしがみつくから殻になるのであって, 殻はヤドカリのように借り物でもいいし, 何でもいいのである。そしてこうした現象は, 何も, 個人の天職義務感だけに当てはまるのではない。実は, 似たようなことは, 経営学の世界でも近年になって考えられ始めているのである。

ひきつってしがみつく行為＝硬直性

レナードバートン (Dorothy Leonard-Barton) は，組織のコア能力 (core capability) に対して，その裏のＢ面としてコア硬直性 (core rigidity) の存在を指摘している (Leonard-Barton, 1992)。昔のアナログ・レコードのＡ面/Ｂ面のたとえは，私のような世代の人間には懐かしい限りだが，音楽ＣＤしか知らない若い世代にはピンとこないかもしれない。

アナログ・レコード，あるいはたんにレコード (record) は，樹脂製の円板で，表面に螺旋状に刻んだ溝があり，その溝の壁面の凹凸で音声や音楽などを記録したものである。レコードから音を再生するには，レコードの中心に開いた穴で中心を合わせて水平のターンテーブルに置き，決められた速度でレコードを水平に回転させながら，溝に針を当て，溝の壁面の凹凸が針に与えた振動を音として拾うことになる。1枚のレコード円板は両面を使うことができ，Ａ面/Ｂ面と呼ばれた。回転速度は，初期には毎分78回転 (SP：standard playing) だったが，後に，毎分33 1/3回転（3分間で100回転；LP：long playing）が開発され主流となった。直径30 cm のLPレコードで約30分収録でき，アルバム用に使われた。これとは別に，もともとジュークボックス（オートチェンジャー）用に開発され，Ａ面/Ｂ面に1曲ずつ収録する（片面の収録時間は約5分）毎分45回転の直径17 cm のレコードもあり，オートチェンジャー用に真ん中の穴が大きくて開いていて，ドーナツに似ているので，「ドーナツ盤」と呼ばれた。ドーナツ盤も家庭用のレコード・プレイヤーで再生することができた。ドーナツ盤は，片面1曲ずつなので，シングル盤とも呼ばれ，ヒットを狙ったタイトル曲はＡ面に入れ，おまけ的な，「ついでに聴いてくれるとうれしいな」

的なカップリング曲はB面に入れた。両面共にヒットを狙った場合には「両A面」などと呼ばれ，この言い方は，片面にしか記録しないCDシングルでも継承されているところが面白い。

本書の読者であれば，ここですぐに殻を連想してくれると思うが，殻にも，このA面/B面があるのである。殻を「コア」「売り」（A面）だと認識しているとき，その裏側（B面）では常に硬直性がつきまとう。プロローグで登場したA社の販売店網，B社の親会社本体の営業力，C社の好立地の不動産，D社の特許，E社のフランチャイズ契約といった殻は，A面の裏側のB面に，殻に必死にしがみついている経営者，従業員の姿がある。

「じり貧」が生じる理由

ただし，ここで注意して欲しいのは，このA面を「これこそ自分たちのコアだ！」と，「ひきつるように護符のごとくしがみつく」行為自体が，硬直性そのものなのだということなのである。裏返せば，それが殻を生み出す。したがって，A面が何であれ，それをA面だと認識している限り，B面では硬直している姿しか見えない。ここが重要なのである。そのことがA面を殻にしている。

しかも，さらに重要なことは，そのA面が実際に競争優位につながっているかどうかに関係なく，殻を「コア」（A面）だと認識しているとき，その裏側（B面）では常に硬直性がつきまとうということなのである。たとえA面が，競争優位を失いつつあっても，あるいは既に失っていても，それがA面である限り，B面ではひきつるようにそれにしがみつき続けている。硬直している。だからこそ生じる「じり貧」なのである。A面が常に競争優位をもたらし続けている

のであれば、B面で硬直していても「じり貧」とは呼ばない。

　コア能力/コア硬直性のようなレナードバートンの言い方だと、良い面/悪い面の印象を与えてしまうが、実際には、良し悪しの価値判断とは無関係に（＝良い面/悪い面ではなく）、あくまでもA面/B面の関係なのである。もちろんヒットを狙って売りであるA面を前面に打ち出すことには違いはない。プロローグで登場した例でも、確かに、当初はA面が競争優位につながっていた。そして、A面が競争優位をもたらしているときには、それが錦の御旗となって、硬直性は言い訳が立ち、問題視されない。しかし、A面がひとたび競争優位をもたらさないとわかったとき、硬直性の言い訳が立たなくなり、問題視されることになるともいえる。

　この硬直性と言い訳の組み合わせは、組織の個体群生態学の議論でも登場する。ハナン=フリーマンは、【B】パフォーマンスの分散が小さく（それを信頼性（reliability）と呼んでいる）、かつ【A】説明責任（accountability）を果たせる組織——すなわち【言い訳の立つA面】と【硬直したB面】をもった組織——が淘汰に生き残り、その結果として、構造的慣性（structural inertia）の高い組織が淘汰に生き残ると考えていた（Hannan & Freeman, 1984, Assumptions 1-3 and Theorem 1）。

　たとえば、レナードバートンが、コア硬直性として挙げている例：ハードウェアの優秀さで売ってきたコンピュータ会社はアプリケーション・ソフトウェアにあまり注意を払わない（Leonard-Barton, 1992, p.119）……とかいった話は、確かに硬直しているのだが、それ自体が、良いとか悪いとかいう話ではない。良し悪しは、硬直しているB面側ではなく、表のA面で決まってくる。たとえば、優秀なハードウェアで売上も利益も伸びているようなときには、ハードウェアの研

究開発にしがみつくことが，さらに優秀なハードウェアを生み出す力になっているわけだから，会社にとってプラスに働いているといってもいいだろう。しかし，「優秀なハードウェア」に護符のごとくしがみついているうちに，豊富なアプリケーション・ソフトウェアで勝負する時代になってしまったら，いかに「優秀なハードウェア」でも売れなくなることは目に見えている。そして，「優秀なハードウェア」にしがみついている硬直性が問題視されるようになるのである。

　しかも，ここでの「優秀なハードウェア」は，殻には違いないが，明らかにレナードバートンのいうコア能力ではない。レナードバートンはコア能力を「競争優位を区別して，それをもたらす知識セット」(Leonard-Barton, 1992, p. 113)と定義し，それに対して，そのB面(flip side)としてコア硬直性がある(Leonard-Barton, 1992, p. 118)としているが，その定義では，レナードバートン自身が提示したこの例には当てはまらないのである。実際の知識セットに意味があるのではなく，それが競争優位をもたらしているときに，A面が錦の御旗となっているだけなのである。

対照的な殻

　そこで本書では，経営学でも有名な例を，殻としてとらえて具体的にみてみることにした。その殻はいずれも，プロローグではあえて取り上げなかった【製品デザイン】に分類されるものである。レナードバートンが「ハードウェア」を例にしたように，実は経営学では，製品デザインが色々な理論・モデルの事例として頻繁に取り上げられる。近年，製品デザインに関する研究がかなり進んでいて，私の周辺でも，製品デザインに関する研究が活発に行われている。そこで，製品デザインの

事例の中でも，古典的ともいえるような事例をみてみることにしよう。

まずは第2章～第4章で取り上げる20世紀初頭の自動車「T型フォード」(Model T Ford) である。T型フォードは，米国フォード社が1908年から1927年にかけて20年間にわたって，単一車種としては驚異的な1500万台余りを生産し，モータリゼーションを成し遂げ，一般庶民の生活様式までも変えてしまったことで有名な自動車である。このT型フォードという殻に，護符のごとくしがみつくことで，フォード社は驚異的な急成長を遂げ，そしてやがて「じり貧」に陥っていく。T型フォードは，経営学上最も有名な殻の一つで，多くの研究者によってさまざまな角度から研究されてきた。そして，それぞれの論者によって，T型フォードのさまざまな理念型が作り出され，さまざまにラベリングされてきた。

そんなラベルの一つが「ドミナント・デザイン」——その時代の人なら誰でも知っているような支配的な製品デザイン——である。T型フォードと並んで，ドミナント・デザインの好例として挙げられることが多いのが，第7章で取り上げるIBMのコンピュータ「システム/360」(System/360；「しすてむさんろくまる」と読んでいた；1964年に発表) である。システム/360も非常によく売れ，IBMの地位を不動のものにしたが，同時に，その改良型後継機システム/370 (1970年に発表) で，メインフレーム・コンピュータのデザインは化石化し，その化石化したコンピュータ・デザインとともに，IBMは「じり貧」に陥っていく。

しかし，であれば，殻と呼ばずとも，ドミナント・デザインのようなこれまでの経営学で使われてきたラベルを使えばいいではないかと思う読者もいるかもしれない。ところが，コンピュータの世界では，システム/360以前に，もう一つ最重要な殻が存在する。それが第5

章～第6章で取り上げる世界初の汎用デジタル電子計算機 ENIAC である。実は，ENIAC はドミナント・デザインではなかったのである（デファクト・スタンダードでもなく，特許にもならなかった）。そもそもたった1台しか作られず，「製品」と呼べるかどうかも疑問である。しかし，T型フォードと同じような機能を果たしていた。では，それを一体何と呼んだらいいのか？

「殻」と呼べばぴったりくる。

それが本書の答えである。T型フォードも ENIAC もシステム/360 も，いずれも明らかにコア能力を指しているわけではない。しかし，殻であり，それを錦の御旗として，ひきつるように護符のごとくしがみつくことで，T型フォードの場合にはフォード社が，ENIAC の場合にはコンピュータ産業が，そしてシステム/360 の場合には IBM が，大きく立ち上っていったのである。

おそらく，新産業や新市場の黎明期（＝輝かしい次の時代への始まりの時期）には特に，企業にとって，そのきっかけとなる殻が存在していたのではないだろうか。ただし，その殻に対して，経営学では，これまで「殻」とは呼ばずに，別のさまざまな名称を与えてきたし，殻にまつわるプロセスについてもさまざまな括り方をしてきた。それらにつけられた思い入れたっぷりな名前のせいで，殻には色々なニュアンスが吹き付けられることになり，そのことがさらに，オーバーシュート気味の解釈と推測（時には「学説」「モデル」と呼ばれる）を誘発してきたようにも思える。そして，実は，ドミナント・デザインやデファクト・スタンダード等に伴う現象の多くは，A面の錦の御旗の裏のB面で，それに護符のごとくしがみつくことによって生じる，

まさに殻がもたらした現象だったこともわかるのである。

そこで本書では，殻の存在に着目することで，より素直に企業行動を理解，記述できる可能性について考えてみたい。そのことで，「じり貧」に陥った会社や人々が，何をすればいいのかも見えてくるはずである。

付録 パーソンズ訳の「鉄の檻」を捨てたコールバーグの新英訳

コールバーグによる新英訳について解説しておこう。コールバーグによる新英訳は，何度か版を改めて出版されていて，その関係がややこしいので，後々，ひょっとして読むかもしれない人のためには，私がマニアックに現物を買い集めてわかった範囲のことは，整理しておいた方が親切だと思うからである。

コールバーグによる主な新英訳は三度，版を改めて出版されている。

① *The Protestant Ethic and the Spirit of Capitalism* (3rd Roxbury ed.). Los Angeles, CA: Roxbury Publishing Company, 2002.
② *The Protestant Ethic and the Spirit of Capitalism with Other Writings on the Rise of the West* (4th ed.). New York, Oxford: Oxford University Press, 2009.
③ *The Protestant Ethic and the Spirit of Capitalism* (Revised 1920 ed.). New York, Oxford: Oxford University Press, 2011.

コールバーグ訳の①がいきなり第3版になっているのは，出版社Roxbury が，(a) 最初は1995年に，(b) 次は 2nd Roxbury ed. として1998年に，それぞれパーソンズ訳をペーパーバック版として出版していたからである。ちなみに(a)黒，(b)青紫，①紫と色違いではあるが，ペーパーバックの表紙のデザインはほぼ一緒である。

(a)(b)ともに，パーソンズ訳の原本にページ付けを一致させている手の込んだペーパーバック版で，1930年出版のパーソンズ訳と同じ版の大きさであるが，①はやや判が大きくなる。ただし，(a)では1930年のパーソンズ訳

にあった R. H. Tawney の "Foreword" の代わりに Randall Collins の "Introduction" が付けられ，(b)では，その "Introduction" を新しくした上で，さらに H. H. Gerth & C. Wright Mills の英訳・編集になる本 *Max Weber: Essays in Sociology.* New York: Oxford University Press, 1946 から，ウェーバーの "The protestant sects and the spirit of capitalism" が採録されている。

このパーソンズ訳の(a)(b)が出版社 Roxbury から出版されていたために，コールバーグ訳の①は，いきなり 3rd Roxbury ed. ということになるのだが，実際には訳者がパーソンズからコールバーグに変わった最初の版なのである。しかし，こうした版の付け方は，いかにも泥縄式である。この延長線上で，②から出版社が Oxford University Press に変わったにもかかわらず，②が 4th ed. とされてしまうのだが，もうここまでくると錯乱気味である。そのせいか，どこかで仕切り直しをする必要があったのだろう。③では，Revised 1920 ed. となるが，一体何を改訂したのか？　以上のような事情を解説しないと，初めてコールバーグ訳を手にする人には意味不明であろう。

なお，さらに事情を複雑にしているが，①には別バージョンが二つ存在していることが確認できている。①の前に，(i) 2001年に①の出版社 Roxbury Publishing Company の copyright で，別の出版社 Fitzroy Dearborn (Chicago, IL/London) からハードカバー版が出版されている。表紙のデザインもほぼ同じだが，(i)には "3rd Roxbury ed." の表記がない。そしてなぜか "Max Weber" の表記もない（中表紙にはある）。(i)と①は同じ内容に見えるが，ページングが若干異なるページがあるのと，手元にある①の3刷では，コールバーグが書いている「翻訳への序文」の脚注（p. v）で，翻訳ミスも含めて3カ所で2002年6月出版の1刷から修正をしているとされているので，同様に(i)からも修正をしている可能性がある。

もう一つのバージョンは，①と同じ2002年に，(1) ①の出版社 Roxbury Publishing Company の copyright で，別の出版社 Blackwell (Oxford, UK) からも(i)と同じ内容で出版されている。ただし表紙のデザインは(i)とまったく異なり，"Max Weber" が前面に出ていて，中表紙には "Third Edition" と最上段に明記されている。以上の版(a)(b)(i)(1)①②③

についてはいずれも入手し，存在を確認しているが，本書の引用ページ数は③2011年版によっている。

　ちなみに，コールバーグ（Kalberg訳, Weber, 1920/2011）は，新訳でゲホイゼを iron cage から casing に改訳した根拠を訳注133（pp. 397-398）で詳細に説明している。実は，2002年の①3rd Roxbury ed. でも，2001年の(ⅰ)でも既にそうなっており，どちらも p. 123 の訳注129（pp. 245-246）に説明がある。

第2章
T型フォードの誕生

フォードがガソリン自動車にたどり着くまで

 T型フォードという製品デザインは，どのようにして生まれたのであろうか？

 フォード社の創始者フォード（Henry Ford ; 1863-1947）は，会社を設立する前から個人で，自らガソリン・エンジン自動車を製作し，自らその自動車を運転して，さまざまな試行錯誤を行っていた。たとえば，自動車といえばいまや当たり前のガソリン・エンジン一つをとっても，試行錯誤の結果たどり着いたものなのである。

 「馬なし馬車」（horseless carriage）つまり自動車が誕生した頃には，動力として，ガソリン・エンジン以外にもさまざまな選択肢が存在していた。1863年生まれのフォードは，1879年にウェスチングハウス社の販売会社で蒸気車の組立・修理工として働き始めたが，蒸気機関は軽量の乗り物には適さないと判断して1年でそこを辞めた。

 そして1985年，イーグル鉄工所で働いていたとき，オットー・エンジン（Otto engine）の修理をして原理を理解し，1887年にガソリンで動く1気筒の4サイクル・エンジンを作る。このオットー・エンジンとは，ドイツの発明家オットー（Nikolaus August Otto ; 1832-1891）が発明した4サイクルの内燃機関のことである。オットーのドイツ・ガスモーター社の工場長だったダイムラー（Gottlieb Heinrich Daimler ; 1834-1900）やマイバッハ（Wilhelm Maybach ; 1846-1929）らの協力で改

良し，1876年に理論と実動モデルが完成している（高島，1979，p.10）。さらにダイムラーとマイバッハはガソリン・エンジンで走る二輪車（ただし補助輪が付いていた）を作り，1885年8月29日付で特許を取得している（高島，1979，pp.13-14）。

ところが，1884年に「オットー・サイクル」特許無効の訴えがあり，1886年には特許が無効となってしまった。[3]この特許無効が自動車の発達に与えた影響は大きく，後発組の人々にとっては，まさにチャンス到来となった。実際，ベンツ（Carl Friedrich Benz；1844-1929）は，それまでオットーの特許を避けて2サイクル・エンジンを作っていたが，訴えでオットーの特許が無効になりそうだと知ると，4サイクル・エンジンに切り換えて開発を始めている（高島，1979，p.26）。ベンツは，電気点火，水冷式，差動装置（ディファレンシャル・ギア）で，数人を同時に運ぶ最初のガス・エンジン（本当に照明用ガスを使ったエンジンもあったが，ここではいわゆる内燃機関のこと）駆動の乗り物（当時は三輪車）を1884年から1885年に作り，実際に公の前で走りまわり，「1～4人を運ぶガス・エンジン駆動の乗り物」に関する特許を1886年1月29日付で取得している（Benz, 1925, pp.74-77 邦訳 pp.92-96；p.136 邦訳 p.169）。ダイムラー・ベンツ社は，この日をベンツ車の誕生日としているが（樋口，2011，p.238），このベンツの自動車特許が認められた1886年は，まさに，オットーの特許が無効になった年でもあった。

そしてフォードも，1890年からデトロイトのエジソン電灯社（Edison Illuminating Company）に技師兼機械工として勤めながら，自動車の開発を進め，ベンツの自動車特許に遅れること10年，1896年に最初の試作車を完成させた。[4]しかし，こうやってフォードがガソリン

自動車を走らせても,勤務先の社長からは,これからは電気だといわれたという。エジソン電灯社なのだから当然かもしれないが。しかし,フォードが思うに,電気自動車はトロリーなしでは走れないし,当時の蓄電池も重すぎて実用的ではなかった(Ford, 1922, p.34)。会社から,技師長にしてやる代わりにガソリン・エンジンの開発を止めるようにと言われたフォードは,逆に1899年に会社を辞め,ガソリン・エンジンの開発を選択した(Ford, 1922, ch.2)。こうしてフォードは,蒸気機関,ガソリン・エンジン,電気モーターといった選択肢の中から,自動車用にガソリン・エンジンを選んだのである。

最初はオモチャ扱い

もっとも,当時は,フォードによれば,多くの識者が「馬なし馬車」のことを「それがオモチャ(toy)以上のものにはなりえない理由を詳細に説明していた」という(Ford, 1922, p.35 邦訳 p.59 ただし原典により忠実に訳し直している)。実は,ベンツも,最初の自動車を試作して乗り回していた1884〜1885年頃,車が故障して止まると,「まるで子供のオモチャ(Spielerei)じゃないか。これじゃあいつになったって何の役にも立たん(nichts)さ」といわれたと似たようなことを自伝に書いている(Benz, 1925, p.75 邦訳 p.94)。新しい製品デザインが登場したとき,最初は「オモチャ」扱いされるのが世の常なのであろう。しかし,そのオモチャが,使われているうちに,どんどん性能を向上させ,やがて世の中を席巻していく。

実は,こうした現象に対して,20世紀末から,経営学の世界ではスポットライトが当てられるようになった。最初に注目されたのは,米国のハード・ディスク・ドライブ(HDD)業界の事例で,ディスクの

直径が14インチ，8インチ，5.25インチ，3.5インチと小さくなるたびに，主役企業が入れ替わり，「イノベーターのジレンマ」とも呼ばれた。たとえば1985年初め，5.25インチ・ドライブの覇者シーゲート・テクノロジー（Seagate Technology）社が，3.5インチ・ドライブのプロトタイプを既存顧客のデスクトップ・コンピュータ・メーカーに見せて評価を求めたところ，顧客各社が求めていたのは，さらに大容量の 40～60 MB の容量で，たった 20 MB で割高の3.5インチ・ドライブはオモチャ扱いだったという。その顧客の返事を聞いて，シーゲートの経営陣は，3.5インチ・ドライブの計画を中止した。ところが，1987年になると，3.5インチ・ドライブがポータブル・パソコン，ラップトップ・パソコンなど新しい用途で売れ始め，性能向上と価格低下を伴い急激に市場を拡大していく。その結果，HDD 産業では主役企業が入れ替わってしまったというのである（Christensen, 1997, ch. 1 特に pp. 20-22 邦訳 pp. 46-49）。最初はオモチャ扱いされていたのに……である。

　似たようなお話は日本にもある。LD（レーザーディスク）業務用カラオケで，かつてパイオニアは自社ブランドで50％以上，OEM 供給分も含めると70％以上の市場シェアを占めていた。1992年にタイトーが世界初の通信カラオケを発売し，次いでエクシングも発売したが，当時はデータ容量が小さい電話回線でデータを配信しており，演奏の音質も映像もチャチで，LD カラオケと比べると，圧倒的に劣っていた。本当にオモチャみたいなものだった。ところが，新譜が出ても通信カラオケならすぐに歌えるし，機器もずっと小型で低価格，しかもメンテナンスがほぼ不要。高速通信回線が急速に普及すると，演奏や映像の質も向上し，LD カラオケは急速に通信カラオケに置き換えら

れていった。結局2000年に（2002年という説もある）、パイオニアは、業務用カラオケ市場から撤退せざるをえなくなる（今能・高井, 2010, pp. 128-132）。最初はオモチャ扱いされていたのに……である。

こうした、新しい製品デザインが登場したとき、最初は「オモチャ」扱いされるが、使われているうちに、やがて、そのオモチャが性能を向上させ、世の中を席巻していくという現象は、実は、自動車のときにも、ドイツでも米国でも既に観察されていたというわけだ。

リーランドとの出会い

話をフォードに戻そう。

フォードは、ガソリン・エンジンの開発を選択し、1899年にエジソン電灯社を辞めた後、同1899年に、デトロイト自動車会社の設立に主任技師（chief engineer）として参加している。とはいっても、このデトロイト自動車会社は、トラックと乗用車を20台ほど作ると、1年余りで解散してしまった。それでもフォードは、個人的に自動車の開発を続け、自動車レースで優勝すると、元のデトロイト自動車会社の持ち主が、もう一度会社を作ろうと言い出し、1901年にヘンリー・フォード自動車会社が設立された。しかし、この会社も結局のところ、経営のやり方に対する不満から、フォードは翌1902年に退社してしまう。

実は、このヘンリー・フォード自動車会社を引き継いだのが、デトロイト自動車会社の技術顧問をしていたリーランド（Henry Martyn Leland；1843-1932）なのである。リーランドは、ヘンリー・フォード自動車会社を1902年にキャデラック自動車会社と改名して立て直した（Sorensen, 1956, 邦訳角川文庫版プロローグ p. 20）。キャデラックは、

後に高級車ブランドとして有名になる。

　リーランドは精密作業の達人で，1863年からスプリングフィールドのアメリカ合衆国工廠で工作機械製造職人として働き，南北戦争後はコルト社のハートフォード兵器工場などで工作機械を製造した。1872年にミシン・メーカーのブラウン＆シャープ社に入り，1878年〜1890年の間はミシン製造部門の長をしていた（Hounshell, 1984, pp. 81-82 邦訳pp. 104-106）。

　ずっと後の話だが，1923年になって，フォードはブロックゲージ（gauge blocks）を発明したスウェーデンのヨハンソン（Carl Edvard Johansson；1864-1943）の有名なゲージ製造会社を買収し，その施設をディアボーンの研究所の中に移転させ，ブロックゲージ（Jo-blocks）を自社で生産し，生産に使う限界ゲージ（"go" and "no-go" gauge）も作るようになるのだが（Hounshell, 1984, p. 286 邦訳p. 363），実は，もともとはデトロイト自動車会社時代に，フォードより20歳年長のリーランドが，限界ゲージ方式やブロックゲージについて手ほどきをし，そのことがT型フォードの量産の基礎となったともいわれる（五十嵐, 1971, pp. 5-7）。

　リーランドは後々までフォードと因縁のある人物でもあった。リーランド率いるキャデラック社は，1909年にGM（後述）の傘下に入り，[6] リーランドは1917年までキャデラック社の経営者としてとどまっていたのだが，1919年に高級車を作るリンカーン社を設立する。そして，このリンカーン社が1922年にフォード傘下に入り，1923年には一部門として吸収されてしまう（五十嵐, 1971, pp. 5-9；樋口, 2011, p. 389）。リーランドは，リンカーン社を辞めさせられ，フォードに会社を騙し取られたと訴訟を起こし，裁判は，リーランドが1932年に亡くなって

裁判が放棄されるまで続くことになるのである（Sorensen, 1956, 邦訳角川文庫版付説 p. 218）。

最初はユーザー・イノベーション

ところで，1901年に設立されたヘンリー・フォード自動車会社を1902年に退社してしまったフォードは，個人的に自動車の開発を続けることになる。そこでフォードは，自分で自動車を作って，自らレーサーとしてその自動車に乗り，自動車レースで優勝して評判になる（Ford, 1922, pp. 33-37 邦訳 pp. 56-62）。つまりフォードは，まだ自動車が普及していない時代の先駆的な自動車ユーザーであったとともに，今日では標準的となったガソリン・エンジン車の開発者でもあったわけだ。

この「ユーザー自身によって開発」されるという現象は，後にフォン・ヒッペル（Eric von Hippel）によって「ユーザー・イノベーション」と呼ばれて有名になる現象でもある。ユーザー・イノベーションは自動車だけに限らない。フォン・ヒッペルによれば，イノベーションを商業生産に適用可能な状態にまで最初に推進した特定の個人または企業を「イノベーター」として定義すると，ガス・クロマトグラフ，核磁気共鳴分光器といった科学機器では，111のイノベーションの77％，半導体製造装置，プリント基板の組立装置といったエレクトロニクス製品の製造装置でも49のイノベーションの67％でユーザーがイノベーターであったという（von Hippel, 1988）。

ただし注意しなくてはならないが，「ユーザー自身によって開発」とはいっても，もちろんフォードがガソリン・エンジンの発明者という意味ではないし，初めてガソリン・エンジンの自動車を作った人と

いう意味でもない。当時既に、ヨーロッパでも米国でもガソリン・エンジンの自動車を製作している人たちはいたし、前述のように、そもそもガソリン・エンジンで走る自動車は、1880年代半ばにドイツで発明されたものだった。

フォード自身も自伝の中で、「その頃には (by that time)、この国でも海外でも他にも車を作っている人がいて、1895年にはドイツから来たベンツの車がニューヨークのメーシーズ (Macy's；当時全米でも最大級のデパート) で展示された。私はそれを見に旅行したが、たいして見る価値はなかった」(Ford, 1922, p. 34 邦訳 p. 57) と書いている。それに対して、カチンと来たのか、ベンツも自らの自伝の中で、この部分をそっくりそのまま引用した上で（ただし、邦訳では「1895年」は「1885年」と誤記されている）、こうコメントしている。「私に関して言えば、1884/85年に最初の車を作り——つまりフォードよりも8年前である——、1888年にアメリカ合衆国の特許をいくつか取り、90年代初めにはアメリカとメキシコに最初の輸出をした」(Benz, 1925, p. 131 邦訳 p. 163)。ここで「フォードより8年前」というのは、フォードが自伝で1893年にガソリン・バギーを走らせていたと事実とは異なる記述（本当は1896年、詳しくは注4）をしていることを受けての表現であるが、いずれにせよ、当時は、そんな状況だったのである。

フォード社の設立とセルデン特許

自動車レースで速い自動車を作れることが知られるようになり、フォードが、フォード自動車会社 (Ford Motor Company；以下「フォード社」と呼ぶ) を設立したのは、ヘンリー・フォード自動車会社を辞めた翌年、1903年のことである (Ford, 1922, p. 51 邦訳 p. 78)。その翌

年1904年と翌々年1905年に、ウェーバーが、論文「プロテスタンティズムの倫理と資本主義の『精神』」を『社会科学・社会政策雑誌』に発表している。ウェーバーの「殻」とは、まさに同時代の出来事だった。

そんなフォードに災難がふりかかる。当時の米国には、やっかいな自動車特許の問題があった。ニューヨーク州ロチェスターの特許弁護士セルデン（George B. Selden；1846-1922）が1879年に出願し（Sorensen（1956, p.120）では1877年出願）、1895年に成立した自動車の基本特許である。この特許のせいで、当時の米国では、自動車の発展が、蒸気自動車なども含めて、きわめて低調だったといわれている。セルデンは実際に自動車を製作できたわけでもないのに、特許を取得していた。そして、そのセルデンの特許に対して使用料を支払っている会社からなる特許自動車製造業者協会が、1903年に、フォード社とフランスの自動車メーカー2社を特許権侵害で訴えたのである。

フォードは一人これに敢然として立ち向かう。そして1911年1月11日に判決が下る。判決の内容は、セルデンの特許は支持されるが、それは2サイクル・エンジンの自動車しか対象にならないとし、4サイクル・エンジンを使っていたフォード社はじめその他の自動車製造業者には適用されないという、やや奇妙な、というか詭弁に近いようなものだった。とはいえ、このやや奇妙な判決のおかげで、フォード社は特許使用料を支払う必要がなくなったのである（Sorensen, 1956, pp.119-121 邦訳 pp.144-146, 以下邦訳の引用ページは福島訳の角川文庫版による；McCartmey, 1999, p.201 邦訳 p.217；樋口, 2011, p.366）。当時、米国の特許の権利期間は特許取得後17年間とされていたので（安岡・安岡, 2008, p.26)、権利期間が切れる1年前のことだった。

この闘いについては，フォードの自伝でも詳しい記述があるが（Ford, 1922, pp. 60-63 邦訳 pp. 88-92），Ford Japan のホームページ（http://www.ford.co.jp/）を ［About Ford］［会社情報］［フォード・モーター・カンパニーとは］とたどっていくと「大衆のための車を目指したヘンリーの闘い」として次のような文章が誇らしげに掲載されている（「ヘンリー」はフォードのファースト・ネーム）。

> ヘンリーは，そのためにクリアしなければならない大きな課題をひとつ抱えていました。当時，ジョージ・セルデンという人物が『馬以外の動力で動くすべての乗り物』について特許を有していたのです。ジョージ・セルデンは巨大シンジケートと強力な弁護士をバックに莫大な特許料を要求してきました。現在でこそ，フォード・モーター・カンパニーは世界有数の企業となっていますが，当時は草創期の小さな会社でした。ヘンリーは，セルデン相手に敢然と戦いを挑み，8年後にようやく勝利したのです。彼の勝利は，たんにフォード・モーター・カンパニーにとって意味があっただけではありません。以後，すべての自動車メーカーがリーズナブルな価格で自動車を提供することが可能になったのです。(2011年4月25日検索)

フォードが選んだ製品デザイン

1900年代の米国では蒸気自動車50％，電気自動車30％，ガソリン自動車20％だったというが（樋口，2011, p. 18），こうして，それらの選択肢の中から，フォードは，むしろ少数派だったガソリン・エンジンを自動車用の動力として選んだわけである。その上で，製品デザイン

を構成する動力以外の要素についても,フォード社設立以降,A型から始まってS型まで8つのモデルの自動車を設計,製造,販売することで,さらに試行錯誤を続けていくことになる。

会社設立の1903年にフォード社が最初に市販したA型は,同年にキャデラック社が最初に市販した車と同様に,もともとは,フォードがデトロイト自動車会社時代に設計した試作3号車が原型になっていた。フォード車が2気筒エンジン,キャデラック車が単気筒エンジンであった以外は,ほとんど同型でそっくりだったという(五十嵐,1970, p.15;樋口,2011, p.396)。

そこからT型にたどり着くまでのフォード社の8つのモデルの間には関係がある。たとえば,今述べた1903年発売のA型の8馬力のエンジンを10馬力にパワーアップしたものがC型で,翌1904年に50ドル高くして発売している。さらに翌1905年には12馬力にしたF型を発売している(Ford, 1922, p.57 邦訳p.84;五十嵐,1970, p.19)。

また1906年発売のN型については,同じシャシー(chassis)を使ったR型を1907年に,S型を1908年に発売している(五十嵐,1970, pp.25-27;Sorensen, 1956, p.78 邦訳p.103)。フォード自身が「われわれは5年間の実験期間を終えた」(Ford, 1922, p.59 邦訳p.86)といっているように,この期間に設計されたA型~S型は試作車的なもので,そのうち表1に示した8つのモデルが実際に販売された。

その表1を見ると一目瞭然だが,T型とその前の8つのモデルとの関係について,フォード自身が「実際には,T型には,前のどのモデルにも含まれていなかった特色というものはない」(Ford, 1922, p.70)[8]と言っているように,T型の製品デザインについて,すべては前のモデルでの実践で十分にテスト済みだったのである(Ford, 1922,

表1 T型にたどり着くまでのフォード社の8つのモデル

モデル (発売年)	エンジン 搭載位置	点火方式	クラッチ	駆動方式	変速機
A (1903)	後方	バッテリー	コーン	チェーン	遊星歯車式
B (1905)	前方	バッテリー	コーン	シャフト	遊星歯車式
C (1904)	前方	バッテリー	コーン	チェーン	遊星歯車式
F (1905)	前方	バッテリー	コーン	チェーン	遊星歯車式
K (1906)	前方	バッテリーとマグネト	ディスク	シャフト	遊星歯車式
N (1906)	前方	バッテリー	ディスク	シャフト	遊星歯車式
R (1907)	前方	バッテリー	ディスク	シャフト	遊星歯車式
S (1908)	前方	バッテリー	ディスク	シャフト	遊星歯車式
T (1908)	前方	マグネト	ディスク	シャフト	遊星歯車式

(出所) Ford (1922, p. 70) を整理したもの[9]。発売年は五十嵐 (1970, ch. 1) も参考にした。

pp. 69-70 邦訳 pp. 100-101)。もう少し広い言い方をすれば，おそらくフォード一人に限らず，20世紀初頭の自動車産業の黎明期に，試行錯誤が繰り返された結果として，それらを総合的に結晶させたものがT型フォードだったといえるのだろう。ただし，それまで右ハンドルだったものを左ハンドルにしたのはフォードが最初で，それがT型だったといわれているが (五十嵐，1970, p. 36)。

T型フォードの特徴

このような経緯をたどり，T型フォードは，

(1) 単一鋳造ブロックの4気筒20馬力のマグネト (magneto；磁石発電機) 点火式エンジン
(2) フット・ペダルで操作する前進2速・後進1速の遊星歯車式変

速機を装着し，さらに，
(3) 強靭なバナジウム鋼をふんだんに使用することで軽量化を実現したモデル

となった (Hounshell, 1984, p. 218 邦訳 p. 278)。この(1)(2)(3)のそれぞれについて，もう少し詳しく説明しておこう。

まず(1)について。1906年完成のフォードのN型は，T型の原型となったモデルで，シャシーでみると，右ハンドルだったことを除けば，T型とほとんど同じ構想に達していたといわれる（五十嵐, 1970, p. 9 ; p. 24）。ただし，N型のエンジンは，4気筒エンジンとはいっても，2個の鋳造ブロックにそれぞれ2個ずつシリンダーがあり，バッテリー点火方式だったが，T型は単一鋳造ブロックの4気筒で，マグネト点火式に変わった (Hounshell, 1984, p. 224 邦訳 p. 285)。

次に(2)のフット・ペダルで操作する前進2速・後進1速の遊星歯車式変速機について。変速機またはトランスミッション (transmission) とは，動力であるエンジンの回転速度を変換して伝達する装置のことである。遊星歯車式というのは，太陽系で太陽の周りを惑星（遊星ともいう）が自転しながら公転しているように，中心にあるサン・ギヤ (sun gear ; 太陽歯車) の周りを複数のプラネタリ・ギヤ (planetary gear ; 遊星歯車) が自転しながら公転し，その外側に内歯歯車のリング・ギヤを組み合わせて減速する変速機の方式のことである。T型フォードでは，リング・ギヤを省略し，プラネタリ・ギヤとサン・ギヤの組合せをそれぞれ3枚ずつとして，サン・ギヤの回転をクラッチで切ることと，バンド・ブレーキをローとリバースの2個のペダルで操作する組合せで前進2速・後進1速の変速をしていた。遊星歯車式

の変速機自体は目新しいものではなく,遊星歯車式変速機の最初の車はフランスのドブットビュ (Edouard Delamare Deboutteville;1856-1901) によるもので,1884年12月2日に特許を取得している (樋口, 2011, pp. 238-239)。ベンツも1887年4月8日にドイツで遊星歯車式変速機 (Planetengetriebe) の特許を取得している (Benz, 1925, p. 84 邦訳 p. 106)。

ただし,T型フォードがユニークなのは,その前進2速・後進1速の変速機には面倒な変速レバーがなく,前進・後進の切り換えもペダル操作だけで済む,楽なセミ・オートマチック・トランスミッションとでもいうべき形に仕上がっていたということである。T型フォードの1レバー3ペダル式では,左のクラッチ・ペダルは,半分踏むとクラッチが切れ,全部踏み込むとスロー・ギアが働き出し,離すとトップ・ギアに入るというペダルだった。つまり,2速セミ AT と同じ操作方法になる。左手のハンド・ブレーキ・レバーは,手前に引くと,クラッチが切れてブレーキがかかる仕組みだった。これを使うと,自動車の発進は簡単になる。①まずレバーを手前に引いておけば,クラッチも切れているので,この状態でエンジンを始動する。②左ペダルを半分踏んでクラッチを切り,③レバーを前に押してブレーキを解放すると同時に左ペダルをさらに踏み込めばスロー・ギアが入って車が動き始める。④適当な速度まで加速したら,左ペダルを放すと,トップ(直結)に入る。あとはスピードを落とす場合には,左ペダルをいっぱいに踏み込めばエンジン・ブレーキがかかり,右のブレーキ・ペダルを踏めばブレーキがかかる。止めたいときや急ブレーキはレバーを手前いっぱいに引けばいい。バックしたいときは中央のリバース・ペダルを踏めばよい,という風に(五十嵐, 1970, pp. 41-42;

第2章　T型フォードの誕生　39

樋口，2011，p. 239）。

軽量化の鍵バナジウム鋼

 そして軽量化の鍵を握っていた(3)のバナジウム鋼について。フォードの自伝によれば，1905年にフォード自身がK型で参加していた自動車レースで，衝突事故で大破したフランス製競走用自動車の破片を見つけたことがきっかけで得られたものだったという。その破片を助手（assistant）に調べさせると，フランスで作られたバナジウム（vanadium）を含んだ鋼であることがわかったので，英国から専門家を呼び寄せ，オハイオ州カントン（Canton）にある小さな製鉄会社（a small steel company）を見つけて，そこに試作させて実用化にこぎつけたことになっている（Ford, 1922, pp. 65-66 邦訳 pp. 95-96）。

 しかし，フォードの腹心ソレンセン（Charles E. Sorensen；1881-1968）の自伝では，経緯がかなり異なる。ソレンセンによれば，英国の有名な冶金学者スミス（J. Kent Smith）が，バナジウム鋼の見本をもって米国中を旅して回っていて，1906年のはじめにフォードに会っている。ソレンセンは英国のバナジウム鋼について読んだことはあったのだが，実物は初めてで，フォードはバナジウム鋼の可能性に気がつき，一番乗りしたいと，助手のウィルズ（Harold Wills）をオハイオ州カントン市のスミスの実験所に送り込んで開発に当たらせた。1906年の夏にカントン市のユナイテッド・スチール（United Steel）社の工場で，米国最初のバナジウム鋼が作られたとしている（Sorensen, 1956, pp. 97-99 邦訳 pp. 125-127）。

 いずれにせよ，オハイオ州カントン市の製鉄会社で，自らバナジウム鋼を作り始めたというところは一致している。それがT型に使わ

れて，軽量化に大きく貢献する。実は，1903年のフォード社設立当初から，フォードの実験は主に軽量化に向けられていたといわれる（Ford, 1922, p. 53 邦訳 p. 79）。なぜなら，軽量化によって，当時の悪路や道のない所でも走ることができるし，燃費も良くなるからである（Ford, 1922, p. 68 邦訳 pp. 97-99）。

ドミナント・デザインでかつデファクト・スタンダード

こうして，当時としては画期的な，軽量かつ使いやすく低価格の自動車として，1908年3月19日にT型フォードは発表されたのである。そして，発表が行われるや，まだ1台も生産していないうちから1万5000台もの注文が殺到した（Hounshell, 1984, p. 219 邦訳 p. 278）。前年1907年の全米の自動車生産台数が4万台強だったことを考えると，信じられないくらいの注文である。

そして，このT型フォードのような製品デザインの存在は，経営学では「ドミナント・デザイン」(dominant design) と呼ばれることになる。ドミナントとは「支配的な」「最も有力な」という意味で，ドミナント・デザインとは，たとえばT型フォードのように，その時代の人なら誰でも知っているような支配的な製品デザイン（外形のデザインだけではない）のことである。アバナシーによれば，T型フォードのような優れた (superior) デザインは，通常は，それまでの色々な製品に別個に導入されてきた要素技術を良いとこ取りで1つの製品にまとめ上げたものであり，機能的な性能競争の技術的基準 (bench mark) となるような製品デザインだということになる (Abernathy, 1978, p. 75)。言い換えれば，T型フォードの理念型がドミナント・デザインなのである。

そして，T型フォードは，こうして爆発的に売れることで，まさに「デファクト・スタンダード」(de facto standard) のかたまりになったともいえる。ここで，デファクト・スタンダードとは，事実上の標準のことである。もともとは，公的な標準化機関 (standards organization；たとえば国際標準化機構 (ISO) や日本工業標準調査会 (JISC)) が勧告，指定した標準であるデジュール・スタンダード (de jure standard) の対極にある概念なのだが，実際には，標準化機関による標準作りは合意形成が重要視されるため，何年もかけて審議することが多く，デファクト・スタンダードを追認することが多いのも実情である。

デファクト・スタンダードを確立した会社は有利か？

どうも，経営学の世界では，デファクト・スタンダードやドミナント・デザインに，それ自体，何か経営的に価値のあるものだという印象をもっている研究者が多いような気がする。しかし，デファクト・スタンダードは，それを確立した会社に独占の利益をもたらすというよりも，新規参入者が短期間にマーケット・シェアを急速に伸ばすことを容易にしてしまう。たとえば，デファクト・スタンダードとして有名なタイプライターのキーの QWERTY 配列である (高橋, 2011c)。

タイプライターの発明者は，銃を主力製品とするレミントン社 (E. Remington & Sons) に生産を委託した。1874年にレミントン社製の最初の商用機が生まれた際，内部の活字棒の位置はレミントン社によって決められたが，キー配列は「タイプライター」特許の発明者の一人であるショールズ (Christopher Latham Sholes；1819-1890) の提案で，左上6文字のキーが QWERTY になった (安岡・安岡, 2008, pp. 33-40)。現在と同じ QWERTY 配列になったのは1882年発売の「レミ

ントン・スタンダード・タイプ・ライター No. 2」からで、そのときは、キー配列に関する特許使用料を払いたくなかったので、キー配列を一部変更したためだとされている（安岡・安岡, 2008, p. 46 ; pp. 50-51 ; pp. 56-58）。

その後、レミントンのタイプライター部門は1886年に独立し、レミントン・タイプライター社になり、QWERTY 配列もデファクト・スタンダードとなっていったのだが、レミントンなどが作っていた①アップストライク式で②前後のプラテン・シフト機構で大文字・小文字を打ち分ける製品デザインは、すぐに廃れて生き残れなかったのである。何しろ、タイプを打っている人から印字点が見えなかったので。これでは使いにくい。実際、パソコンが普及する直前の1980年代の手動タイプライター（最先端にして最後の世代）——たとえば私が記憶しているのは洗練されたイタリアン・デザインのオリベッティのタイプライター——では、タイプを打っている人から印字点が常に見えるように、①アームを円弧状に配置したフロントストライク式で、②上下のプラテン・シフト機構だった。この製品デザインは、ドイツ生まれの発明家ワーグナー（Franz Xaver Wagner ; 1837-1907）が1894年に発明したもので、米国で新興のアンダーウッド・タイプライターが、この製品デザインでタイプライターを売り出したのは、ちょうど、フォードが自分で最初のガソリン自動車を完成させた1896年であった。

この新興のアンダーウッド・タイプライターの成長はめざましく、特に、1900年6月8日に発売された「アンダーウッド No. 5 タイプライター」(Underwood No. 5 typewriter) は、20世紀の最初の10年間で、タイプライター市場の50％以上のシェアを獲得し、発売後30年間

(1900年～1931年)で400万台近くも売れたといわれる。もちろんユーザーが乗り換えやすいように,デファクト・スタンダードであるQWERTY配列を採用していた(安岡・安岡,2008, p.130)。つまり,デファクト・スタンダードは,それを確立した会社に独占の利益をもたらしたというよりも,新規参入者が短期間にマーケット・シェアを急速に伸ばすことを容易にしたのである。

これは自動車でも同様であろう。たとえば,T型フォードは,面倒な変速レバーがなく,2速セミ・オートマチック的な使いやすさで,前進・後進の切り換えもペダル操作だけで済むことから,ベスト・セラーになったともいわれるが(樋口,2011, pp.239-240),これはデファクト・スタンダードになったといえるのではないだろうか。実際,ヨーロッパなどと比べて,早くから米国でオートマチック・トランスミッション(automatic transmission:AT;自動変速機)車の普及率が高い――全米で販売された1962年型の全乗用車の74％は既にAT車だった(Sloan, 1964, p.230 邦訳p.293)――のは,もともとT型フォードの普及がベースにあったという説もある(五十嵐,1970, p.41)。つまり,楽なセミ・オートマチック的な操縦方法というユーザー・インターフェースの部分が,T型フォード発のデファクト・スタンダードとなって,T型以降も,米国車に定着したといってもいいのかもしれない。

ただし,そのデファクト・スタンダードを採用して,急速にマーケット・シェアを拡大し,50％近いシェアを握っていったのは,フォード社ではなく,ライバルのGMであった。GMは,油圧の自動クラッチ付の遊星歯車式変速機であるハイドラマチック・トランスミッション(Hydra-Matic transmission)の開発に成功し,史上初のAT

車として1940年型オールズモビルから導入を始めた (Sloan, 1964, p. 228 邦訳 p. 291 ; Sorensen, 1956, p. 223 邦訳 pp. 271-272)。さらに GM は，今日の多くの AT にもつながる液体トルク・コンバータ (fluid torque converter) を，第二次世界大戦中に戦車用に開発していたが，戦後，乗用車に応用し，1948年型ビュイックから搭載し始めたのであった (Sloan, 1964, pp. 228-230 邦訳 pp. 291-293 ; 樋口, 2011, p. 240 ; pp. 242-243)。

ドミナント・デザインと技術的優位性

ところで，一般的には，Ｔ型フォードは技術的に圧倒的に優れているから，ドミナント・デザインになったのだと技術決定論的な理解をする人が多いが，それは本当だろうか？　事実上の業界標準としてデファクト・スタンダードを認識するときとまったく同じように，Ｔ型フォードのような製品デザインが，圧倒的な市場シェアを誇ったとき，それをドミナント・デザインであると後付で指摘することは可能である。しかし，その製品デザインが登場した直後に，それがドミナント・デザインであることやデファクト・スタンダードであることを技術的に立証することは不可能であろう。

実際，ある製品デザインがデファクト・スタンダードになる代表的メカニズムは，技術的なものではなく，ネットワーク外部性やクリティカル・マスの存在のような市場的なものなのである。ここで，ネットワーク外部性とは，ある製品・サービスを使うユーザーの数が増えるに従って，個々のユーザーがその製品・サービスから得られる便益が高まっていく性質のことで，ネットワーク外部性が働く産業では，品質や機能，価格よりもインストールド・ベース (＝製品・サー

ビスの総ユーザー数)の方が大きな価値をもってくるともいわれる。そして，インストールド・ベースは一定の数を超えるまではあまり影響力をもたないことも知られているが，インストールド・ベースが決定的に影響力をもつようになるユーザー数をクリティカル・マスと呼ぶのである（高松，2000）。つまり，技術的優位性の論理ではなく，あくまでも市場の論理なのである。

それと同様に，T型フォードは「技術的に優れていたからドミナント・デザインになった」と簡単に結論づけるほど単純な話ではない。たとえば，T型フォードのような，軽量化を追求する小型車にとって，FR (front-engine rear-drive) 方式すなわち前方搭載エンジン・後輪駆動方式は，単純に考えても適切ではないように思える。確かに，ごく初期の自動車が，馬車の後部座席の下にごく小さなエンジンをつけたまさに「馬なし馬車」であったのに対して，1891年に，フランスのパナール社が，エンジンを車の前に積むデザインを実現し，このことで，大型で強力なエンジンの搭載が可能になったことは，大きな進歩であった（藤本，2001，p.51）。

しかし，軽量化を追求する小型車にとっては，FR方式は適切ではないだろう。なぜなら，FR方式では，自動車の前方に搭載したエンジンから駆動輪である後輪に動力伝達を行う必要があり，車体中央にプロペラシャフト (propeller shaft) をつけなくてはいけないからである。軽量化を考えるのであれば，その分の重量を軽減するために，FR方式ではなく，プロペラシャフトのいらないRR方式かFF方式を選択して，構造を単純化すべきであろう。

事実，T型フォード生産中止の約10年後に誕生し，1500万台生産のT型フォードを抜いて2150万台以上を生産したドイツのフォルクス

ワーゲン(「ビートル」とか「タイプ1」と呼ばれる)は,RR (rear-engine rear-drive) 方式すなわち後方搭載エンジン・後輪駆動方式だった(これを単にリアエンジンとも呼ぶ)。フォルクスワーゲンはリアエンジンにこだわり,1950年に発表されたタイプ2の商用車トランスポーター,タイプ1の後継を狙って(結果的には失敗したが)1961年に発表されたタイプ3,1968年に発表されたタイプ4もリアエンジンであった。これらの派生モデルももちろんリアエンジンであった(『VW大辞典』1990;『VOLKSWAGEN』2006)。

米国でも,1973年,1979年の二度の石油危機以降は,日本車の進出とともに,さらなる軽量化の流れの中でFF (front-engine front-drive) 方式すなわち前方搭載エンジン・前輪駆動方式が主流となるのである。要するに軽量・小型車の場合,少なくとも,T型フォードのようなFR(前方搭載エンジン・後輪駆動)方式が,最も優れた製品デザインだとはいえないし,事実,その後,廃れるのである。

ドミナント・デザインとは新しいものが何もない製品デザイン

実は,次章で登場するA-Uモデルでは,単に状態やフェーズを画する「もの」としてドミナント・デザインを指摘するだけである。そして,論理的に考えれば,経営の実践上,ドミナント・デザインになってしまった製品デザインほど無価値なデザインは存在しない。なぜなら,

> ドミナント・デザインは,製品が満たなければならない要求性能の数を,その多くをデザインそのものに内在(implicit)させることによって,劇的に減少させた。このようにして,今日では,車

第2章　T型フォードの誕生　47

が電動スターターやフロントガラスに電動ワイパーを装備しているか尋ねる人はほとんどいないし、タイプライターが大文字、小文字を打てるかどうか、パソコンがディスク・ドライブを内蔵しているかどうか尋ねる人はほとんどいない。以上のものがドミナント・デザインより前のモデルではユニークな特徴であったにもかかわらずである（Utterback, 1994, pp. 25-26 邦訳 pp. 49-50；翻訳よりも原典に多少忠実に訳し直している）。

このアターバックの説明はなかなか秀逸である。確かに、今、われわれがパソコンを買うときに、ディスプレイがカラーかどうかなんて誰も訊かないし、USB のコネクターが付いているかどうかも気にしていないだろう。今のパソコンは、そうなっているのが当たり前だからである。ということは、裏を返せば、ドミナント・デザインを体現した「新製品」には、些細な違いを除けば、新しいものが何もないということである。それがドミナント・デザインなのだ。前述のアンダーウッド・タイプライター社も、その後、紆余曲折を経て、最終的にはイタリアのオリベッティ（Olivetti）社に1959年に買収され、1963年には合併されてしまう。

むしろ特筆すべきことは、T型フォードがドミナント・デザインになってしまった後でも、フォードは、それでも売って会社を成長させたということなのである。要するに新しいものが何もないのに売ったのだ。それどころか、「不変のT型」「モデル・チェンジなしの単一車種生産」を売りにすらした（詳しくは第4章）。まさに殻にしがみついてでも売ったのである。より正確に言えば、自分が売れると確信した製品デザインT型フォードにフォードが徹底的にしがみつくこと

でT型フォードは殻となったのだが（ここまでは，よくあるお話），ドミナント・デザインとなった後でも売れ続けたという点で，T型フォードは稀有の存在となった。そして，それを可能にしたのは，徹底的な生産性向上とコスト・ダウンであった。次章で見るように，20年にもわたって生産性向上とコスト・ダウンを支えた工程イノベーションが絶えることなく続いたのである。それはまさに20世紀の偉業の一つといえる。

第3章
大量生産と工程イノベーションに突っ走る

特化すれば工程イノベーションが加速する

新しいものが何もないドミナント・デザインT型をフォードはどうやって20年間も売り続けられたのだろうか？ どうして20年間も「じり貧」にならずに済んだのだろうか？

まず注目すべきは，T型フォードという製品デザインの存在が，フォード社自身の生産システムにも変化をもたらしたという点なのである。フォードは，自分たちが経験したこととして次のように語っている。

> もし製品デザインが十分に研究されていれば，デザインの変化は非常にゆっくりと現れる。しかし，製造工程（manufacturing processes）の変化は，非常に急速にかつまったく自然に現れる（Ford, 1922, pp. 49-50 邦訳 p. 76；ただしより原典に忠実に訳し直している）。

まさに，この現象が起こったのである。それはあまりにも見事な事例であり，そのことをアバナシー（William J. Abernathy）は，次のような一般モデル（general model），いわゆる「A-U モデル」でより一般的に説明している（Abernathy, 1978, pp. 68-72）。まず，生産単位（productive unit）を適切に設定すると，生産単位のイノベーションは，次の二つの状態パターンに分類されるという。

【流動状態 (fluid state)】
(a) 製品のデザインも特性も急激に変化して流動的である。
(b) 革新的製品は，安いというよりも性能がいかに優れているかで従来品と競争する。
(c) 製品イノベーションではコスト低減よりも性能の向上が強調される。この製品イノベーションではユーザーが重要な役割を果たし，しばしばユーザー自身によって開発が行われる。
(d) 生産システムは《柔軟だが非効率的》(flexible (fluid) but inefficient) である。

【特化状態 (specific state)】
(a) 製品は標準化され，変化は漸進的である。
(b) 市場では価格競争が行われる。
(c) イノベーションは漸進的でコストや生産性への累積的効果をもった工程イノベーションが中心になる。
(d) 生産システムは《硬直的だが効率的》(rigid (specific) but efficient) である。

その上で，自動車産業の場合，起源は【流動状態】だったが，T型フォードのようなドミナント・デザインの登場をきっかけにして，【特化状態】に移行 (transition) したというのである。

ただし，この「A-U モデル」の用語法については，多少の注意と注釈が必要である (秋池, 2012)。一般的には，1975年の *Omega* 誌に発表された論文 Utterback & Abernathy (1975), 1978年の *Technology Review* 誌6月/7月号に発表された論文 Abernathy & Utterback (1978), そして同年12月に出版されたアバナシーの単著の本 Abernathy (1978) の一連の業績で発表されたモデルを「A-U モデ

ル」あるいは"Abernathy-Utterback model"（Utterback, 1994, p. xix）と総称している。A-Uモデルと呼ばれるもののうち，製品イノベーション（product innovation）／工程イノベーション（process innovation）のアイデアについては，Utterback & Abernathy（1975）で登場した。そして，Abernathy & Utterback（1978）で，ドミナント・デザイン（正確には，ドミナント製品デザイン（dominant product design, p. 44）と呼んでいた）のアイデアと，時系列で，流動パターン（fluid pattern）→移行パターン（transitional pattern）→特化パターン（specific pattern）（p. 40の図表）に分けるアイデアが登場した。ただし，Abernathy & Utterback（1978）の論文タイトルにもなっているこの3パターンは，なぜか論文の本文中では用語として明示的に登場していない。論文本体はpp. 41-47で，その前のページであるp. 40に独立して掲載されている図表にのみ登場する。そして，紛らわしいことに，Abernathy（1978, pp. 68-72）では，流動状態（fluid state）（パターン2（pattern 2））→移行（transition）→特化状態（specific state）（パターン1（pattern 1））と呼び方が変化し，2状態／パターンに分けた上で，その間を移行するというように変わる。つまり，三つの主要業績のうち，どれを引用するのかで，用語法が異なってくる面倒くささがあるのである。本書では，三つの中では最後に登場し，一般的に普及し，完成形と考えられるAbernathy（1978）の用語法で「A-Uモデル」を解説することにしよう。

【流動状態】に見られるとされる現象

A-Uモデルの【流動状態】(c)で見られる「ユーザー自身によって開発」されるという現象は，前章で触れたフォン・ヒッペルによって

ユーザー・イノベーションと呼ばれた現象のことで，実際，アバナシーは既にフォン・ヒッペルの1975年のワーキング・ペーパー（後に *Research Policy* 誌に掲載される von Hippel（1976）と同じタイトル）も引用していた（Abernathy, 1978, p.70）。フォードは，その良い見本だったわけである。

そして，もう一つ【流動状態】(b)で注目されるのは，革新的製品は，安いというよりも性能がいかに優れているかで従来品と競争するという点である。これは「安い」という印象をもたれがちなT型フォードについてさえそうだったのである。

確かに，T型フォードは大量生産が進むにしたがって値下げされていき，ツーリング・カー（開閉可能な幌が屋根代わりに付けられているオープン・カー）で最後は300ドルを切るまでに価格が下げられた。しかし，この一番安いT型のツーリング・カーでも，最初は850ドルで発売されていたのである。実は，この価格は，それ以前にフォード社で売られていたN型の500ドル，さらにN型と同じシャシーを使ったR型やS型の700ドル，750ドルよりもずっと高かった。特にR型，S型は，T型と並行して売られていた時期もあったが，それでも，価格的に高いT型の方がはるかによく売れたという。そして，1908年10月1日に850ドルで売り出されたT型のツーリング・カーは，当時，ハイランド・パーク工場の建設資金を作る目的で，フォード社のすべての車が値上げされたのにともない，1909年10月1日に950ドルに値上げされたが（1910年10月1日に780ドルに値下げされるまでの1年間は950ドルのままだった），それでも売れた（Ford, 1922, p.71 邦訳 pp.101-102；pp.73-74 邦訳 pp.104-105；Chandler, 1964, p.33 邦訳 pp.42-43；和田, 2009, pp.36-37）。まさに，T型は，安いというよりも性能がいか

に優れているかで，自社・他社の従来品と競争していたのである。

【特化状態】に見られるとされる現象

こうして，T型フォードのようなドミナント・デザインの登場により，【特化状態】に移行すると（新しいものが何もない製品デザインがドミナント・デザインなので），今度は，(b)価格競争が行われるようになり，(c)それを支える工程イノベーションが中心になる。そして，工程イノベーションによる生産性向上とコスト・ダウンのおかげで，実際に，T型フォードの価格はどんどん値下げされていき，図1に示されるように，累積生産台数が2倍になるごとに，価格がほぼ0.85倍（＝85％）になるという関係が現れる（Abernathy & Wayne, 1974）。

この図1のようなグラフは縦軸も横軸も対数目盛になっているので，両対数グラフと呼ばれるが，両対数グラフで，縦軸に価格，横軸に累積生産台数をとると，きれいな直線を描いて価格が低下していったことを示している。この図1のグラフの場合，1909年から1923年までの間，T型フォードの価格は，累積生産量が2倍になるごとに価格がほぼ15％低下するので——つまり85％（これを学習率という）になるので——85％経験曲線（experience curve）と呼ばれている。そして，図1のように，両対数グラフを使って描くと直線になるような場合は，対数線形（log-linear）モデルと呼ばれる。

こうして，図1からも読み取ることができるように，フォード社は，【特化状態】で価格競争を生き抜いたわけである。【特化状態】での工程イノベーションによる生産性向上とコスト・ダウン，そしてそれが可能にした価格の値下げ，これがフォード社に繁栄をもたらした。

では，具体的にどうやって？

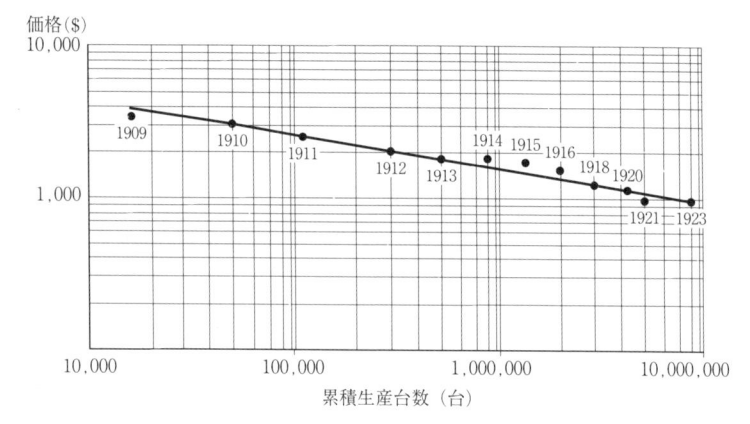

図1　1909～1923年のT型フォードの価格（1958年での価格に換算）
（出所）　Abernathy & Wayne (1974) Exhibit 1.

ハイランド・パーク工場

フォード社が米国ミシガン州デトロイト市の北のはずれに，主力工場としてハイランド・パーク工場（Highland Park Factory）を開所したのは1910年1月1日のことである。ハイランド・パークに60エーカー（約24万 m^2；東京ドーム5個分）の工場用地を取得したのは，T型の設計がまだ完了していない1906年であった。ハイランド・パーク工場建設のための支出の承認は1908年で，フォードが，1909年に，今後はT型のみしか生産しないと発表していたので，ハイランド・パーク工場は，T型フォードのみを生産するために造られることになった。そして，1910年の工場開所後6年間，60エーカーの敷地に建造物をそれ以上建てることができなくなるまで，工場建設は続けられた（Hounshell, 1984, pp. 225-227 邦訳 pp. 286-288）。

このハイランド・パーク工場でのT型フォードの生産に，途中から，これまた有名なコンベアー・システムが導入されたのである。し

第3章　大量生産と工程イノベーションに突っ走る　55

かし、コンベアー・システムの導入以前から、ハイランド・パーク工場におけるT型フォードの生産量はすさまじいものだった。これには1913年頃までに、部品製造の加工精度が向上し、部品の互換性が大きく向上したことが貢献したといわれている（和田, 2009, pp. 22-23）。そのおかげで、部品を組み付けるのに、フィッターと呼ばれる熟練した仕上げ工が、やすりをもって部品のすり合わせをする作業が不要になり（藤本, 2001, p. 63）、生産性が大いに向上した。こうして、コンベアー・システムを導入する以前から、既に、フォード社全体では、需要期の1913年4月〜6月に月産2万台を達成していた。ほぼ40秒に1台のペースで、シャシーが製造されていた勘定になるという。ちなみに、トヨタと日産が（月産ではなく）年産2万台を達成したのはそれぞれ1954年と55年であることを考えると、この数字の大きさがわかる（和田, 2009, pp. 19-21）。

　ここで、なぜボディ（車体）のないシャシーで台数を数えているのかについては補足説明が必要だろう。自動車のシャシーには、フレーム、エンジン、変速機、ブレーキ、車輪、ラジエーターなどが含まれるが、乗客を囲うボディとその備品は付いていない（Abernathy, 1978, p. 13脚注）。これは、今日のわれわれの感覚からすると、とても「完成車」には見えないのだが、実は、当時のフォード社のような自動車メーカーでは、シャシーだけでも最終出荷製品として販売していたのである。T型フォードを200万台以上生産したピーク時の1923年でさえ、シャシー販売が15％を占めており、シャシーを買った消費者は、自分で気に入ったボディを架装して乗っていたといわれる（和田, 2009, pp. 70-72）。

　その頃、すなわちコンベアー・システムを使った移動式組立方式が

採用される直前，ハイランド・パーク工場の最終のシャシー組立工程では，静止式組立（stationary assembling）方式が採用されていた。この静止式組立方式では，まず，組立作業室に数十台分の組立場所があり，1台分の組立場所では，最初に前車軸と後車軸が床に置かれ，それにシャシー・フレームが組み付けられる。次に，車軸に車輪が取り付けられ，それから残りの部品が次々と組み付けられていくことでシャシーが完成する（Arnold & Faurote, 1915, pp. 135-136）。

その間，シャシーは個々の組立場所に静止したままで，その代わり，特定の部品の取り付け作業だけを専門に行う組立工のグループが，次々とシャシーの組立場所を移動しながら作業を行っていた。取り付けられる部品は，組立工とは別の部品運搬人が組立場所まで手で運び込むことになる。ハイランド・パーク工場において，この静止式組立方式で，シャシー1台当たりにかかった労働時間でみたときの最良の月間記録は，閑散期だった1913年8月に記録されたものである。組立工250人と部品運搬担当者80人の計330人が，1日9時間労働で26日間働き，6182台を生産したので，シャシー1台当たりにかかった労働時間の合計は平均12時間28分であった（和田, 2009, pp. 12-14；Arnold & Faurote, 1915, p. 136）。

移動式組立ラインの登場

この組立工程で起きた工程イノベーションの一例が，コンベアー・システムの導入による移動式組立ラインだったのである。実は，ハイランド・パーク工場で試みられるよりも前に，1908年6月にピケット・アヴェニュー工場で，N型生産の終わり頃に，最終組立ラインを移動式にするという実験を一度行なったことがあるとされる。しか

し，それが採用されるまでには，さらに5年もかかった（Sorensen, 1956, pp. 116-119 邦訳 pp. 140-143）。

それまでの静止式組立方式に対して，移動式組立ラインでは，組立工側は移動せず，コンベアーで加工対象物の方を移動させながら組立を行う。この方式は，もちろん，シャシーだけではなく，部品についても同様に可能で，実際，ハイランド・パーク工場では，シャシーよりも先に，部品の製造で，コンベアーを使った移動式の部品の組立ラインが使われ始めた。時期と場所がはっきりしていないが（和田，2009, pp. 30-31），既に，1913年の4月あるいはそれ以前から，部品の組立に関してはコンベアー・システムが導入され始めていたと考えられている（Hounshell, 1984, p. 244 邦訳 pp. 307-308）。この部品組立ラインでの成功を受けて，1913年8月に，閑散期であることを利用して，シャシーの移動式組立ラインの実験が始まったのである（Hounshell, 1984, p. 249 邦訳 pp. 314-315）[11]。

その最初の実験では，ロープの巻上げ機を置き，250フィート（約76.2 m）の1本のロープを張って，ロープと巻上げ機でシャシーを床上をゆっくりと移動させ，動くシャシーの後を6人の組立工がついていき，部品を取り付けて行った。すると，シャシー1台の組立に要する労働時間は5時間50分と静止式組立方式の半分になった。さらに10月7日の実験では，150フィート（約45.7 m）の移動式組立ライン（moving assembly line）の適切な場所に部品をためておいて（部品運搬人は使わない），140人の組立工が，1日9時間の作業時間で435台ものシャシーを組み立てることができ，シャシー1台の組立に要する労働時間は2時間57分と，さらに半分になった。そこで，徐々に組立ラインを延ばしていって300フィート（約91.4 m）にまでし，作業スペース

の余裕をつくってやると，12月1日には，177人の組立工で606台のシャシーを組み立てることができ，記録は2時間38分にまで短縮された（Arnold & Faurote, 1915, p. 136）。

それからも，さまざまな工夫が重ねられた。たとえば，作業をさらに細分化して，人があまり動かなくてもいいようにしたり，また，労働者が屈みこんで作業をすると作業効率が大幅に落ちるので，屈みこまなくてもいいように，「『マン・ハイ』ワーク」（"man-high" work）ポリシーで，組立ラインを身長に応じた高さに上げて，腰の高さで作業できるようにしたりした（Arnold & Faurote, 1915, p. 139；Ford, 1922, p. 82 邦訳 p. 114）。具体的には，シャシー組立ラインの1本は背の高い人，2本は背の低い人に合わせて，屈まなくてもいいような高さまで高くした。さらに，スピードを速くしたり遅くしたり，人員を増やしたり減らしたり，部品の流れと組立ラインのスピード，間隔が完全に同期化するまで，忍耐強くタイミング合わせと再調整を繰り返したのである。こうして，作業時間を短縮することができ，1914年4月30日には，3本のラインで，1日8時間労働で1212台のシャシーを組み立てた。このとき，シャシー1台の組立に要した労働時間は1時間33分にまで短縮できたのである（Hounshell, 1984, pp. 253-255 邦訳 pp. 318-320；Arnold & Faurote, 1915, p. 139）。

移動式組立ラインの影響

つまり，静止式組立方式での最良の記録12時間28分の実に8分の1になったことになる。このことは何を意味しているのか？　単純に考えれば，最終のシャシー組立工程で，仮に同じ人数の直接労働者が働いていたとすると，8倍のペースでシャシーが製造されてラインから

第3章　大量生産と工程イノベーションに突っ走る　59

出てくることになる。

　逆に，仮に同じペースでシャシーが製造されていたとすると，8分の1の直接労働者数で済むことになる。このことのもつ意味は重要である。実は，静止式組立方式で月間記録が生まれた閑散期の1913年8月ですら，組立作業室は330人で十分な空間的余裕がなかったといわれている。にもかかわらず，需要期の1913年4月には，同じスペースに，なんと3.3倍の1100人もの人が働いていた。これでは組立作業室には労働者がひしめき合い，組立場所の間を円滑に移動することすら困難だったろう（和田，2009，pp.25-26）。要するに，静止式組立方式では，これ以上，直接労働者数を増やしても，同じスペースでは増産することは困難だったのである。シャシーを組立場所に静止したままで，特定の部品の取り付け作業だけを専門に行う組立工のグループや部品運搬人が，シャシーの間を移動することは，直接労働者の密度が上がってくると，もう無理なのである。

　それに対して，部品ごとに取り付け作業を行う場所を固定できれば，少なくとも組立工は移動する必要はなくなる。そして工夫すれば，部品運搬人もずっと減らすことができる。たとえば，ハイランド・パーク工場で1913年5月に建設が始められたW棟とX棟は，ともに6階建で幅60フィート（約18.3 m）×長さ840フィート（約256 m）の細長い建物だった。並んで建てられた2棟の間は，ガラス天井のクレーン用通路になっていて，そこに鉄道の引き込み線が敷設されていた。クレーン用通路に面した2棟の側面には壁がなく開放されていて，引き込み線に入ってきた貨車から，材料などをクレーンで各階に運び上げた。そして，最上階を出発した未加工部品は，各階で加工され，床に開けられた穴を通したシュート，コンベアー，チューブを通って自ら

の重みで下の階へと降ろしていき，最後は完成部品となって1階に出てきて，1階の最終組立工程のラインでシャシーに取り付けられた（和田，2009，pp. 27-28；pp. 46-49；Chandler，1964，p. 31 邦訳 pp. 39-40）。つまり，シャシー組立工程は，6階建工場の1階部分だけに相当していたのである。こうして，静止式組立方式は捨てられた。

しかし，コンベアーを中心にしたこうした新しい機械システムを，労働者たちは歓迎しなかった。むしろ嫌悪した。実際，1913年のフォード社の工場の離職率は380％になったといわれる。このため会社側は1913年10月1日に平均13％の一律賃上げを発表し，全従業員の最低日給を2ドル34セント（和田（2009，p. 9）では2ドル39セント）に引き上げたが，それでも効果はなく，1913年末頃になると，人員を100人増やすためには，なんと963人も雇う必要があるというほどに状況が悪化していった。ついに1914年1月5日に，日給5ドル制（the five-dollar day）を宣言し，同月12日より導入することで，労働者をつなぎとめようとした（Hounshell，1984，pp. 257-258 邦訳 p. 325；和田，2009，p. 9；p. 29）。同時に1日の労働時間も9時間から8時間に引き下げられ，全工程に時間給制度が導入されたが，その適用は，6カ月以上デトロイト在住で，かつ入社して6カ月の見習い期間を完了した者に限定された。その結果，実施から6カ月後には69％，1年後には87％，2年後には90％の労働者が日給5ドル制の適用を受け，1913年10月から始まった事業年度の離職率は23％に低下したとされる（塩見，1978，pp. 269-271）。

親工場と組立分工場

ところで，ハイランド・パーク工場には，コンベアー・システム導

入当時，7000人以上の直接労働者がいたといわれるが，そのうちシャシーの最終組立工程の移動式組立ラインで働いていたのは1割強にすぎない（和田，2009，p.34）。直接労働者の多くは部品の製造に携わっていたのである。そして，やがて，このシャシーの最終組立工程については，ハイランド・パーク工場だけではなく，全米・全世界の各地に置かれた（販売機能を併せ持った）組立分工場が担うことになる。

すなわち，ハイランド・パーク工場は，シャシーの最終組立工程を行う工場というよりは，組立分工場に対して部品のほぼ全量を供給する親工場（home factory）となっていくのである（和田，2009，p.60）。なぜなら，親工場から部品を供給して，各地の組立分工場でノックダウン生産すれば，輸送費を大幅に節約できるからである。

たとえば，T型フォードの完成車6台分のスペースで，部品であれば10台分を運ぶことができ，輸送費を半減できる可能性があったという（塩見，1986，p.212；和田，2009，pp.45-46）。フォードの自伝によれば，1922年の自伝では，完成車の場合，「特別な梱包をしても1両の貨車になんとか積めるのは5台ないし6台」と述べていた（Ford, 1922, p.150 邦訳 p.187）。4年後に出版された1926年の自伝では，「わずか数年前には，標準的な36フィートの貨車1両は，7台分のツーリング・カーのボディで満杯になってしまっていた。今は，ボディは分工場で組み立て完成させるので，分解されたまま出荷され，同じサイズの貨車で130台分のツーリング・カーのボディを運んでいる。つまり，以前は18両の貨車を使っていたものが1両で済む」（Ford, 1926, p.113）と記述されている。しかも，部品であれば特別の貨車ではなく普通の貨車を利用でき，料金も安かった（Chandler, 1964, p.32 邦訳 p.41）。

また、シャシーの最終組立工程を全米・全世界の各地に置かれた組立分工場にも担わせることで、ハイランド・パーク工場では、閑散期でも部品の生産を維持し、各地の組立分工場に部品の在庫として置くことができるようになる。そのことで、ハイランド・パーク工場での部品生産の平準化と在庫スペースの節約が可能になった（Chandler, 1964, p.32 邦訳 p.41）。さらに、このように部品の在庫をもっていることから、組立分工場は、各地のディーラーに対しての修理用部品の供給基地としての役割も果たすようになり、ディーラーは鉄道で修理用部品を配送してもらうのではなく、自ら自動車を運転して修理用部品を組立分工場にとりに行くようになった（Chandler, 1964, p.32 邦訳 p.41）。

　こうして、ハイランド・パーク工場が開所した同じ1910年に、ミズーリ州のカンザス・シティ支社にT型フォードの組立分工場ができたのを皮切りに、1914年末までには全米各地に28の組立分工場が設置され、ハイランド・パーク工場で生産される部品の10％は、組立分工場に出荷され、ノックダウン生産で組立てられた。このとき、1914年にはハイランド・パーク工場には移動式組立ラインが導入されていたが、組立分工場は、まだ静止式組立方式のままだった（和田, 2009, pp.43-46；p.52；p.58）。

　1920年代に入ると、既設の組立分工場の大改造が行われ、それまで静止式組立方式だったものが、移動式組立方式に変えられていった。また組立分工場の新設も行われ、日本でも横浜に、本格的な組立分工場として新子安工場が1927年に完成している（塩見, 1978, p.195）。

　こうして、T型フォードの生産がピークを迎える1923年には、年産200万台にも達したT型フォードのうちの12万台、すなわち6％のみ

をハイランド・パーク工場自身が組み立てたにすぎなくなる。要するに，ハイランド・パーク工場は，むしろ親工場として，全米 29（全世界で 37）の組立分工場に対し，部品のほぼ全量を供給していたのである（和田, 2009, p. 58；p. 60）。このとき，ハイランド・パーク工場では，デトロイト近郊の需要に見合う分だけを組み立てていたのだった（Ford, 1922, p. 150 邦訳 pp. 187-188）。

フォード社が部品の標準化を進め，加工精度を向上させ，部品の互換性を高めたことが，こうしたことを可能にしたのである。その結果として，たとえ車が故障しても，手作業で部品を修理するのではなく，部品の互換性が高いので，部品を新しいものと取り替えることで車を直すことができるようになる。「部品は非常に安く生産できるので，古い部品を修理してもらうよりも，新しい部品を買った方が安上がりになる。部品は，釘やボルトみたいに，金物屋に置いて売ることができる」（Ford, 1922, p. 69 邦訳 p. 99，ただし原典に忠実に訳し直している）。そして，部品を修理しなくてもよくなった分だけ，修理賃もかからなくなるのである。

もっとも，別の考え方があることも事実だろう。たとえば，当時，ベンツはその自伝で，フォードの自伝のこの部分の 1 ページ前の部分で，軽量さを挙げて，「これがフォード車が『いつも走っている』（"always going"）理由の一つである。どこでも，いつでも，あなたはフォード車を見かける。砂でも，泥でも，雪解けでも，雪でも，水でも，上り坂でも，原野や道のない平原でも」（Ford, 1922, p. 68 邦訳 p. 98，ただし原典により忠実に訳し直した）をまず引用した上で，こうコメントしている。「修理に出されたフォード車を一瞥したことのある専門家は，この《事実》を読めば微苦笑を禁じえないであろう」。そし

て，さきほどの引用部分「部品は非常に安く生産できるので……」を引用して「他人はいざ知らず私には，部品ステーションが全国になければ乗れないような自動車は，自動車産業がめざすべき理想だとは思えない」(Benz, 1925, pp. 113-114 邦訳 p. 142) と批判した。

内製化の象徴リバー・ルージュ工場

フォード自身は，部品を内製するメリットとして，その方が，コストが安いことと，部品の供給が安定することを挙げていた。そして，第1次世界大戦中にガラスの価格が高騰した事例を引き合いに出している (Ford, 1922, p. 18 邦訳 p. 38)。ソレンセンもガラスと鋼鉄の事例を挙げている (Sorensen, 1956, pp. 172-173 邦訳 pp. 208-210)。ただし，内製した方が，本当にコストが安いのかは疑問である。当時既に，フォード社のエンジニアリング部門は，特定の部品や組立品（たとえばボディ）について，社内で生産した場合と，外部に委託した場合のコスト比較を行っていたが，外注した方が，利益が出ることに気がついていたという (Hounshell, 1984, p. 272 邦訳 p. 342)。

ところが，T型フォードの生産規模が大きくなればなるほど，その増産ペースについてこられる材料や部品の供給業者を見つけることがどんどん難しくなっていった。しかし，だからといって，供給が追いつくまで生産を減らしたり，工場を閉めたりするわけにはいかない。それでフォード社は，「自分でやる計画」(do-it-yourself programs) に追い込まれたのである (Sorensen, 1956, pp. 171-172 邦訳 pp. 207)。つまりフォード社は極端ともいえる内製化を押し進めることになる。

この内製化（後方統合）の象徴が，1916年から建設が始まったリバー・ルージュ工場 (River Rouge Factory) なのであった。リバー・

ルージュ工場には，発電所も製鉄所も製材所もガラス工場もあった。その原材料も，石炭はフォード社が1921年に買収した鉄道会社の鉄道で，木材と鉄鉱石はフォード社が開いた湖への近道となる運河を通ってフォード社の船舶で，リバー・ルージュ工場にどんどん運び込まれた（塩見，1978，pp. 199-200；Ford，1922，ch. 16）。

　実は，その運び込まれる原材料の多くもフォード社内で産出したものだった。リバー・ルージュ工場で製鉄・鋳造・発電に使う石炭は，フォード社の100％子会社によって買収されたデトロイト南部，ケンタッキー州，ウェスト・バージニア州の三つの炭田から産出されたもので，出炭量が豊富でフォード社では使い切れず，その4分の1は外部にも販売されていた。また，フォード社はミシガン州西北部の上半島地方の森林・製材所・鉄鉱山経営を100％子会社で行っており，ボディと荷造発送用木箱に使う木材は，フォード社が所有する森林から切り出され，現地の製材所とリバー・ルージュ工場内の製材所で製材された。ただし，鉄鉱石については，もっていた二つの鉄鉱山が質・量とも十分ではなく，多くを外部から購入していた。

　そして，リバー・ルージュ工場には高炉3基があり，そのうち高炉1基→電気炉工場1・平炉工場1→圧延工場1・線材工場1からなる巨大な銑鋼圧延一貫製鉄所で，鋼板・棒鋼・バネが作られた。高炉2基分は溶銑のまま直接，世界最大の鋳造工場のキューポラに運ばれ，T型フォードの鋳造部品が作られた。巨大なコークス工場と高炉から生み出される大量の副生品を利用した化学工場やセメント工場もあり，外販もされた（塩見，1978，pp. 187-191）。鉄鋼業には欠かせない燃料であるコークスは，石炭を蒸し焼きにしたもので，炭素の純度が高まることで，石炭より高い温度での燃焼が可能になる。その石炭を蒸し

焼きにするプロセスで，コールタールが副産品として生じ，これがさらに多くの化学製品の原料となったのである。

また発電所は，そこから工場全体に（ハイランド・パーク工場の三分の一にも）配電することで (Hounshell, 1984, p. 268 邦訳 p. 337)，個々の工作機械の個別の電動モーターを動かした。そのおかげで，それまで個別の機械にベルトで伝動するために天井に付けられていたシャフトがいらなくなり，また，コンベヤーによって，資材を水平に移動することが可能になったので，工場は平屋でよくなった。こうしてリバー・ルージュ工場では，建物の外枠を鋼鉄で作り，それを簡素で平坦な外壁で囲って，内部に柱のない広い空間を確保した平屋の工場群が出現したのである（和田，2009, pp. 79-90）。今日，われわれが目にする工場の原型がここにある。

リバー・ルージュ工場は，第一次世界大戦中は軍用艦の建造などに使われ，それからトラクターの部品製造や組立を行うようになり，T型フォードのエンジンブロックや1918年8月からはボディが作られ (Hounshell, 1984, pp. 267-268 邦訳 p. 337)，部品生産はハイランド・パーク工場からリバー・ルージュ工場に徐々に移転されていった。しかし，T型フォードの組立については最後まで頑強な抵抗があり，T型の生産終了前からリバー・ルージュ工場で組立ラインの建設が始まっていたが，とうとう，そのラインでT型フォードが生産されることはなかった。その代わり，次のA型の生産が行われることになる (Hounshell, 1984, p. 289 邦訳 p. 366)。このように，リバー・ルージュ工場では，T型フォードを組み立てたことこそなかったが，1923年のピーク時で200万台ものT型フォードのまさに大量生産を担ったのである。1926年に出したフォードの自伝では，原材料が鉱山を出て

から，完成品として貨車で工場から出荷するまでの時間が，かつては14日かかっていたものが約81時間（3日と約9時間）になったと語っている（Ford, 1926, p. 115 邦訳 p. 452）。

　こうして，フォード社の幼弱期において，より安く作れば売れるT型フォードは殻となって，フォード社を保護したのであった。しかし，その「殻」＝「不変のT型フォード」の裏で，護符のごとくに必死に殻にしがみついていた経営者フォードが，今度はフォード社を「じり貧」に追い込んでいく。

第4章

しがみつかれて殻になったT型フォード

生産性のジレンマ

【流動状態】がドミナント・デザインの出現によって【特化状態】に移行するというアバナシーのモデルは，基本的には，フォードとフォード社，そしてT型フォードの事例を一般化，抽象化，理念型化したものだといってもいいのではないだろうか。しかし，ここから先のT型フォードの顛末の事例は，アバナシーの「生産性のジレンマ」のモデルとは明らかに噛み合わない。

その「生産性のジレンマ」とは何か？　ここで，前章のアバナシーの「A-U モデル」に戻って，再度注意深く見てみよう。生産単位のイノベーションの二つの状態パターンのうち，(d)生産システムについてだけ見てみると，

　【流動状態】では生産システムは《柔軟だが非効率的》だが，

　【特化状態】では生産システムは《硬直的だが効率的》なので，

生産システムの柔軟性と効率性の間にはトレードオフの関係があるように見える。もっと強い言い方をすれば，生産システムにおいては，生産性・効率性と柔軟性は両立しないということになる。このことを「生産性のジレンマ」と呼ぶのである（藤本，2001, p.61）。

ただし，そもそも A-U モデルでは，【特化状態】の後がどうなるのかは考えていない。そこで，製品のライフ・サイクルを持ち出して，脱成熟化（de-maturity）を唱えたりするのであるが（Abernathy, Clark,

& Kantrow, 1983, ch. 9)。しかし，脱成熟化は主に製品イノベーションの話なので，これと結びつけて議論する際は，「生産性のジレンマ」は，生産性・効率性対「柔軟性」ではなく，生産性・効率性対「イノベーション」のジレンマに読み替える必要がある（新宅，1994, ch. 1）（ちなみに，アバナシーの『生産性のジレンマ』(Abernathy, 1978) の第1章のタイトルは "Innovation versus productivity" だった）。そして，柔軟性をイノベーションにすり替えた途端，話はどんどん拡大解釈に向かっていく。

たとえば，ボールドウィン=クラークは，製品改良からコスト削減にフェーズが移ると，「コスト削減の探索によって，最初は，大きなイノベーションが駆逐され，やがて最小なものを除いてすべてのイノベーションが駆逐されれば，『生産性のジレンマ』が起こるだろう。このように，ある企業がより効率的になるときには，『必然的に』より硬直的（rigid）で，柔軟でない（inflexible）ものになるとアバナシーは論じている」と拡大解釈している。そして，これをどんな実質的なイノベーションも不可能な「凍りついた状態」(frozen state) とまで呼んでしまう (Baldwin & Clark, 2000, p. 57 邦訳 pp. 66-67)。ここまで誇張されると，確かに【特化状態】での硬直化はイメージしやすいのだが，さすがに A-U モデルからは逸脱したオーバーランである。A-U モデルではそんなことはいっていない。あくまでも，生産システムの柔軟性と効率性の間にはトレードオフの関係がありそうだといっているだけである。しかし，その控え目な生産システムの柔軟性/効率性トレードオフ関係ですら，T型フォードの顚末とは噛み合わないのである。

定期的なモデル・チェンジという妙案

実際に現場で起こることは、凍りつくことではない。A-Uモデルに即していえば、製品イノベーションと工程イノベーションをそれぞれ担う人々の間での綱引きのようなものだ。事実、コスト・ダウンを担っている製造技術者が、製品イノベーションを抑制しようとする現象は、フォード社のライバルであるゼネラル・モーターズ社（General Motors Corporation；GM）でも見られたという。1920年代に入ると、GMの技術者は、製品の技術者と製造の技術者の2種類の技術者に分かれ、両者は緊張関係にあったという。大量生産の問題に直面している製造技術者側にとっては、製品の設計変更は頭痛の種だったので、製品の設計変更を阻止したがっていたという（Sloan, 1964, pp. 264-265 邦訳 p. 338）。

フォード社の方でも、T型フォードよりずっと後の話になるが、第二次世界大戦時に爆撃機B24の生産を請け負った際に、似たような状況に置かれ、当時、前線から不平や不満が寄せられると、飛行機の設計者たちは生産計画のことは何も考えもせずに、生産の途中で設計を変更してしまうので、生産スピードが上がらなくて困っていたという。そこで、フォードの腹心ソレンセンは、空軍に対して「前もって決めておいた一定の間隔で変更をまとめ、その期限が来るまでは、それらの変更をしていない飛行機を受納する」計画を受け入れてもらったという（Sorensen, 1956, pp. 298-299 邦訳 pp. 365-366）。

つまり、定期的なモデル・チェンジである。この方法は、製品イノベーションと工程イノベーションのバランスをとるには効果的な方法なのである。そのことがめざましい成功をもたらしたことで有名なのは、フォード社がT型で圧倒的優位を誇っていた低価格車市場に挑

戦したGMのシボレー（Chevrolet）であろう。1922年2月1日にGMの顧問スタッフに加わっていた元フォード社生産部長の製造の名人ヌードセン（William Signius Knudsen ; 1879-1948）が，1924年1月にシボレー事業部長となり，毎年シボレーのモデル・チェンジ(14)（changeover）を行って，デザインと性能を向上させたのである（Sloan, 1964, p. 83 邦訳 p. 110-111）。シボレーの生産は1924年に28万台だったが，1928年には100万台を超え，さら1929年にはエンジンを4気筒から6気筒へと大型化するモデル・チェンジをわずか3週間で成し遂げて，生産台数をほぼ150万台へと急成長させた（Hounshell, 1984, pp. 264-265 邦訳 pp. 332-333）。こうして，ヌードセンは，1937年〜1940年には，GMの社長にまでなる（なお紛らわしいが，1968年にGM副社長から引き抜かれてフォード社の社長になったものの翌1969年に辞めさせられたヌードセン（Semon Knudsen ; 1912-1998）は，その息子である）。

T型フォードは生産性のジレンマの典型例か？

それとは対照的に，フォード社が1927年にT型の生産を中止し，A型（1903年発売のA型とは全く違うモデル）にモデル・チェンジを行った際には，なんと半年にもわたって工場が閉鎖され，完全操業の再開までに1年以上も要したから大変である（Hounshell, 1984, p. 266 邦訳 p. 335）。

まず1927年5月25日に，1500万台目をもってT型フォードの生産を中止することが公式に発表され，翌26日，ハイランド・パーク工場で最後となる1500万台目のT型フォードが組立ラインから出てきて，ハイランド・パーク工場でのT型フォードの生産は終わった（Hounshell, 1984, p. 279 邦訳 p. 352）。10月にメディア向けに最初のA

型車が組立ラインから出てくるイベントを行ったが、フォードはこの1号車に欠陥を見出して、次々と設計変更をしたことで、結局、12月1日にニューヨークで行われた新車展示会まで、A型車は人前に現れなかったのである。なんとか全販売代理店に展示用の自動車を供給したのは、翌1928年2月のことで、ようやく日産約5500台を生産できるようになった頃には、もう10月になっていた（Hounshell, 1984, pp. 281-283 邦訳 pp. 356-358）。

こうしたことから、「生産性のジレンマ」で、生産システムの柔軟性が失われた典型的な事例として、T型フォードはよく取り上げられるのである。より正確にいえば、T型フォードを大量生産していた頃のフォード社の生産システムは《硬直的だが効率的》なものの典型とされるのである。

ただし、この議論は直感的に過ぎる。確かに、【特化状態】の生産システムは、生産設備の専門化と自動化、部品・原材料の専用化と内製化が進んでいるとアバナシーが特徴づけているように（Abernathy, 1978, p. 72 Figure 4.1）、T型フォード最盛期つまり【特化状態】のフォード社の工場では、工作機械はT型専用になっていたし、そのせいで、A型を生産するためには、整備したり改造したりしなくてはいけなかっただけではなく、半分は廃棄・放置するしかなく、新たに大量の工作機械を調達しなくてはならなかったという（Hounshell, 1984, p. 288 邦訳 p. 365）。しかし、後で述べるように、フォード社はT型フォードの実質的なモデル・チェンジをかなり頻繁にかつ上手にこなしてきており、そのことが決定的だったとは考えにくい。

柔軟性を失っていたのは経営者の方

実は，フォードの腹心ソレンセンは，「通常，モデル・チェンジは最小の操業停止期間で計画できる」と述べた上で，実際，A型の設計を仕上げてA型の生産に入るのにはわずか90日しかかからなかったと述べている。にもかかわらず，あんなに時間がかかったのは，フォードが「最後のT型がラインから出てくるまで，新しい車に取り組むことを考えようとすらしなかった」ためであり，彼が仕事にとりかかるまでに6カ月もかかったからだという。ソレンセンにいわせれば，T型を生産停止したときも，フォードは，本当にT型が売れないのか，状況を知ろうとしたのだという（Sorensen, 1956, pp. 219-220 邦訳 pp. 266-267）。

> いまや，フォード社のセールスマンたちは，増産を叫ぶかわりに，新製品を要求していた。こういう事態に対して，ヘンリー・フォードはまったく注意を払わなかった。「フォード車についての唯一の心配は，われわれがそれを十分速くつくれないことである」と彼は言った。もちろん，現実の心配は，ディーラーがそれを十分速く売ることができないことであった。(中略) ただ，うぬぼれ（vanity）だけのために，彼はT型が時代遅れになっていることを認められなかった。3年間というもの，ヘンリー・フォードはそれを捨てる気になどなれなかった。われわれも誰もが，彼は決して捨てたりしないに違いないと思っていた。
>
> (Sorensen, 1956, pp. 218-219 邦訳 pp. 265-266, 原典により忠実に訳し直している)

つまり，決定的な原因は，T型を生産打ち切りにしたとき，A型の設計が，まだ完成に程遠い状態だったということなのである (Hounshell, 1984, p. 279 邦訳 pp. 353-354)。ソレンセンが指摘するように，T型からA型にモデル・チェンジしたときの問題は，「T型車の製造をやめたとたんに売り出せる新しいモデルを準備しておかなかった」(Sorensen, 1956, p. 221 邦訳 p. 269, 原典により忠実に訳し直している) という点にあった。

そして，このようにフォードがT型フォードという殻にしがみつきすぎたことが，生産システムに関する問題——ただし，生産システム硬直化の問題ではない——を拡大させてしまったのである。

A型の設計が完了する前にT型の生産を打ち切ってしまったので，工場は閉鎖するしかなかったわけだが，この閉鎖している間も，A型の設計は変更に次ぐ変更で，生産システム側が身動きのとれない状態が続いていたという。要するに，「製品に確信ももてないうちに，製造に走ることは，認識されていないが多くの事業失敗の原因である。(中略) 重要なのは製品であり，設計 (designs) が完了する前に製造開始を急ぐことは，まったくの時間の浪費である」(Ford, 1922, p. 17 邦訳 p. 36) とフォードが5年前に自伝で喝破していたことを，フォード自らが，やらかしてしまったのである。

その上，部品の製造方法も，たとえば，フォードのプレス品 (stampings) 嫌いで，鍛造品 (forgings) を模索して徒労に終わったり (Hounshell, 1984, pp. 280-281 邦訳 pp. 355-356)，また難しい形状のボディ部品がプレスで製造できるようになるまでに何カ月もかかったりした (Hounshell, 1984, pp. 283-285 邦訳 pp. 359-361)。さらに，熟練した技術者を大量に解雇したことが，その混乱に輪をかけた。

実は,「フォード・システムでは作業者の単能化と脱熟練化が進む」というほど単純なものではない。確かに自動車の組立は熟練工でなくてもできるが,自動車を直接作っているわけではない工具製作者,試作者,機械工,鋳型製作者は熟練工でなくてはいけないとフォード自身が強調していた (Ford, 1922, pp. 78-79 邦訳 p. 111)。にもかかわらず,A型生産に向けてリバー・ルージュ工場に組立ラインを移した際に,リバー・ルージュ工場を任されていたソレンセンは,ハイランド・パーク工場でT型の移動式組立ラインを作り上げた経験豊かな技術者たちを大量に解雇してしまったのである (Hounshell, 1984, pp. 289-292 邦訳 pp. 367-370)。これでフォード社は大混乱に陥る。これでは,A型の組立ラインを速やかに立ち上げることができない。これはもはや,生産性のジレンマや生産システムの硬直化とは,全く別次元の問題であろう。ハウンシェルは「A型車生産(設計ではなく)の遅延の責の多くを,チャールズ・ソレンセンに帰さずにすませるのは不可能である」とまで結論づけている (Hounshell, 1984, p. 292 邦訳 p. 370)。

　要するに,T型からA型へのモデル・チェンジの際にフォード社が経験したことは,生産性のジレンマではなかったのである。あえていえば,柔軟性を失っていたのは生産システムの方ではなく,経営者の方だった。まるで護符か何かのごとく「不変のT型」という殻にしがみついていたフォードに加えて,逆の意味でT型という殻にこだわったソレンセンの行いも,火に油を注ぐ結果となった。こうしたことが,現場をいたずらに混乱させたのである。

不変を売りにしたT型フォード
　フォードが「不変のT型」という殻にしがみついたことは明白で

第4章　しがみつかれて殻になったＴ型フォード　77

あろう。なぜなら本人が，そのことを何度となく表明していたからである。

1909年に，フォードは，これからは一つのモデルだけを生産し，そのモデルはＴ型であり，すべての自動車のシャシーをまったく同じにすると突然発表した。そして，こう言ったという。

「顧客はだれでも，欲しい色を塗った自動車を入手することができる。それが黒である限りは」（Ford, 1922, p. 72）。

こうして，単一車種Ｔ型のみを，しかも黒色ばかりを1500万台余りも生産したという「不変のＴ型」伝説が生まれる。

もともと，Ｔ型フォードのような「モデル・チェンジなしの単一車種生産」は，米国，特に米国の自動車産業では，きわめて珍しいとされる（なので，本来は一般化することもまた難しいはずなのだが……）。米国の自動車産業は「『新型車』崇拝」（"the fetish of 'The New Model'"）に取りつかれているという指摘が，1914年には既にあったくらいだから（Hounshell, 1984, p. 261 邦訳 p. 327）。1914年といえば，時期的にはＴ型フォードのシャシーの移動式組立ラインが本格稼働し始めた頃である。そして，フォードの自伝にも，Ｔ型フォードを生み出す前，フォード社設立後わずか数年のときの話として，次のような記述がある（ただし，対応する邦訳の部分よりも原典に忠実に訳している）。

　私の仲間は，われわれの車を単一モデルに限定できるとは納得していなかった。自動車商売は古びた自転車商売を後追いしていて，どのメーカーも，毎年新モデルを出し，以前のモデルを買った人が新モデルに買い替えたいと思うほど，新モデルが前のどのモデルとも違っていることが必要だと考えていた。（Ford, 1922, p. 56

邦訳 p. 83)

まさにフォードは特異な存在だったのである。T型フォードの存在は，こうした米国の一般的な流れからの一時的な逸脱（藤本，2001, p. 73）だと見ることもできる。新型車崇拝の米国の自動車市場の中で，いや，自動車出現以前の自転車の時代から，モデル・チェンジをすることが当たり前に思われていた中で，ただ一人，モデル・チェンジしないことを売りにしていたのである。

不変のT型車のモデル・チェンジ

しかし，そもそもT型フォードは，本当に「モデル・チェンジなしの単一車種生産」だったのだろうか？

長い間「モデル・チェンジなし」だった車と聞けば，多くの年配の読者は，すぐにドイツのフォルクスワーゲン（「ビートル」(Beetle) とか「タイプ1」と呼ばれた）を連想するのではないだろうか。なにしろ，文字通り甲虫 (beetle) をイメージさせる外観だけで，一目でビートルだと識別できたからである。フォルクスワーゲン（国民車）は，高級スポーツ・カーで有名になったフェルディナント・ポルシェ (Ferdinand Porsche ; 1875-1951) によって設計，開発され，1938年から生産が始まり，本格的量産は終戦の1945年から，ドイツ本国では1978年まで，メキシコでは2003年まで行われていたが，一貫して，あの独特のフォルムを維持していた。もちろん改良は毎年のように行われ，エンジンの排気量も1.2ℓから，1.3ℓ，1.5ℓ，1.6ℓと大きくなっていったが，外形デザイン的にはあまり大きな変化はなく，リア・ウィンドーの形が変化したくらいだった。ビートルは，1972年に，

T型フォードがもっていた生産記録を塗り替え，最終的には2150万台以上も生産されたのだが，この生産台数には，ビートルをベースにした箱状ボディの「タイプ2」商用車トランスポーター（デリバリー・バンやマイクロバス；1950年発表）やタイプ1派生モデルでカルマン社（車体メーカー）が架装したスポーティ・クーペ「カルマン・ギア」（1955年発表）などは含まれていなかった。つまり外形デザイン的にビートルだけの生産台数記録だったのである（『VW大辞典』1990；『VOLKSWAGEN』2006）。

それに対してT型フォードの方は，といえば，確かに，フォード社は，単一車種T型のみを，しかも黒色ばかりを1500万台余りも生産したという「不変のT型」伝説を作ったのだが，実は，T型は頻繁にモデル・チェンジをしていたのである。

たとえば，1915年にはそれまでの直線と平面で構成された古風なスタイルから，曲線と曲面のスタイルへと変わり，さらに1916年秋に導入された1917年型は流線型になった（Hounshell, 1984, pp. 273-274 邦訳 pp. 343-344）。シャシーだけに限定して考えても，ラジエーターマスクのデザインの違いで，1908年～1912年，1912年～1917年，1917年～1923年，1923年～1927年の4期に大別されるという（五十嵐, 1970, p. 30）。さらに，機構的にも変更がなされている。変速機のコントロールは，最初の1000台までは（1908年～1909年初頭），K型と同じ2レバー2ペダル方式だったが，それ以降は，1レバー3ペダル方式に変更になっている（五十嵐, 1970, p. 30；p. 43）。ヘッドライトもアセチレン灯だったものが，1915年型からは電灯になった（五十嵐, 1970, p. 45；藤本, 2001, p. 72）。また，始動の仕方も，初期はクランク・ハンドル式だったが，1917年型からはセルフ・スターター・モーターを取り付け，

始動の場合のみバッテリーに切り換えてイグニッション・コイルを通じて点火し，始動後マグネトに切り換える方式に変わっている（五十嵐，1970，p.38）。こうした「モデル・チェンジ」を重ねていったので，T型フォードは1〜3年ごとに，どんどん重量が増え，ツーリング・カーで比べると，1909年には1250ポンド（567 kg）だったものが，1926年には1728ポンド（748 kg）と38％も重量が増えたのである（五十嵐，1970，p.32）。最後の1927年のスポーツ・ツーリングなどは，次のA型と見間違えそうな外見になっていた（五十嵐，1970，pp.52-53）。

それだけではない。1916年には，トラック・シャシーTT（設計番号はTだが，類別用の補助記号Tが追加された）も販売されるようになり，さらにはTのシャシーもTTのシャシーもそれぞれ重量の違う2タイプが存在するようになる（和田，2009，p.72；五十嵐，1970，p.31）。にもかかわらず，フォードは「モデル・チェンジ」を口にすることに断固として抵抗した。T型フォードの生産台数も，ビートルとは異なり，TだけではなくTTのシャシーも加えたものとなっていた。

フォードがモデル・チェンジを口にすることに断固として抵抗したのは，T型フォードが，「大衆のための不変の自動車」という理念そのものでもあったからといわれる。それゆえ，フォード社は，モデル・チェンジや改良をセールス・ポイントにすることができなかったのである（Hounshell，1984，p.275 邦訳p.347）。それが「不変のT型車のモデル・チェンジ」（"change in the changeless Model T"）というパラドックス（Hounshell，1984，pp.273 邦訳pp.343）の正体であった。フォードは「不変のT型」という殻に，護符か何かのようにしがみついたのである。

開発はするが，T型の後継車種にあらず

　こうした事態に，「生産システムが柔軟性を失っていた」とラベリングすることは，もちろん間違いである。それどころか，ドミナント・デザインであるT型フォードによって【特化状態】に移行したために，製品イノベーションが抑制されてしまったのだ……と解釈することすら，事実とは異なる。

　実は，フォード社では，1925～26年には，エンジンのシリンダーがクランクシャフトの周囲にX字状に配列されたXカー（X-car）の開発も行っていた。結局，1926年8月には，Xカーのエンジンは絶望的となり，開発に失敗したのだが（Hounshell, 1984, p. 278 邦訳 p. 352），製品イノベーション自体は行われていたのである。

　そして，注目すべきなのは，このXカーの位置づけである。実はXカーはT型の後継車種ではなかったのである。当時，既に1923年には，フォード社は高級車メーカーであるリンカーン社を吸収合併していた。Xカーは，リンカーンとT型の間の車種として位置づけられるもので，T型の上位車種だったのである（Hounshell, 1984, p. 278 邦訳 p. 351）。

　要するに，T型の後継車種は，T型が生産中止になるまでは，開発されていなかったのであるが，新型車の開発自体は行われていたのである。ソレンセンが記述していたように，確かに，フォードは，T型を捨て，後継車種に乗り換える気がなかったように見える。事実，1926年1月26日にカンツラー（Ernest C. Kanzler）がT型に代わる最新型をすぐに導入することがぜひとも必要だと説いた上申書をフォードに提出して，6カ月以内に解雇されてしまっている（Hounshell, 1984, p. 277 邦訳 p. 350）。

つまり実態は，経営者フォードが，護符のごとく「殻」＝「不変の T 型フォード」にしがみついていただけなのである。

全金属製閉鎖型ボディ車の登場

フォードが頑固に殻である T 型フォードにしがみついている間に，米国の自動車市場には，そのときの T 型フォードでは適応しきれない大きな変化が訪れていた。それは，全金属製閉鎖型ボディ車の登場である。

今日，自動車といえば，屋根のある車体「閉鎖型（クローズド）ボディ」が普通で，特に日本のように雨のよく降る国では，屋根なしのオープン・カー，つまり「開放型（オープン）ボディ」の自動車はめったにみかけない。そのため意外な感じがするが，実は，1920年に米国の1000ドル以下の価格帯の自動車市場をほぼ独占していた T 型フォードは，基本的にツーリング・カーすなわち幌付きのオープン・カーだったのである（和田，2009，pp. 63-66）。

そんな自動車市場で起きた1920年代半ばの全金属製閉鎖型ボディの導入に対して，アバナシーらは1930年代の「動くリビング・ルーム」(rolling living room) に至る「革命的変化のほとばしり」(a spurt of revolutionary change) とまで呼んでいる (Abernathy, Clark, & Kantrow, 1983, p. 115 邦訳 p. 202)。全金属製閉鎖型ボディ車の開発によって可能になった「動くリビング・ルーム」の快適な居住性に加え，1940年代に自動変速機が装備されるようになって，それから30年間，米国自動車市場を牛耳るドミナント・デザインが完成することになるのである (Abernathy, Clark, & Kantrow, 1983, p. 115 邦訳 p. 202)。このドミナント・デザインは，1970年代，1973年と1979年の二度の石油危機に

よって拍車のかかった日本車進出によるFF車の台頭まで続いた (Abernathy, Clark, & Kantrow, 1983, pp. 116-117 邦訳 p. 204)。

ただし,もともとT型フォードはオープン・カーとして設計されてはいたが,閉鎖型ボディのT型ももちろん生産されていた。しかし,1911年以来,フォード社の閉鎖型ボディ製作は,木製フレームを鋼板で覆って成型するという手間のかかるものだった (Hounshell, 1984, p. 274 邦訳 p. 345 ; 和田, 2009, pp. 73-74)。そのため,シャシーが大量生産できるようになると,ボディ製作は,自動車生産のボトルネックになっていったのである。

それに対して,金属プレスを使って全金属製の閉鎖型ボディを成形すれば,木材と違って全金属製は高温にさらせるので,エナメル加工や塗装の乾燥も短時間でできるようになり,ボディの大量生産が行なえるようになる (Nieuwenhuis & Wells, 2007)。最初に全金属製閉鎖型ボディを導入したのはダッジ社で,全金属製ボディの生産技術を開発したエドワード・バッド社 (The Edward G. Budd Manufacturing Co.) に対して,ダッジ社は最初の主要顧客として,1915年,5000台分のボディを初めて発注した。そして,1916年11月までに10万台分のボディが作られたといわれる (Nieuwenhuis & Wells, 2007)[19]。

とにもかくにも,こうして,実際に全金属製閉鎖型ボディの大量生産が始まると,1920年代,急速に開放型ボディ車の売れ行きは落ち,閉鎖型ボディ車がそれに取って代わるようになる。閉鎖型ボディ車のシェアは,1924年に43%となってから3年間で急激に伸び,1927年には85%にもなるのである。T型フォードに対抗していたGMのシボレーの場合でも,1924年には40%であったが,1927年には82%になっている (Sloan, 1964, pp. 161-162 邦訳 pp. 209-210 ; 和田, 2009, p. 68 ;

pp. 74-75)。

T型フォードの生産中止

ところが，T型フォードは，元来オープン・カーとして設計されていたために，シャシーが軽く，重い全金属製閉鎖型ボディには不向きだったのである (Sloan, 1964, p. 162 邦訳 p. 210)。T型の軽量のシャシーに重い全金属製閉鎖型ボディを架装すると，格好が悪いだけではなく，トップヘビーになってしまう。にもかかわらず，フォードはT型に固執し，しがみつく。T型のシャシーに閉鎖型ボディを取り付け，1924年には37.5％を閉鎖型ボディにして売ったのだった (Sloan, 1964, p. 162 邦訳 p. 210)。

さらに，フォード社は，T型用に，全金属製閉鎖型ボディの開発を行い，1925年に，鋼板プレス部門がハイランド・パーク工場からリバー・ルージュ工場に移転すると，木製のフレームを廃止して，T型フォードのボディを全金属製ボディ (all-metal body) に変更したのである (Hounshell, 1984, p. 274 邦訳 p. 345)。しかし，それでも，T型に閉鎖型ボディが占める割合は，1926年に51.6％，T型最後の年である1927年でも58％にしかすぎなかった (Sloan, 1964, p. 162 邦訳 p. 210)。

そして困ったことに，重い全金属製閉鎖型ボディは，T型にとってまさしく重荷となった。それでなくても，実質的な「モデル・チェンジ」で電装部品や内外装が追加されてきたことで，T型フォードは1～3年ごとに，どんどん重量が増えていたのである。これに全金属製ボディの重量まで加わって，もはや軽量を前提とした20馬力のエンジンでは合わなくなっていたのである。しかも，次第に道路が整備されてくると，舗装道路では，より大きな，かつスピードの出る車が求め

られるようになっていった (Sorensen, 1956, p. 218 邦訳 p. 264)。T型のように，エンジンの割には車体が重過ぎて，ノロノロとしか走れないような車は，格好が悪かった。確かに，20世紀初頭のように，悪路や道のない所を走らなくてはならないのであれば，軽量化が必要だったのだろうが，当時，既にそのような時代は終わりを告げようとしていたのである。こうなると，T型フォードは，他社製自動車と比べて性能面でかなり見劣りがすることになる。

ライバルGMの経営者スローン（Alfred P. Sloan, Jr.；1875-1966）は，フォードとの「この競争における最後の決定的要素は，閉鎖型ボディであったと信ずる」(Sloan, 1964, p. 160 邦訳 p. 207) といっている。GMのシボレーは，1926年にT型フォードとの価格差を30％以内にするまでに価格を下げてきた。この間，米国の消費者は豊かになり，1人当たりの所得は，1921年には551ドルだったものが，1926年には610ドルになっていた。しかも，フォード社はやらなかったが，GMは1919年に販売金融会社GMAC（General Motors Acceptance Corporation）を設立し，それを通じて，消費者が自動車を割賦販売で買うことができるようにしていたのである (Sloan, 1964, ch. 17；Hounshell, 1984, pp. 276-277 邦訳 pp. 348-349)。

さらに，GMは，早くから中古車の下取りも行っていたが，その中古車市場が，第一次世界大戦後に発達したことで，GMではシボレーよりずっと上のクラスに位置づけられるビュイックのような車のあまり旧式ではない中古車までが，T型の新車の底値（rock-bottom price）以下で買えるようになってしまった (Sorensen, 1956, p. 218 邦訳 p. 265；Sloan, 1964, p. 163 邦訳 p. 212)。当時のGMの車種を下の価格帯から並べると，シボレー，ポンティアック（1925年に投入），オー

ルズモビル,オークランド,ビュイック,キャデラックとなるのだが (Chandler, 1962, p. 143 邦訳 pp. 151-152),つまり,GM のずっと高級な全金属製閉鎖型ボディの中古車が,T型フォードの新車と同じかあるいはそれ以下の価格で売られているという状況が生まれたのだった (Hounshell, 1984, pp. 276-277 邦訳 pp. 348-349)。

当時,20世紀前半の米国ビジネスでは,無節操な雰囲気があり,戦略的に中古市場を使って競争相手を潰すという行為が行われていた。たとえば,キャッシュ・レジスターで有名な NCR は,当時,中古キャッシュ・レジスター業者の安値販売攻勢に業を煮やし,1903年にトーマス・ワトソン (1911年に NCR をクビになり,後に IBM を率いることになる) に指示して,中古キャッシュ・レジスターを買い集め,それをより安い値段で売りまくって,他の中古業者を潰してしまうというかなり汚い手口を使っている (Campbell-Kelly & Aspray, 1996, 邦訳 p. 44)。同様のことが,自動車業界でも行われ,あまり旧式ではない GM の上のクラスの中古車を T 型の新車の底値以下で意図的に売ったのかもしれない。

いずれにせよ,こうして,1921年には55％もあったフォード社の市場シェアは,1926年には30％にまで落ち込んだ。1927年上半期には25％も下回り (Hounshell, 1984, pp. 263-264 邦訳 p. 331),フォード社は大量のT型の在庫を抱えてしまう。ついに1927年5月25日,1500万台目をもってT型フォードの生産を中止することが公式に発表された。翌26日,ハイランド・パーク工場では最後となる1500万台目のT型フォードが組立ラインから出てきて,ハイランド・パーク工場でのT型フォードの生産は終わった。この1500万台目もツーリング・カー (オープン・カー) であった (Hounshell, 1984, p. 279 邦訳 pp. 352-353)。

第5章
世界初の汎用デジタル電子計算機 ENIAC

ドミナント・デザインでもデファクト・スタンダードでもない殻

　さて，第2章の最後でも触れたが，タイプライターの市場で，QWERTY 配列をデファクト・スタンダードにしたものの，後発のアンダーウッド・タイプライター社にしてやられた形のレミントン・タイプライター社のその後であるが，米国内に219支店と4500の販売店，海外代理店115（1925年の数字）を擁する世界最大のビジネス記録保存システム（ファイリング・システムやカードを使った記録保管システム）の会社ランド・カーデックス社（Rand Kardex Company）によって，1927年に合併買収される。この合併買収で世界最大の事務機器会社レミントン・ランド（Remington Rand）社が誕生した（Campbell-Kelly & Aspray, 1996, pp. 34-36 邦訳 pp. 34-36）。ちょうどT型フォードが生産停止になった年のことである。このレミントン・ランド社こそが，米国で最初の商用コンピュータ UNIVAC（ユニバック）を製造することになるのだが，そこに至るまでには複雑な経緯をたどることになる。

　UNIVAC 誕生の話，というよりコンピュータ誕生の話をするためには，世界初の汎用デジタル電子計算機 ENIAC（エニアック）の話をしないといけない。それほどまでに ENIAC は重要なマシンなのである。ところが，ENIAC は，コンピュータのドミナント・デザインでもなければ，デファクト・スタンダードでもない。

　ドミナント・デザインの例として，たとえばアバナシーは，T型

フォードと並んで，飛行機のダグラス DC-3 を挙げているが (Abernathy, 1978, p.75)，仮に，メインフレームと呼ばれるコンピュータのドミナント・デザインを挙げるとすれば，第7章で取り上げる1964年発表の IBM のシステム/360 (Teece, 1986, p.288；新宅，1994, p.4)，あるいはその改良型として1970年に発表されたシステム/370 (Anderson & Tushman, 1990, p.616) を挙げるのが妥当だろう。それほど IBM システム/360-370 はよく売れたし，メインフレームの標準機としての地位を獲得したマシンだった。それに対して，1946年に完成・公開された ENIAC は，戦争中の米国で陸軍から受けたプロジェクトで作られたものであり，たったの1台しか作られなかった。しかも，企業が作ったものではなく，米国のペンシルベニア大学で，大学院生に毛の生えたような20代の若者たちが中心になって，受注からたった2年半で開発し完成させたものである。ドミナント・デザイン云々以前に，そもそも「製品」と呼べるのかどうかも疑問である。

しかもコンピュータのデファクト・スタンダードともいえるプログラム内蔵式コンピュータではなかったし，そもそも2進法ではなく10進法を採用していた。2進法のプログラム内蔵式コンピュータのアイデアは，ENIAC プロジェクトの後半に ENIAC チームから派生して出てきたもので，ENIAC では間に合わなかったのである。

ところが，ENIAC なしには，今日のコンピュータもコンピュータ産業もありえないほど，ENIAC は重要な存在なのである。なぜなら，ENIAC こそが世界初の実用的な汎用（＝プログラム可能）のデジタル電子計算機であり，実現不可能と思われていた高速計算マシンを圧倒的存在感で目の前に出現させたからである。コンピュータの能力の高さと価値を初めて人類に知らしめたといってもいい。その登場は

まさに衝撃的であり、それ以降の世界中のコンピュータ開発熱は、まさしくENIACを直接の「感染源」として、瞬く間に伝染していった。

　では、コンピュータのドミナント・デザインでもなければ、デファクト・スタンダードでもなかったENIACとは一体何だったのか？実は、このENIACこそが、コンピュータ産業の殻だったのだ。コンピュータ開発者もコンピュータ産業もENIACという実在する唯一の汎用デジタル電子計算機を錦の御旗として資源を獲得し、その殻にしがみつくようにして、コンピュータ作りにまい進することで、巨大化していった。ENIACという殻なしには、今日のコンピュータもコンピュータ産業もありえなかったのだ。そして、メインフレーム・コンピュータの製品デザインは、ENIACの完成から20年近くかけて登場したコンピュータのドミナント・デザインIBMシステム/360-370で「化石化」した。

　T型フォードのような例は、殻の存在が経営学ではさまざまに扱われてきたことを示すのには都合が良かった。しかし、もし殻の概念が、従来から経営学で唱えられてきた諸概念と一致するものであるならば、ただの別名にすぎず、新たに付け加える意義はほとんどないだろう。ところが、ENIACの存在は、従来の経営学の諸概念のどれにもしっくりと当てはまらない。にもかかわらず、新産業や新市場の黎明期に、輝かしい次の時代へのきっかけとなった殻だったことに間違いはないのである。ENIACの意義を経営学的に説明するには、殻の概念が必要である。

ムーア・スクールとブッシュ微分解析機

ENIAC は，米国ペンシルベニア州フィラデルフィアにあるペンシルベニア大学ムーア・スクール（Moore School）で生まれた。ペンシルベニア大学では電気工学部が1914年に創立された。1922年に，フィラデルフィアで電線の製造会社の3代目社長だったムーア（Alfred Fitler Moore）が亡くなり，本人の遺言により遺産を寄付されたペンシルベニア大学は，1923年に電気工学部を「ムーア・スクール」とし，自前の建物ももつことになった（Shurkin, 1984, p. 118 邦訳 pp. 118-119；Campbell-Kelly & Williams, 1985, p. xiii）。[20]

フィラデルフィアから鉄道で小一時間ほどの距離にあるメリーランド州アバディーン（Aberdeen）には，米国陸軍実験場があり，そこに第一次世界大戦中に開設された研究部門は，1938年に弾道研究所（Ballistics Research Laboratory：BRL）と公式に名づけられた。BRL は増大する弾道計算処理のために，アナログ計算機「ブッシュ微分解析機」（Bush Differential Analyzer）を使っていた（Campbell-Kelly & Aspray, 1996, pp. 80-81 邦訳 pp. 80-81）。

ブッシュ微分解析機は，MIT の電気工学の教授であったブッシュ（Vannevar Bush；1890-1974）が，1927年に二人の同僚とアナログ型計算機を考案したことにさかのぼる。[21]それを組み立てたのはブッシュが指導する大学院生だったが，もう一人の学生ヘイゼン（Harold Locke Hazen；1901-1980）はその機械の改良法を考えついた。ブッシュはヘイゼンと共同で，より大型の計算機についての論文を1927年に書き，二人は1930年に最初の微分解析機を完成させ，その1年後に論文にしている（Shurkin, 1984, pp. 96-97 邦訳 pp. 93-94；星野, 1995, pp. 85-86）。ブッシュは1935年初めから，それまで物理的に機械で動いていたもの

の一部を電気で処理できるようにした改良型の設計を始めたが，この機械は2000本の真空管，数千のリレー，150個のモーター，200マイルの電線を使い，重さが100トンもあったという（Shurkin, 1984, p. 99 邦訳 pp. 95-96）。このブッシュの設計図をもとにして，ブッシュ微分解析機は MIT や BRL だけではなく，ムーア・スクールそして英国マンチェスター大学のハートリー（Douglas R. Hartree；1897-1958）のところでも製作された（Shurkin, 1984, p. 99 邦訳 p. 96 と注26）。

　実は，BRL のブッシュ微分解析機は，もともとムーア・スクールが，微分解析機を作る資金を得ようとしてアバディーンに持ち込んだ話で，まず，ムーア・スクールで1935年に微分解析機が完成し，このムーア・スクールの設計図がアバディーンに送られて製作されたものが BRL のブッシュ微分解析機であった。ムーア・スクールで作られた機械は，本家 MIT で作られた機械よりもはるかに大きかったといわれ，その製作には，MIT の技術者がわざわざ手伝いに来ていた。このようにムーア・スクールと BRL は緊密な協力関係にあった（Shurkin, 1984, pp. 101-102 邦訳 p. 98；Campbell-Kelly & Williams, 1985, p. xiii）。

モークリー

　ENIAC の開発者の一人となるモークリー（John W. Mauchly；1907-1980）は，1941年夏，ムーア・スクールの集中教育コースに参加した。そのときモークリーは，フィラデルフィア近郊のアーシナス・カレッジ（Ursinus College）で物理学の教師をしていたが，当時，第二次世界大戦参戦の準備が進み，ペンシルベニア大学の教授会メンバーの中からも徴兵される者が出始めたため，人材不足のエレクトロニクス関係

のポストに物理学者や数学者を就けるために設けられたのが、この集中教育コースであった。そして、めでたくモークリーは、ミシガン大学から来ていた数学好きの哲学者バークス（Arthur W. Burks；1915-2008）とともに、1942年9月からムーア・スクールに教師（instructor）の職を得てとどまることになる。これは、その職に就ける博士号取得者がモークリーとバークスの二人しかいなかったからだったともいわれる (Shurkin, 1984, p. 120 邦訳 p. 121；p. 125 邦訳 p. 126；Campbell-Kelly & Aspray, 1996, pp. 81-82 邦訳 p. 81；McCartney, 1999, pp. 48-49 邦訳 p. 57)。[22]

モークリーが、ペンシルベニア大学のこのコースに参加したのは、真空管を使って、いかにコンピュータを製作するのかを学ぶことが目的だったといわれる。それまでにもモークリーは、宇宙線研究所で、父親やその同僚たちとも長い時間を過ごし、彼らが電子的に計数するのを見ていたし、バートル研究財団（Bartol Research Foundation）で、そこの研究員たちが計数回路（scaling circuit）を使っているのも観察している。勤めていたアーシナス・カレッジでは、後述するフリップフロップ回路や真空管の実験もしていた。モークリー自身でもいくつかの装置を製作している（死後も自宅に保存されていたという）(Shurkin, 1984, p. 292 邦訳 p. 315)。

モークリーとアタナソフの出会い

モークリーは、ムーア・スクールに移る前の1941年6月13日～18日[23]、アイオワ州立カレッジ（Iowa State College；現在のアイオワ州立大学）のアタナソフ（John Vincent Atanasoff；1903-1995）を訪問している (Mollenhoff, 1988, pp. 55-57 邦訳 pp. 67-69)。アタナソフは、1926年か

らアイオワ州立カレッジに勤め，訪問当時は，数学科・物理学科兼任の准教授だった（Mollenhoff, 1988, p.63 邦訳p.75）。1937年から計算機の研究を始めていたアタナソフは，1939年9月から，大学院生のベリー（Clifford Berry；1918-1963）の協力を得て，後に，アタナソフ＝ベリー・コンピュータ（Atanasoff-Berry Computer：ABC）と呼ぶようになる計算機の試作機の製作を始めた。持ち運べるほどの小さいサイズの試作機だったが，2カ月で完成し，10月にはデモンストレーションをしている（Mollenhoff, 1988, pp.42-47 邦訳pp.53-55）。この試作機は，簡単な足し算や引き算をすることで，論理回路とキャパシタ・メモリの作動を確認したとされている。この試作機は，電源用を除けば真空管わずか10本の小さなものだった（Burks & Burks, 1988, p.22 Fig.5 邦訳p.39 図5）。まだキャパシタ・ドラムは存在せず，ベークライトの円板の両側にコンデンサを放射状に貼り付けたものが使われていた（Mollenhoff, 1988, p.75 邦訳p.57；Burks & Burks, 1988, p.214 邦訳p.308）。

試作機に続いて1940年から製作が始まった29元連立方程式用のマシンABCは，二つのキャパシタ・ドラム・メモリを同軸で搭載し，大型の事務机ほどの大きさで，真空管300本以上が使われていた（Mollenhoff, 1988, pp.48-51 邦訳pp.56-63）。このABCは完成しなかったが，1941年には計算部分は作動したといわれる（Richards, 1966, p.4）。モークリーは，アタナソフの家に5日間逗留し，このまだ完成していないABCについて，知りうる限りの知識を得たとされている（Campbell-Kelly & Aspray, 1996, pp.83-84 邦訳p.83）。

結局，ABCは実働に至らないまま，ベリーは1942年5月に修士課程を終えると，アタナソフの秘書と結婚して，カリフォルニアにある

会社に就職するために7月にアイオワ州を去った。アタナソフも1942年9月に，ワシントン D.C. の海軍兵器研究所 (Naval Ordnance Laboratory) に移ってしまった (Burks & Burks, 1988, p.63 邦訳 p.98 ; Mollenhoff, 1988, p.61 邦訳 p.74)。

ABC が実働しなかったのは，2進のカード入出力部分が完成しなかったせいだったといわれている (Richards, 1966, p.4)。ガウスの消去法によって連立一次方程式を解く ABC にとって，このカード入出力部分は，計算途中の係数データを保持するために必須で，カード入出力が信頼性高く動かないと，ABC は正しく計算ができなかった。29元連立方程式では，元の29本の方程式を含め，463本の方程式の係数データをこの2進のカードに記録しなくてはならなかった (Burks & Burks, 1988, p.56 邦訳 p.88 ; 星野, 1995, pp.80-81)。

しかし，このカードは，パンチカード (punched-card) のように穿孔するではなく，8.5インチ×11インチのカードに，30行×50列の格子状に，30個の係数を2進数で，電気火花によって格子位置を炭化させ，焦げ点 (charred spot) を作る方式だった。炭化すると電気抵抗が小さくなるので，格子位置が焦げ点になって炭化している場合は電流が流れるので「1」，炭化していない場合は電流が流れないので「0」と読むのである。つまり，炭化記録法と炭化点検出法というわけだが，案の定，信頼性に欠け，1842年春のテストでも 10^4 あるいは 10^5 ビットに1回のエラーが発生し，これだと3元連立方程式が解けるかどうかというレベルの信頼性だったという (Burks & Burks, 1988, pp.56-64 邦訳 pp.88-99)。

もしライト兄弟の飛行機がキティー・ホークの砂浜をたんに自走

しただけで離陸しなかったなら，ライト兄弟は飛行機の発明者と呼ばれるに値するだろうか。もう少し続けていれば飛行機は離陸したかもしれないということが後になってわかったとしても，それで，彼らが発明者だとする主張がより有力になったりするだろうか（Shurkin, 1984, pp. 297-298 邦訳 p. 323 ただしより原典に忠実に訳し直している）。

とシャーキンは評しているが，常識的に考えて，要するに，アタナソフは ABC を発明したとはいえなかった。

　それに ABC は，仮に完成したとしても，コンピューティングの世界に，それほどの衝撃は与えなかっただろう。なにしろ，常時，オペレータ（人間）が ABC に付きっ切りで，カードを準備して ABC に指示を出さなければならないし，機械式のキャパシタ・ドラム・メモリを使っていたので，処理速度は電子式の ENIAC とは雲泥の差だった。アタナソフが考えたキャパシタ・ドラム・メモリは，多数のキャパシタ（コンデンサ）を回転ドラムの表面に埋め込んだもので，一種の DRAM だが，機械的に回転ドラムをモーターで 1 秒に 1 回転させ，ブラシがコンデンサに接触して電圧を読み出す方式だった。コンデンサの電荷は短時間に放電してしまうので，ブラシにより読み出された電圧は基準電圧に戻されて，隣接しているブラシで再びコンデンサに書き込む，いわゆる「リフレッシュ」（アタナソフは「ジョギング」と呼んでいた）が行われるようになっていた（星野, 1995, p. 77）。つまり，ABC は，回転ドラムの機械的な回転速度に制約され，電子式論理回路本来の処理速度は，設計上でも実現できないデザインだったのである。仮に完成していたら，という前提でバークスが試算したところで

も，ABCは29元連立方程式を解くのに約55時間もかかり（内約25時間はオペレータの所要時間），人間が卓上計算機を使って計算した場合の3倍のスピードにすぎなかった（Burks & Burks, 1988, p. 70 邦訳 p. 108；pp. 64-71 邦訳 pp. 88-110）。これでは，とてもアナログ／機械式の殻を打ち破ることはできなかっただろう。

モークリーとエッカートの出会い

ムーア・スクールの集中教育コースに参加していた頃から，モークリーは，電子式の計算機のアイデアをムーア・スクールで誰かれなく議論していた（Shurkin, 1984, p. 123 邦訳 p. 124；Campbell-Kelly & Aspray, 1996, p. 85 邦訳 p. 84）。このアイデアに惹かれた若い電子技術者がエッカート（John Presper Eckert, Jr.；1919-1995）だった。当時，修士課程を終えたばかりの22歳のエッカートは，ムーア・スクールの中で遅延線記憶（delay-line storage）システムのプロジェクトにも参加していた。一見何の関係もないように思えるこの技術が，後にプログラム内臓式コンピュータ実現の鍵を握ることになる（Campbell-Kelly & Aspray, 1996, pp. 85-86 邦訳 pp. 84-85）。

この遅延線記憶システムのプロジェクトは，MITの放射研究所から下請けしたもので，レーダー・システムに使われる移動目標表示器（Moving Target Indicator：MTI）用に，レーダーの反射波を受信する際に，一旦それを記憶し，次に来る信号から引き算することで，その間動かなかった物体の反射信号を打ち消して，動いていた物体だけを映像としてはっきり浮かび上がらせるための装置であった。そのためには，電気信号を1000分の1秒ほど記憶させる必要があり，電気信号をずっと速度が遅い音の信号に変換して，液体の音響媒体（エッカー

トが実験していたのは鋼鉄管に満たした水銀）の中を進ませて時間を稼ぎ，また電気信号に変換するということをしていた（Campbell-Kelly & Aspray, 1996, pp. 85-86 邦訳 p. 85）。水銀で満たされた管の両端に水晶振動子（quartz crystal）を付け，入力用水晶振動子に電気パルスを加えると，ピエゾ効果（圧電効果）で振動し，それが音波として秒速1450 m で水銀中を伝わり，反対側の出力用水晶振動子を振動させて，入力信号と同じ波形をした電気パルスが発生する。管の長さを 1.45 m にすれば，入力から 1 ミリ秒（1000分の 1 秒）遅れで電気パルスが出力することになる（Goldstine, 1972, p. 189 邦訳 pp. 216-217）。こうした遅延線の最初のものは，流体として水とエチレングリコールの混合液を用い，ベル研究所のショックリー（William B. Shockley；1910-1989）——後にトランジスタの共同発明者の一人になる——によって作られた。そして二番目のものが，ムーア・スクールでエッカートたちが作ったものだった（Goldstine, 1972, pp. 188-189 邦訳 p. 216）。

　エッカートとモークリーはすぐに親しくなり，二人は，大学でも24時間営業のレストランでも，ひたすら議論し合った。モークリーは自分で電子計算機を作ろうと意気込んでいたわけではないが，従来の計算機のように歯車や回転盤といった動く部品をまったく使わず，電子だけが機械を脈々と流れるような機械を作ることができ，そうすれば，電子は非常に速く動くので，高速で計算でき，既存の計算機が扱う問題よりもはるかに複雑な問題を解けると考えていた。電気機械的な構成部品，たとえばベル研究所のスティビッツ（George Robert Stibitz；1904-1995）が使ったリレーの場合だと，物理的に接点を閉じたり開いたりするのに 1 ～10ミリ秒かかった。しかし，真空管の場合（ENIACの場合），5 マイクロ秒である。つまり1000倍速いのである。エッ

カートは，電子パルスで数字を表し，電子パルスを数えるだけのデザインにする電子計算機を作ることは難しいが可能だと考えていた（Goldstine, 1972, p. 144 邦訳 pp. 161-162；Shurkin, 1984, p. 123 邦訳 p. 124；McCartney, 1999, pp. 47-48 邦訳 p. 56）。

日本の真珠湾攻撃から9カ月後の1942年8月，モークリーはアイデアを「計算における高速真空管の利用」という7ページの覚書（memorandum）にまとめ，ムーア・スクールの研究ディレクター（research director）であるブレイナード（John Grist Brainerd；1904-1988）と陸軍軍需品部（Army Ordance Department）とに提出したが，どちらからも無視された（Campbell-Kelly & Aspray, 1996, p. 86 邦訳 pp. 85-86；McCartney, 1999, p. 49 邦訳 pp. 57-58）。当時，ムーア・スクールには三人の研究ディレクターがいたが，そのうちの一人であったチャンバース（Carl Chambers）は，後に「当時，われわれの中でモークリーを信用している者は一人もいなかった」と語っている。なにしろ，当時は，ハーバード大学，MIT，ベル研究所他の研究機関は，可動部品を使った電気機械式計算機を精力的に開発していた。モークリーの覚書は「紛失した」（lost）とされていたが，おそらく最初から「くずかご行き」（circular file）扱いだったようだ（McCartney, 1999, pp. 50-51 邦訳 pp. 58-59）。

モークリーとゴールドスタインの出会い

その頃，ムーア・スクールは，続々と開発される新しい火砲のために射撃表（firing tables）を作る膨大な計算作業に追われていた。この射撃表というのは，砲手が使うポケット・サイズの小冊子で，目標までの距離がわかれば，その表を使って，大砲の仰角や方位角が決めら

れるようになっていた（Campbell-Kelly & Aspray, 1996, p. 83 邦訳 p. 82）。ところが，射撃表の効率的な計算手段がなく，新しい火砲を戦線に配備する上での足かせになっていたのである（Campbell-Kelly & Aspray, 1996, pp. 82-83 邦訳 p. 82）。標準的な射撃表は，だいたい2000本から4000本の弾道を必要としていた。微分解析機は，1本の弾道を計算するのに10〜20分かかったので，仮に3000本の弾道を計算するとすれば，射撃表を完成させるのに，およそ750時間——1日24時間計算して31.25日（ゴールドスタインは30日と書いている）——かかることになる（Goldstine, 1972, p. 138 邦訳 p. 154）。

1942年8月7日にBRLに入ったゴールドスタイン（Herman H. Goldstine；1913-2004）中尉は，シカゴ大学で1936年に数学の博士号をとって同大学で講師となった後，1939年からミシガン大学助教授をしていた経歴の持ち主だった。BRLでは，ペンシルベニア大学での計算作業を任された。しかし，当時「コンピュータ」（計算する人）と呼ばれていた計算機を操作して計算を行う女性チームの人材の確保も難しく，微分解析機もよく故障した。そんなときに，ゴールドスタインは，大学院生から，モークリーのアイデアについて聞いたことがあるかと尋ねられたのである。ゴールドスタインは，モークリーの覚書を見たことはなかったが，モークリーからそのアイデアを聞いた。1942年秋，ゴールドスタインが29歳のときである（Campbell-Kelly & Aspray, 1996, pp. 86-88 邦訳 pp. 85-87；McCartney, 1999, pp. 54-55 邦訳 pp. 62-64）。

ゴールドスタインは，モークリーと頻繁に意見交換をし，1943年3月，再提出を勧めた。モークリーのオリジナルの覚書は失われていたので，新しいバージョンがノートからもう一度タイプし直され，その

文書が1943年4月2日付で再提出された（Goldstine, 1972, p. 149 邦訳 p. 168；Campbell-Kelly & Aspray, 1996, p. 87 邦訳 p. 86）。正確には，モークリーの覚書を付録にした"Report on an electronic diff. analyzer"がブレイナードによって1943年4月2日に提出された（Stern, 1981, p. 15）。ここで"diff."とあるのは，ENIACはデジタル・コンピュータなので，本来は"differentiating"（微分）ではなく"differencing"（差分）によって解くのだが，MITのアナログの微分解析機"differential analyzer"に気をつかって，わざわざ"diff."と省略したといわれる（Stern, 1981, p. 18）。

PXプロジェクトの発足

1943年4月9日，モークリー，エッカート，ゴールドスタインは，ムーア・スクールの研究ディレクターの一人であるブレイナードも伴って，BRLの所長であるサイモン（Leslie E. Simon；1900-1983）大佐，軍の研究所の技術顧問を務めるプリンストン大学高等研究所のヴェブレン（Oswald Veblen；1880-1960）教授が出席する公式会議に出席した（Campbell-Kelly & Aspray, 1996, p. 87 邦訳 p. 86；McCartney, 1999, p. 59 邦訳 p. 69）。そのときの様子をゴールドスタインはこう記している。

>　（ゴールドスタインの）プレゼンテーションをしばらく聞くと，椅子の後ろ足でシーソーのようにゆすっていたヴェブレンは，バタンと椅子を倒して立ち上がってこういった。
>「サイモン君，ゴールドスタインに金を出してやりたまえ」
>　彼はそのまま部屋を出て行き，会議はこの幸せな発言で終わった

(Goldstine, 1972, p. 149 邦訳 p. 169)。[28]

　この日は，エッカートの24歳の誕生日でもあったが，同日，軍はペンシルベニア大学と開発契約 W-670-ORD-4926 を結び，PX プロジェクトが発足した。PX というのは，ENIAC 経費に対するムーア・スクールの会計記号で，後の EDVAC に対しては PY が用いられた (Goldstine, 1972, p. 187 邦訳 p. 232 注8)。ENIAC は機密扱いだったので，ムーア・スクールでは，この ENIAC 計画を PX プロジェクト (PX project) と呼ぶようになった (Shuukin, 1984, p. 149 邦訳 p. 153)。

　公式契約の原案が承認されたのは1943年5月17日で，契約の調印は6月5日に行われた。そしてエッカートとモークリーが Electronic Numerical Integrator と呼んでいた機械を作るための最初の6カ月分の経費として6万1700ドルが見積られた。総開発費用の見積りは15万ドルだった。ここで"integrator"とは積分機の意味になるが，当時のアナログ微分解析機 (differential analyzer) が微分方程式を解く（すなわち積分する）機械であったことを意識したものと考えられる。[29]

　この機械は5月31日に開かれた会議で，BRL 副所長のジロン (Paul N. Gillon ; 1907-1996) 大佐によって ENIAC (Electronic Numerical Integrator and Computer) と名づけられた (Goldstine, 1972, p. 150 邦訳 p. 169 ; Stern, 1981, p. 15 ; Shurkin, 1984, pp. 148-149 邦訳 p. 153 ; Campbell-Kelly & Aspray, 1996, p. 87 邦訳 pp. 86-87 ; McCartney, 1999, p. 61 邦訳 p. 70)。

ENIAC の具現化

こうして ENIAC プロジェクトはスタートしたのだが，これから作ろうとしているマシンの基本的な輪郭はできていたものの，それをどう作るかは，まだ具体的に考えられていなかったのであった。エッカートとモークリーは，とりあえず ENIAC を三つの主要部分で構成することにした。

① 加算用，高速乗算用，除算・平方根用の独立した (self-contained) 演算ユニット。
② 数字や命令を記憶するメモリ・ユニット。計算の中の定数の数値の設定はパネルのスイッチで行い，パンチカードによる入力も最初だけ。
③ マシン全体を制御するマスター・プログラマー。

この三つの主要部分以外にも，計算を起動するユニット，全部を同期化させるユニットのような周辺制御装置が必要になる (McCartney, 1999, pp. 62-63 邦訳 pp. 73-74)。

エッカートは，このプロジェクトを推進するために，ムーア・スクールの大学院生をリクルートし，1943年秋には10数人の若いエンジニアからなるチームが編成され，ムーア・スクールの奥にある広い部屋で ENIAC の構築が始まった (Campbell-Kelly & Aspray, 1996, p. 89 邦訳 p. 88)。

エッカートとモークリーは，まず10進法で10桁の数字を正負の符号つきで保存できるアキュムレータ (accumulator；累算器) の製作にとりかかった (McCartney, 1999, pp. 68-69 邦訳 p. 80)。アキュムレータ

第5章　世界初の汎用デジタル電子計算機ENIAC　103

とは，データの加減演算と記憶のための装置である。アキュムレータは，当初考えていたよりもずっと難しかったが，ついにエッカートは計数回路を考えついた。それはフリップフロップを10個つなげたものだった（McCartney, 1999, p. 72 邦訳 p. 83）。

　フリップフロップ（flip-flop）とは，2本の真空管で構成された基本的な電子記憶回路で，どちらか一方の真空管だけが必ず伝導状態（真空管を電流が流れる状態）で，他方は非伝導状態（真空管を電流が流れない状態）になるように結線されたものである。そして，一方の真空管が伝導状態のとき，フリップフロップは状態1にあるとし，他方の真空管が伝導状態のとき，フリップフロップは状態0にあるとする（Goldstine, 1972, p. 158 邦訳 p. 179）。入力信号によって状態1，状態0が入れ替わるわけだが，まるでシーソーのように，バタンと一方が下がると必ず他方が上がるような動作をすることで，二つの安定的な状態，状態1か状態0のどちらかを保持する（＝記憶する）回路がフリップフロップなのである。英語の"flip-flop"はシーソーの「ぎっこんばったん」「ぎったんばっこん」（日本では地方によって呼び方が異なる）の意味である。もちろん今では回路素子として真空管は使われていないが，フリップフロップは，マイクロプロセッサやキャッシュ・メモリなどの中で使われている基本的なデジタル論理回路である（秋田，2003）。RAM（random access memory）としても，よく耳にするDRAM（Dynamic RAM）はキャパシタ（コンデンサ）を用い，定期的なリフレッシュが必要なのに対して，フリップフロップで構成されるRAMはSRAM（Static RAM）と呼ばれ，リフレッシュが不要である。現在でも，ENIACの時代でも，SRAMは回路が複雑になるために，記憶容量当たりの単価が高いのが難点だが，リフレッシュ操

作が不要な分，消費電力が少なく，また読み書きも高速なので，現在では，携帯機器用に用途が広がりつつある。

アキュムレータの構築とプログラム内蔵方式のアイデア

ENIACの場合，10進法の「0」「1」「2」……「9」の10個の数字に対応する10個のフリップフロップが，一つの計数機（counter）として，次のように配線されていた（Goldstine, 1972, pp. 158-159 邦訳 pp. 179-180）。

(a) 各瞬間に，計数機の中のどれか一つのフリップフロップだけが状態1にあり，残りの全てのフリップフロップは状態0にある。

(b) 計数機がパルスを受信すると，そのとき状態1のフリップフロップは状態0に戻り，計数機の中の次のフリップフロップが状態0から状態1に変る。

(c) 計数機の第一ステージのフリップフロップ（数字「0」に対応）が，常に状態1にセットされるように計数機を復帰させる仕組みがある。

(d) 計数機の最終ステージのフリップフロップ（数字「9」に対応）が状態1のとき，それがパルスを受けた場合には，その計数機の第一ステージのフリップフロップ（数字「0」に対応）が状態1になるように，最終ステージのフリップフロップの次に第一ステージのフリップフロップが接続されている。つまり，環状計数機（ring counter）になっている。

(e) (d)の場合には，パルスを左隣の計数機に送って，桁上げをするように接続されている。

このため，この計数回路は「ディケード・カウンタ・リング」(decade-counter ring) と呼ばれ，一つのディケード・カウンタ・リングに必要な真空管は，10桁のそれぞれの数字用に20本，そして正負符号およびその他の制御用に8本の計28本であった（McCartney, 1999, pp. 72-73 邦訳 pp. 83-84）。1台のアキュムレータには約500本の真空管が使われた（Campbell-Kelly & Aspray, 1996, p. 96 邦訳 p. 96）。

アキュムレータの設計ができてくると，次にマスター・プログラマー（Master Programmer）の設計にとりかかった。マスター・プログラマーは，スイッチで設定された回数，ルーチンを繰り返すループや，ある変数の符号が負になったときに条件分岐する演算を担当した（星野，1995, p. 89 ; McCartney, 1999, pp. 77-78 邦訳 pp. 88-89）。

1944年2月までに最終的な配線図と設計図を完成させたチームは，パネルの構築を始めた。その一方で，エッカートとモークリーは，ENIAC の欠点や非効率な点にも気づいていて，次のマシンのことも考え始めていた（McCartney, 1999, p. 87 邦訳 p. 99）。既に1943年12月31日付の陸軍に宛てた経過報告書の中で，彼らは次のように説明していた。「問題を自動的にセットアップする（set up）備えをしておこうとはしていない。これは簡素化のためであり，さらに ENIAC の当初の主要な用途が，別の問題が機械にかけられるまでは，一回のセットアップが何度も使われるタイプの問題だからである」。ここでセットアップとは，ENIAC をプログラムする際の，ダイヤル，スイッチを設定し，ケーブルを差し替えるなどの作業を指している。確かに射撃表を計算する場合には，何週間も同一プログラムを続けて使うので問題はなかったが，一般の計算をする際には問題があった（Shurkin, 1984, p. 171 邦訳 pp. 173-174）。

特にエッカートは，プログラムの方式を改善するための方法をいくつか考えており，そのうちの一つを1944年1月29日付で「磁気計算機に関する文書」("Disclosure of magnetic calculating machine") に書いている。その中でエッカートは1本のシャフトに数枚のディスクを取り付けた装置を内蔵させることで，「このディスクは，そのようなパルスあるいは他の電気信号を発生するが，それは計算に必要な演算のタイミングをとったり，制御したり，開始したりするのに必要である」と述べていた (Eckert, 1980, p.537)。この文書は，一時，ファイルの中に埋もれて見失われていたが，後述するENIAC特許の裁判の際に，弁護士により発掘され，再現された文書がEckert (1980) の最後 (pp. 537-539) に採録されている。星野 (1995, pp.104-105) は，プログラムを格納すべきであるというような直接的な文章は見つからないと評しているが，後述するように，並列処理のENIACでは，「プログラム」は，特定の装置にパルス/信号を送るという表現になるので，パルス/信号が記憶媒体のディスクから発生するという記述は，プログラムがディスクに記憶されていることを表していると素直に理解すべきだろう。つまり，ENIACでは記憶容量が小さすぎるが，ディスクのような，より大容量のメモリがあれば，そこにプログラムを記憶させることで，プログラムが簡単になると考えていたのである。1944年8月，ゴールドスタインは，デザインを改良した新しいENIACを製造するための新しい研究開発契約をムーア・スクールと結ぶことをサイモンに提案している (Shurkin, 1984, p.172 邦訳 pp.174-175)。

ENIACのプログラム

　では，ENIACでは，どのようにプログラムして計算していたのだ

第5章　世界初の汎用デジタル電子計算機ENIAC　107

ろうか。ゴールドスタインは二つのアキュムレータを使ったプログラム例として，アキュムレータ1にnが，アキュムレータ2にn^2が入っているときに，それぞれのアキュムレータの内容を$n+1$，$(n+1)^2$にする次のようなプログラムを挙げている。

(1) 開始装置（initiating unit）が，アキュムレータ1にパルスを送る。
(2) パルスを受けたアキュムレータ1は，記憶内容をアキュムレータ2に2回送り，完了の信号を定数転送装置（constant transmitter）に送る。この段階で，アキュムレータ2の内容はn^2+2nになっている。
(3) 完了信号を受けた定数転送装置は，定数1をアキュムレータ1とアキュムレータ2に送る。この段階で，アキュムレータ1の内容は$n+1$，アキュムレータ2の内容はn^2+2n+1すなわち$(n+1)^2$になっている。

他にはプログラム・パルスは出ていないので，プログラムはこれで停止することになる（Goldstine, 1972, p. 161 邦訳 pp. 182-183）。

ENIACでは，数値はIBMのパンチカード読取装置（card reader）で読み込み，(2)に登場する定数転送装置の中のリレーに保持させる（Goldstine, 1972, p. 157 邦訳 pp. 178-179）。パンチカード読取装置は速度が遅いので，ENIACの真空管電子回路の速度に合わせるために，定数転送装置が作られることになった（Goldstine, 1972, p. 165 邦訳 p. 187）。パンチカード機器のことで援助を求めるためにBRLのジロンがIBMのトーマス・J・ワトソンに会ったのは，1944年2月28日のことである（Goldstine, 1972, p. 164 邦訳 p. 186）。パンチカードから数

値を読み込んだり (load)，パンチカードに結果を出力したり (spit out) するパンチカード機器は IBM が設計した (McCartney, 1999, p. 77 邦訳 p. 88)。

さらに ENIAC には，こうしたプログラムをサブルーチンとして繰り返し実行する装置も設計されていた。それがマスター・プログラマーなのである。この装置は，プログラム・パルスの数を数えて，プログラムの接続を切り替えることができるプログラム・コントロール (program control) を10個もっていた (Goldstine, 1972, p. 161 邦訳 p. 183)。

これを使えば，たとえば，$n=0, 1, 2, \ldots, 99$ に対する n と n^2 の表を求めるプログラムを組むことができる。まずステップ(2)，ステップ(3)を組んでおいてから，アキュムレータの内容を0にしておく。その上で，マスター・プログラマーを

(a) 現在のアキュムレータ1，アキュムレータ2の内容を印字するように印字装置 (printer unit) に命令する。
(b) アキュムレータ1にパルスを送る (→ステップ(2)，ステップ(3)が実行される)。

とパルスの数を数えて，それが100回になるまで(a)(b)を繰り返すように設定しておけばいいのである (Goldstine, 1972, p. 162 邦訳 pp. 183-184)。ここで(a)で印字装置と呼ばれているものは，ENIAC の場合には，パンチカード穿孔装置のことである (Goldstine, 1972, p. 157 邦訳 p. 179 特に脚注*)。

こうしておけば，開始装置からマスター・プログラマーにパルスが

送られると，$n=0, 1, 2, \ldots, 99$ に対して，次のように n, n^2 が印字されることになり，n と n^2 の表が得られることになる。

0	0
1	1
2	4
⋮	⋮
98	9604
99	9801

このように ENIAC はプログラム可能な汎用電子計算機だったが，特定の問題に対しては，それ用に特別に接続コードで配線をする機械として設計されていた。実際，完成後，プログラムされた ENIAC は，ユニットが何百本もの接続コードでつながれ，まるで手動の電話交換機のように見えたという (Campbell-Kelly & Aspray, 1996, p. 89 邦訳 p. 88)。また ENIAC のプログラミングは非常に難しい奥義のような技巧だった (Goldstine, 1972, p. 230 邦訳 p. 263)。そのため，プログラムを用意するには 1～2 カ月かかり，3000 ものスイッチを設定するには 1～2 日，さらにプログラムのデバッグには 1 週間もかかったという (McCartney, 1999, p. 94 邦訳 p. 106)。

ゴールドスタインの入退院とアキュムレータの完成

さて，こうして，ENIAC は，当初考えられていたよりも，ずっと有用な真の汎用電子計算機となろうとしていた。そして 2 台のアキュムレータを作るという第一の目標が，この ENIAC 計画を先に進める

ことに意味があるかのテストだと思われるようになった。その大切な時期に、ゴールドスタインはA型肝炎（伝染性肝炎）にかかって、入院させられてしまう (Goldstine, 1972, p. 163 邦訳 p. 185)。

PXプロジェクトが発足してわずかほぼ1年、ゴールドスタインが入院している間に、最初の2台のアキュムレータが完成した。ゴールドスタインの入院期間は正確にはわからないが、Goldstine (1972, pp. 163-164 邦訳 pp. 185-186) の入院中の手紙の日付から、少なくとも1944年5月25日〜7月3日は入院中で、7月3日の手紙では、既に2台のアキュムレータが計算処理をできるようになっていたことがわかる。さらにいえば、ゴールドスタインは、入院していたために、その間にエッカートやモークリーがプログラム内臓方式の議論をしていたのを知らなかった可能性がある（星野, 1999, p. 109）。実際、モークリーは、Eckert (1980) の中のコメントで、ゴールドスタインは入院していたせいで、遅延線をコントロールに使うことを理解していなかったのではないかとし、また1944年4月にENIACプロジェクトのスタッフに入ったハスキー（Harry Huskey；1916-）が、ムーア・スクールに最初に来た時に、プログラム内蔵方式の話を聞いたと証言したとも書いている (Eckert, 1980, pp. 531-532)。つまり、ほんの数カ月入院しただけでも、議論についていけなくなるほど、当時のプロジェクトは日々長足の進歩を遂げていたのである。

こうして、最初の2台のアキュムレータが完成し、数カ月かけてバグが取り除かれ、1944年7月初めまでには、正弦波や簡単な指数関数を表す2階の微分方程式を解いたり、加算、減算、自動的な加算の繰り返し等の計算処理もできるようになっていた (Goldstine, 1972, pp. 163-164 邦訳 pp. 185-186)。

既に述べたように，ENIACでは，プログラムを変更するには，機械全体の接続コードを差し直す必要があった。また20台のアキュムレータで，わずか20個の変数の値しか記憶できなかった。こうしたENIACの欠点は，限られた記憶容量しかもたないことにすべてつながっていた。ENIACは一つのパルスを蓄えるのに2本の真空管でできたフリップフロップを使っていたために，1万8000本の真空管の半分以上を記憶のために割いていた（Campbell-Kelly & Aspray, 1996, pp. 91-92 邦訳 pp. 90-91）。そこでエッカートは，記憶容量不足を解決するために，真空管を使う記憶方式の代わりに，遅延線記憶ユニットを使うことを考えたのである（Campbell-Kelly & Aspray, 1996, p. 92 邦訳 p. 91）。

割り込んできたフォン・ノイマン

ゴールドスタインは，ペンシルベニア大学病院を退院して，1944年7月24日頃，ようやく職場復帰した。その頃，ゴールドスタインは憧れのフォン・ノイマン（John von Neumann; 1903-1957）と偶然出会うことになる。そのシーンは，ゴールドスタイン自身によって，こんな風に描かれる。

> 私がアバディーンの駅のプラットホームでフィラデルフィア行きの列車を待っていると，向こうからフォン・ノイマンがやってきた。そのときまで，私はこの偉大な数学者に面識はなかったが，もちろん彼のことはよく知っていたし，なんどか彼の講義を聞いたこともあった。そこで私は，かなりの無鉄砲さでこの世界的に有名な人物に近づき，自己紹介をして話しかけた。幸いにもフォン・ノイマンは，人々が彼の前でくつろいだ気分になれるように

最善の努力をする，心の温かい，親しみやすい人であった。話題はすぐに私の仕事のことに移った。私が毎秒333回の乗算を行なうことができるような，電子計算機の開発に関係していることをフォン・ノイマンが知るに及んで，私たちの会話全体の雰囲気は，くつろいだ，気のきいたユーモアに満ちたものから，数学の学位審査のための口頭試問を思わせるようなものに，がらりと変ってしまった（Goldstine, 1972, p. 182 邦訳 p. 208）。

こうして量子力学やゲーム理論でも有名なフォン・ノイマンは，ゴールドスタインが開発にかかわっている電子計算機のことをもっと詳しく知りたいと希望し，1944年9月7日頃にゴールドスタインに連れられてムーア・スクールを訪問した。ENIAC は2台のアキュムレータに対する試験が順調に進んでいる頃であった。構築中のENIAC を見て，コンピュータの話にとりつかれたフォン・ノイマンは，あちこちに手を回して，ENIAC グループの顧問になった（Goldstine, 1972, p. 182 邦訳 p. 208 ; Shurkin, 1984, p. 182 邦訳 p. 186 ; Campbell-Kelly & Aspray, 1996, pp. 89-90 邦訳 pp. 89-90）。

フォン・ノイマンとの第1回打ち合わせ会議には，遅延線記憶ユニットを使うエッカートの提案が議題になった。記憶装置にプログラムとデータの両方を記憶されるプログラム内蔵式概念（stored-program concept）は，非常に短い時間のうちに形を現したと考えられる。フォン・ノイマンは BRL の役員会に出席できたので，ENIAC はまだ製造中であったが，1944年10月，ENIAC の後継機 EDVAC（Electronic Discrete Variable Automatic Computer）のための PY プロジェクトも10万5600ドルの契約として承認された（Campbell-Kelly & Aspray, 1996,

第5章 世界初の汎用デジタル電子計算機ENIAC 113

p. 92 邦訳 p. 91 ; Shurkin, 1984, p. 172 邦訳 p. 175)。

EDVAC レポート

こうして数カ月,フォン・ノイマンとエッカート,モークリー,ゴールドスタイン,バークスをレギュラーとした会議が何度か開かれ,制御,演算,記憶,入力,出力の五つの機能ユニットからなり,2進法を用いた(ENIACは10進法を使っていた)プログラム内蔵式コンピュータとして EDVAC の設計も1945年春にはほぼ固まった。フォン・ノイマンは,1945年6月30日付で,自分一人の名前で『EDVAC に関する報告書の第一稿』(*A First Draft of a Report on the EDVAC*)と題する101ページからなる草稿を作成し,謄写版印刷して,PY プロジェクトの関係者やフォン・ノイマンの研究仲間に配布された(Campbell-Kelly & Aspray, 1996, p. 94 邦訳 p. 93)。

このいわゆる『EDVAC レポート』の全文は,スターンの著書に Appendix として掲載されている(Stern, 1981, pp. 177-246)。それによると,『EDVAC レポート』の章構成は「1.0 Definition」から「15.0 The Code」までからなる。このうち「5.0 Principles governing the arithmetical operations」までは Randel(1982, pp. 383-392)にも掲載されている。

このレポートが急速に有名になり,そのコピーが世界中のコンピュータを作ろうとしている人々の間にあっという間に広まってしまったために,この『EDVAC レポート』の作成者がフォン・ノイマン一人の名前になっていたことは,共同発明者に対して,きわめて公平性を欠く結果となった。その最たるものは,共同発明者たちのことは無視して,プログラム内蔵式概念が「フォン・ノイマン・アーキ

テクチャ」(the von Neumann architecture) と呼ばれるようになったことであろう。さらに，広く流布してしまったことで，法的には公表したのと同じことになり，後述するように，これに関する特許を取得できる可能性もなくなってしまった (Campbell-Kelly & Aspray, 1996, pp. 94-95 邦訳 pp. 93-94)。

アイデア泥棒

エッカートは後にフォン・ノイマンのことをアイデア泥棒 (idea pirate) と呼んでいる (McCartney, 1999, p. 125 邦訳 p. 139)。フォン・ノイマンは1957年に死ぬまで，EDVAC レポートのすべてが自分の発案だと考えるのは誤りだと，一度も打ち消さなかったのである (Shurkin, 1984, p. 186 邦訳 p. 190; McCartney, 1999, p. 122 邦訳 p. 136)。それどころか，ENIAC の公開よりも1カ月以上も前の1946年1月12日付『ニューヨーク・タイムズ』の第1面に，電子的な計算が可能な新しい機械をフォン・ノイマンが提案し，RCA (Radio Corporation of America) のツヴォルキン (Vladimir Kozmich Zworykin ; 1889-1982) と共同研究するという記事にまでしている (McCartney, 1999, p. 124 邦訳 p. 138)。その記事はムーア・スクールのことにはまったく触れず，しかもコンピュータを気象予報に使うというモークリー提案の計画までそっくりパクられていたといわれる (Shurkin, 1984, pp. 192-194 邦訳 pp. 197-200)。フォン・ノイマンがツヴォルキンと接触を始めたのは，フォン・ノイマンが ENIAC グループの顧問になった頃で，1944年9月の段階で，記憶装置とし1933年にツヴォルキンが発明したテレビ用撮像管であるアイコノスコープ管 (iconoscope tube) を転用することをフォン・ノイマンがツヴォルキンと相談していたという記録があ

る (Goldstine, 1972, p. 187 邦訳 p. 214)。かなり用意周到といわざるをえない。

　エッカート，モークリーとフォン・ノイマンとの溝は深かった。フォン・ノイマンとの出会いのシーンのゴールドスタインの書きぶりからもわかることだが，ゴールドスタインがフォン・ノイマンに心酔していたことも状況を複雑にした。四半世紀も後になっても，ただ一人，フォン・ノイマンの肩を持ち続けたゴールドスタインが本 (Goldstine, 1973) を出版すると，それに対抗して1976年6月にロスアラモス研究所で研究集会が開かれ，バークス，モークリー，エッカートが登場して批判的な論文集 (Metropolis, Howlett, & Rota, 1980) がまとめられたりしている (星野, 1995, pp. 83-84)。

　そもそもゴールドスタインの著書 (Goldstine, 1972) の書名 *The Computer from Pascal to von Neumann* が示すように，この本はフォン・ノイマンに都合の良い部分を集めてきて，フォン・ノイマンを絶賛するために書いたような本であり，ことフォン・ノイマンに関する記述部分については客観性に欠ける。その点，邦訳の訳者脚注は良心的である。たとえば，ゴールドスタインが EDVAC に対するフォン・ノイマンの貢献を説き始める部分 (p. 191 邦訳 p. 219) では，訳者脚注で，1945年9月30日にムーア・スクールから出された報告書を取り上げ，ゴールドスタインは，エッカートとモークリーがフォン・ノイマンの貢献を認めた部分だけを引用しているが，実は「この報告書の，ここに引用された部分よりも前のところには，ムーア・スクールの人たちが，フォン・ノイマンが参加する以前から，プログラム内蔵方式という概念をもっていたことを示す重要な記述がある」(邦訳 p. 219 訳者脚注*) ことを指摘している。また，1948年9月16日に，

ENIAC は不完全ながらもプログラム内蔵式のコンピュータとして動くように改良され，51種類の命令語（最終的には92種類）が使えるようになったが，ゴールドスタインは，その提案もフォン・ノイマンによってなされたとしているが（pp. 233-234 邦訳 p. 266），訳者脚注では，実際には，BRL のクリッピンジャー（Richard Clippinger；1913-1997）計算研究所長の提案だった（邦訳 p. 266 訳者脚注＊）ことがメトロポリス（後述）によって1972年に明らかにされたことが指摘されたりしている。[39]

第6章

殻として機能しだした ENIAC

ENIAC の実現が流れを変えた

 1945年の夏から秋にかけて，ENIAC の完成が近づいてくると，フォン・ノイマンだけではなく，多くの著名な科学者が，ENIAC を見にムーア・スクールにやってくるようになった。ENIAC 周辺では興奮と緊張が高まる（Goldstine, 1972, Part 1 ch. 9 特に p. 215 邦訳 p. 245）。そして ENIAC を見た訪問者たちがさらに，米国全土，ヨーロッパにその影響を広げていった。

 しかし，実は，1943年の ENIAC プロジェクト立ち上げ当時，ENIAC 計画に対しては，懐疑論者が非常に多かったのである。BRL 内部ですら，数学者たちはこれ以上速い機械は不必要で，新しい微分解析機で十分間に合うと反対したし，技術者たちは，真空管は故障しやすいので，電子計算機は稼働しないというばかりだった（Shurkin, 1984, p. 144 邦訳 p. 148）。

 さらに最上位の政府の科学機関である国防研究委員会（National Defense Research Committee；NDRC）も，懐疑論者ばかりであった。NDRC を創設したのは，アナログ微分解析機の開発者ブッシュであり，NDRC には，微分解析機の本家である MIT のヘイゼンやコールドウェル（Samuel H. Caldwell；1904-1960）も入っていた。MIT は，この二人がアナログ微分解析機の信奉者だったために，数年後までデジタル・コンピュータの競争に加わらなかったほどなのである。彼ら

は米国の科学のエリートの代表であったが、あまりにも保守的で、大学の所在地名から「ケンブリッジ症候群」と呼ぶ人までいた。ブレイナードがBRLにENIACの計画書を提出したことで、NDRCも1943年4月14日にプロジェクトの存在を知ることになるわけだが、知った途端、陸軍軍需品部からENIACの技術的な実現可能性の判断を求めたわけでもないのに、NDRCは即座にENIAC計画に対する判断を下すことになるのである（Stern, 1981, pp. 17-18；Shurkin, 1984, pp. 144-145 邦訳 pp. 148-149）。

ヘイゼンは、ムーア・スクールから提案された技術はひどく時代遅れだとし、コールドウェルも、自分たちも1939年までには電子式の計算機を作れることは理解していたが、たとえ作って動かしても実用にならないと考えていたとヘイゼンに手紙を書き、ムーア・スクールの計画は、自分たちの縄張りに踏み込んでくるので、注意し続けなくてはならないとも付け加えている（Stern, 1981, pp. 19-20；Shurkin, 1984, p. 146 邦訳 pp. 150-151）。

NDRCの懐疑的な見解はBRLのジロン副所長にも伝えられたが、ジロンはこれに屈せず、反論した。それでもNDRCの妨害、抵抗は止まらず、最初は、電子計数機に関するさまざまな報告書をムーア・スクールに提供することも禁じられていたのである。たとえば、ムーア・スクールに書類を渡してはいけないとベル研究所のスティビッツ——ENIAC計画に対するすべての反対意見に同意していた——から通告されたというRCAからの手紙（1943年5月22日付）がブレイナードに届き、手紙にはヘイゼンにも照会されていたとあった。事態を見かねたジロンは、余計な口出しをするなとヘイゼンに手紙を送ったといわれている（Stern, 1981, pp. 21-22；Shurkin, 1984, pp. 147-148 邦訳

p. 152)。

　ほんの3年前はそんな状況だったのである。ところが，ENIACの完成が近づくと，ムーア・スクールには，ENIAC見学者が殺到する。ENIACが実現できたことで，流れはアナログ/機械式からデジタル/電子式へと大きく変わろうとしていたのである。

ENIACの完成と高稼働率

　ENIACに関する契約は，1945年9月30日をもって満了することになっていたが，その期日までに完成しないことは明らかだったので，1945年12月31日までの契約期間の延長を要請していた（Goldstine, 1972, p. 225 邦訳 p. 258）。そして，1945年11月，ENIACはついに完成した。20万人時の労働と48万6804ドルの経費がかかった。しかし，驚くのはその巨大さである。ENIACは重さ30トンで，幅2フィート×奥行2フィート×高さ8フィート（幅0.6 m×奥行0.6 m×高さ2.4 m）のユニット40台からなり，U字型に50フィート（15 m）ずつの両サイドにそれぞれ16台，真ん中の30フィート（9 m）に8台配置され，消防ホースほどもある黒く重いケーブルで接続されていた。ENIAC全体で1800平方フィート（167 m^2）——和風にいうと，約50坪つまり100畳もの広さ——のスペースをとっていた。ENIACには1万7468本の真空管が使われているので，その稼動には大型の放送局が消費する電力に相当する174キロワットが必要だった。しかし，電子式であることの威力は素晴らしく，1秒間に5000回の計算ができ，当時最新の電気機械式計算機だったハーバード・マークⅠの1000倍も速く，発射された砲弾が目標に着弾するよりも早く，ENIACは弾道を計算できたのである（Campbell-Kelly & Aspray, 1996, pp. 96-98 邦訳 pp. 96-97；

MaCartney, 1999, pp. 101-102 邦訳 p. 114)。

　繰り返しになるが、ハーバード大学のハーバード・マークⅠ、MITのブッシュ微分解析機、ベル研究所のリレー式計算機に代表されるように、米国の他の有名な研究機関では、可動部品を使った電気機械式計算機を精力的に開発していた。しかし、それよりも格段に正確で高速なはずの電子式のデジタル計算機の研究に転向しようとする者は、少なくともENIAC登場までは、ほとんどいなかった。その理由の一つは、電子式が真空管を使うことだった。白熱電球と同様に、真空管はフィラメントのヒーターを使っている。そのヒーターでカソード（陰極）の温度を電子を放出できる程度まで上げる必要があるのだが、白熱電球同様に、フィラメントはそのうち切れてしまうのである。しかし、1本でも真空管が切れると、計算は途中で全部消えてしまう。ENIACは約1万8000本（当初の計画では数千本だった）の真空管を使うので、これではENIACを動かすことは絶対に不可能に思えたのである。

　これについてゴールドスタインは、エッカートが1943年に技術者たちに出した一連の技術的注意事項（engineering dicta）を引用している。すなわち「求められる真空管の寿命（われわれは少なくとも2500時間以上を望んでいる）を得るために、真空管のマニュアルにある定格（rating）は、次のように改めなくてはならない：……プレート電圧は定格最大電圧の50％を超えないように保たなければならない。プレート電流は定格最大電流の25％を超えないように保たなければならない」（Goldstine, 1972, p. 154 邦訳 p. 173 より原典に忠実に訳し直している）。実は、真空管の動作電圧をたとえば定格の3分の2に下げれば、寿命は数万時間にも延びるのである（Campbell-Kelly & Aspray, 1996, p.88 邦訳 p.87)。エッカートは真空管の信頼性をさまざまな方法で試験して，最終的には，定格電圧の10％以下まで電圧を下げることにした（McCartney, 1999, pp. 74-76 邦訳 pp. 86-87)。

さらに，エッカートは，真空管のほとんどの故障は，真空管にスイッチを入れてヒーターで温度が上がる時に発生するということを知っていた。事実，当時のラジオ放送局は送信管のヒーターを切らずに入れっ放しにしておくのが普通だったので，ENIACも同じようにすればいいと提案したのである（Campbell-Kelly & Aspray, 1996, pp. 91-92 邦訳 pp. 90-91)。実際，完成したENIACの故障率は，電源を入れっ放しにすると，週に真空管2〜3本という低さで，90％の稼働率を達成していた。1946年1月はじめまでに，ENIACは約1000時間稼動したが，真空管の故障なしに最も長く稼動したのは120時間で，真空管の故障は1日平均約1本，直すのに1日約1時間かかったとされている（Goldstine, 1972, p. 264)。また，ENIACが，どこか故障するまでの平均稼動時間は5〜6時間だった（McCartney, 1999, p. 94 邦訳 p. 106）という説もある。いずれにせよ，真空管の故障率は，驚くほど低かったことがわかる。しかし，BRLに移されてからは，毎晩電源を切るというお役所的な扱いのせいで，稼働率が50％へと低下したといわれ（星野, 1995, p. 96)，この点でもエッカートは正しかった。

ENIACの試運転と完成式

ENIACに対しては，翌年2月の完成式の前に，最初の試験が行なわれている。それは水素爆弾の設計に関する問題を解かせることだった（McCartoney, 1999, pp. 103-104 邦訳 p. 116)。1945年の夏にマンハッタン計画に参加していたロスアラモス科学研究所（Los Alamos

Scientific Laboratory) からフランケル (Stanley P. Frankel ; 1919-1978) とメトロポリス (Nicholas Metropolis ; 1915-1999) の二人の若い物理学者が, ENIAC について学ぶためにムーア・スクールに来た。ゴールドスタイン夫妻は, 彼らに ENIAC のプログラムの仕方を教えたが, それからフランケルとメトロポリスの二人は何度かロスアラモスとムーア・スクールの間を往復して, 11月の終わりまでに, 彼らの問題を ENIAC にかけるための準備をした。この問題は,「ロスアラモス問題」(Los Alamos problem) とも呼ばれていたが, 当時開発中の水爆の爆縮時の平面波の計算問題だった。計算は大規模かつ複雑なものだったが, 首尾よく行われ, ENIAC なしには解けなかった問題だったといわれる。そして, 試運転として, ロスアラモス問題を解くためのプログラムを走らせることは, ENIAC の機械内部のバグを見つけることにも役立った (Goldstine, 1972, pp. 214-215 邦訳 pp. 244-245 ; pp. 225-226 邦訳 pp. 258-259)。

完成式の2週間前の1946年2月1日に, 予備的な記者発表を行い, 1秒間で5000回の加算を行うなどの5種類の簡単な問題からなる ENIAC の公式デモンストレーションを行った (Goldstine, 1972, pp. 227-228 邦訳 pp. 260-261)。

1946年2月15日は完成式 (dedication ceremony), 翌16日はペンシルベニア大学の学生と教授会メンバーを対象とした公開日で, 両日とも ENIAC で弾道 (trajectory) を計算してみせるデモンストレーションが行われた (Goldstine, 1972, p. 230 邦訳 p. 263)。イベントは大成功だった。その様子をキャンベルケリー=アスプレイは次のように書いている。

第6章　殻として機能しだしたENIAC

このイベントが当時はまだ難解でとらえどころのないコンピュータというものについてのメディアの注目を一挙に集めた。ENIACは国中のニュース映画での主要タイトルになり，「電子頭脳」(electronic brain) は新聞の取材攻勢の的になった。その巨大さを別として，メディアが最もニュース性があるとして取り上げた点は，1秒間に5000回の演算ができるという素晴らしい計算能力だった。これは数年前にニュースになったことがあり比較の対象にできる唯一の機械，ハーバード・マークⅠの1000倍も速い。この機械の発明者たちが誇ったように，発射された砲弾が目標に着弾するよりも早く，この機械はその弾道を計算できた (Campbell-Kelly & Aspray, 1996, p. 98 邦訳 p. 97)。

政府にENIACを正式に納品したのは1946年6月30日だったが，実際にアバディーンへの移設準備のためにENIACの電源が落とされたのは1946年11月9日だった (Goldstine, 1972, pp. 234-235 邦訳 pp. 266-267)。ENIACは分解され，レンガ造りの建物の壁を壊して開けた穴から，アバディーンのBRLにトラックで運ばれた (Shurkin, 1984, p. 206 邦訳 p. 215; McCartoney, 1999, pp. 107-108 邦訳 p. 120)。アバディーンでENIACが再び動くようになったのは9カ月以上も後の1947年7月29日だったが，ENIACはそれから1955年10月2日午後11時45分まで8年間，そこで稼動し続けた (Goldstine, 1972, p. 235 邦訳 p. 267; Shurkin, 1984, p. 207 邦訳 p. 216)。

移設が遅れた理由の一つは，BRL側でENIACを設置する建物の建設工事が遅れたことであるが，もう一つの理由は，この頃，原子力委員会 (Atomic Energy Commission) 関係の緊急の計算問題があったの

で，国家的な科学の問題を解くための主要な計算の担い手であるENIACを，働けないような状態にすべきではないという判断があったためだとされている（Goldstine, 1972, pp. 233-234 邦訳 pp. 266-267）。ENIACは当時この世にただ1台しか存在しなかったまさに実用的な汎用デジタル電子計算機だったのである。

ムーア・スクールの大いなる誤算

ENIACが完成すると，その評判はさらに高まり，米国内はもちろん西欧諸国からも見学者が殺到し，研究者をムーア・スクールで学ばせたいという要請も殺到した（Goldstine, 1972, Part 2, ch. 1）。ENIAC完成の時点で，ペンシルベニア大学は，MITにもハーバード大学にも大きく水をあけていたのである。ところが，ムーア・スクールの執行部は，自らの手でそのチャンスを潰してしまったのだった。

きっかけになったのはENIAC特許だった。もともとは，ベル研究所で電子計算機の特許を取ろうとしていることが判明したために，1944年秋に，陸軍側が，特許権侵害などで訴えられたりしないように，エッカートとモークリーに，特許を取ることを考え始めるよう急がせたといわれている（Shurkin, 1984, pp. 168-169 邦訳 p. 171）。しかし，大学当局がまったく動かないので，ムーア・スクールのペンダー（Harold Pender；1879-1959）学部長が，自分の会社を作っていたこともあり，親身になって妥協案で解決してくれた。それは，政府が特許を保有し，政府はペンシルベニア大学に対して他の大学や非営利団体に特許の使用を許可する権限を与え，そしてエッカートとモークリーはこの特許に関する営業権をもつというものだった。二人の間では，

第6章 殻として機能しだしたENIAC

分け前は半々ということで合意していた。

しかし，ブレイナードが特許出願をしようとしなかったので，エッカートは1944年9月27日に，ムーア・スクールの他の技術者たちに手紙を送り，自分とモークリーは特許を取得するつもりだが，特許になりそうな貢献をしたと思う人がいれば，そのことを自分に知らせてほしいと書いた（それに対する回答としては，シャープレス (Kite Sharpless) だけが示唆したが，しつこくはしなかった）。このことにブレイナードは憤慨して，エッカートを呼び出して説明を求め，激怒してENIACプロジェクトから身を引いたのであった (Shurkin, 1984, pp.169-170 邦訳 pp.171-172)。これで，ペンダー学部長の妥協案はご破算になった。

当時のペンシルベニア大学と政府との契約は，当時の典型的な研究開発契約だった。特許に関する限り，契約者（ペンシルベニア大学）には二つの選択肢があり，(a)自分で特許を取得して，政府には使用料を取らずに特許使用権を与えるか，あるいは，(b)政府が契約者に代わって，特許の出願手続きをするか，のどちらかであった。どちらの場合でも，発明に対する権利は発明者に残り，政府には適切な使用許諾がなされる (Goldstine, 1972, p.220 邦訳 p.250)。

そして，その当時，ペンシルベニア大学は，被雇用者 (employee) の発明に対するすべての権利を，大学の理事会に申請があれば，その被雇用者のものとして認めるという漠然とした方針をもっていた (Goldstine, 1972, p.221 邦訳 p.251)。エッカートとモークリーは，契約 W-670-ORD-4926 に関する作業の途上で彼らが行った発明に対しての権利を求める手紙をマクリーランド (George W. McClelland; 1880-1955) 学長に書いた。マクリーランド学長は，1945年3月に，ある条件を付けて，この権利を二人に認め，大学側の権利を放棄するこ

とを二人に通知した。その条件とは，二人が合衆国政府に対して非排他的で使用料なしの使用許諾を認めることと，かつ，大学に対してもそのような使用許諾を「任意の公的な慈善団体（any established eleemosynary institution）が，非商業的かつ非営利目的のために，このような装置を，製作し，使用する」サブライセンスを出す権利も付けて認めるというものだった（Goldstine, 1972, p. 222 邦訳 p. 252)[43]。つまり，ENIAC 特許に関しては，正式にエッカートとモークリーが出願できることになったのである。

ところが，1946年の初めにムーア・スクールのペンダー学部長[44]がトラヴィス（Irwin Travis）をムーア・スクールの研究ディレクターに指名したことで，事態は決定的な瞬間を迎える。トラヴィスは，今後のすべての特許を大学に帰属させるように主張したのである（Campbell-Kelly & Aspray, 1996, pp. 97-98 邦訳 pp. 96-97)。それどころか，最終的には，既に合意文書のあったENIAC 特許についてまで大学に譲渡するように，1946年3月15日の会議の席上で迫ったのだった。1946年3月22日の午前中に，エッカートとモークリーの二人は，ムーア・スクールのペンダー学部長の署名を添えたトラヴィスが書いた手紙を受け取ったが[45]，それは，その日の午後5時までに回答するように求めた最後通牒だった。エッカートとモークリーは断固これを拒否して，辞表を提出してしまった（Shurkin, 1984, pp. 199-200 邦訳 pp. 206-208)。シャーキンはこの出来事を次のように語っている。

> 職員の商業的権利を完全に認める大学は少ないが，所属する科学者にそのようなすべての権利を放棄するように要求したのはペンシルベニア大学だけだと思われる。この一つのばかな行為で，ト

ラヴィスは，コンピュータ科学におけるペンシルベニア大学の大いなるリードをぶち壊し，さらには，おそらくは潜在的に何百万ドルという特許使用料と，はかり知れないほどの名声をふいにしたのである。この大学が，この解雇事件で失ったものを取り返すことは決してなかった。米国の高等教育の歴史の中で，トラヴィスの決定だけが特異なものであった。ムーア・スクールでは，ENIAC 解雇事件をいまだに「大いなる誤算」(great might-have-been) と呼んでいる (Shurkin, 1984, p. 201 邦訳 p. 208, ただしより原典に忠実に訳し直している)。

ENIAC チームの主要メンバーの流出

こうして実質的に解雇されたエッカートとモークリーの二人は，1946年3月に，フィラデルフィアにコンピュータ製造会社エレクトロニック・コントロール社 (Electronic Control Campany) を設立したのであった (Campbell-Kelly & Aspray, 1996, p. 107 邦訳 p. 107)。

ENIAC チームのメンバーで，ムーア・スクールの終身雇用 (permanent status) だった人間は皆無だったが，大学はセンター設立やプログラム作りもしなかったのである (McCartney, 1999, p. 133 邦訳 pp. 146-147)。晴れがましい完成式の陰で，ENIAC チームはばらばらになっていったのだった。

当時，1946年には，IBM のワトソン・シニアが，エッカートとモークリーを雇おうとしたが，モークリーが IBM を信用しなかったので，受けなかったといわれている (McCartney, 1999, p. 138 邦訳 p. 152)。また，フォン・ノイマンは，プリンストン高等研究所に戻っており，プリンストンで自分のコンピュータ・プロジェクトを始めるた

めに，既にゴールドスタインとバークスを引き抜いていた。エッカートにも主任技術者になるように誘ったが，エッカートはそれを断っている (Campbell-Kelly & Aspray, 1996, p. 97 邦訳 pp. 96-97 ; McCartney, 1999, p. 137 邦訳 p. 151)。フォン・ノイマンがエッカートに対して正式に，モークリーに対してはそれとなく，プリンストン高等研究所内にポストを用意するとオファーを出したのは1945年11月27日だとされており (Shurkin, 1984, p. 194 邦訳 p. 201)，これは，もうすぐ陸軍を除隊になりそうだったゴールドスタインに対して正式なオファーの手紙を出したのと同日である。ゴールドスタインがこのオファーを正式に受諾したのは，ENIAC の完成式が終わって10日ほどたった1946年2月25日であった (Goldstein, 1972, p. 245 邦訳 p. 279)。

　こうして，プリンストン高等研究所における計算機計画のために，フォン・ノイマンに引き抜かれたゴールドスタインは，1946年3月から常時プリンストンで仕事をするようになった。バークスもフォン・ノイマンからの同様のオファーをもらい，1946年3月8日に受諾し，5月か6月からフルタイムで，それまでは授業をする責任があったので，パートタイムのコンサルタントとして働くことになった。もっとも，バークスは，1946年の秋にはミシガン大学に移ってしまうことになるのだが (Goldstine, 1972, p. 252 邦訳 p. 289)。

　こうして，エッカートとモークリーの会社で働くためや，プリンストンのフォン・ノイマンに合流するために人材が流出してしまったムーア・スクールでは，ENIAC 見学者と研究者派遣要請が殺到して，パニック状態に追い込まれた (Campbell-Kelly & Aspray, 1996, p. 98 邦訳 p. 97)。

ムーア・スクール・レクチャー

ENIAC チームの主要メンバーが去ってしまったことで，コンピュータ分野におけるムーア・スクールのリーダーシップは，ほとんど終わりを告げようとしていたが (Goldstine, 1972, p. 241 邦訳 p. 275)，その燃え尽きる前の最後の輝き，それが「ムーア・スクール・レクチャー」であった。

研究者をムーア・スクールで学ばせたいと殺到した派遣要請を受けて，ムーア・スクールでは，チャンバースが主導して，講座開始まで2カ月もない5月に計画を立て，陸軍軍需品部 (Army Ordnance Department) および海軍研究局 (Office of Naval Research；ONR) から7000ドルの資金援助を受けて「電子計算機設計の理論と技法」(Theory and techniques for design of electronic computers) というタイトルの特別講座 (special course) を開催することにした (Goldstine, 1972, p. 241 邦訳 p. 275；Campbell-Kelly & Williams, 1985, Preface；p. xiii；p. xv)。

この講座のスポンサーである海軍研究局 "Office of Naval Research" (Goldstine, 1972, p. 241 邦訳 p. 275；Campbell-Kelly & Williams, 1985, Preface) に関しては，海軍研究発明局 "U.S. Navy Office of Research and Inventions" (Campbell-Kelly & Williams, 1985, p. xv) とするものも混在しているが，海軍研究発明局は海軍研究局 (ONR) の前身である (Goldstine, 1972, p. 213 脚注3 邦訳 p. 255 脚注3)。ONR は現在でも存続しており，ホーム・ページ http://www.onr.navy.mil/ によると，設立は1946年8月1日である。ということは，ムーア・スクール・レクチャーの開催期間1946年7月8日〜8月31日のちょうど真ん中あたりで組織変更があったことになる。ONR は戦

後のコンピューティングの世界で重要な役割を果たすことになる (Goldstine, 1972, p. 211 邦訳 p. 242)。この講座は，後に「ムーア・スクール・レクチャー」(The Moore School Lectures) として知られるようになるもので，1946年7月8日から8月31日までの8週間にわたって開かれた。

ムーア・スクール・レクチャーは，コンピューティングに関係している主な研究機関から1～2名ずつに参加者を限定した指名招待者だけのサマー・スクールで (Campbell-Kelly & Aspray, 1996, pp. 98-99 邦訳 p. 98)，計画段階では30～40人規模の予定だったが (Campbell-Kelly & Aspray, 1996, p. 98 邦訳 p. 98)，最終的な正式参加者は28名であった (Campbell-Kelly & Williams, 1985, pp. xvi-xvii)。

ムーア・スクール・レクチャーの講師陣は，当時のコンピューティング界の紳士録を思わせる顔ぶれだった (Campbell-Kelly & Aspray, 1996, p. 98 邦訳 p. 98)。オープニング講義（レクチャー1）を担当したのは，こともあろうに，ENIAC計画に反対し，後のUNIVACも妨害したスティビッツだった（当時の肩書きはベル研究所ではなく，「独立コンサルタント (independent consultant)」）。同じく初日の7月8日には，因縁のトラヴィス（レクチャー2）とモークリー（レクチャー3）も講義している。ハーバード・マークIのハーバード大学のエイケン (Howard H. Aiken；1900-1973) は，7月16日（レクチャー13）・17日（レクチャー14）に講義している。フォン・ノイマンも8月13日（レクチャー40）に講義しており (Campbell-Kelly & Williams, 1985, p. xv；pp. xxx-xxxiii)，その内容の一部は，後にゴールドスタインとの共著論文にもなっている (Campbell-Kelly & Williams, 1985, pp. 486-487)。

第6章 殻として機能しだしたENIAC　131

ENIACについて教えてくれ

ただし，講師陣の中心は ENIAC の開発者たちだった。既にムーア・スクールを辞めさせられていたエッカートとモークリーも，この講座を手伝う契約をしていたので，計画されていた48の講義のうち，エッカートは11の講義（レクチャー10, 15, 20, 23, 24, 28, 33, 35, 41, 42, 45），モークリーは6つの講義（レクチャー3, 9, 22, 25, 37, 48）を担当した。既にフォン・ノイマンによってプリンストン大学に引き抜かれていたゴールドスタインも6つの講義（レクチャー6, 7, 12, 18, 26, 30），バークスは3つの講義（レクチャー8, 17, 31）を担当した（Campbell-Kelly & Williams, 1985, p. xv ; pp. xxx-xxxiii）。各レクチャー[47]が同じ長さではないので，レクチャーの数での単純な比較はできないが，全体の4分の1をエッカートが担当し，次の4分の1をモークリーとゴールドスタインが担当したといわれる。つまり，全体の半分はこの3人で担当していたことになる。ただし，エッカートは当時，会社の立ち上げで忙しく，講義の準備をしていなかったこともしばしばで，ノートなしで話をするのが普通だったという（Campbell-Kelly & Williams, 1985, pp. xvii-xviii）。

講座は週に5日で，毎日ほぼ，午前中の講義のセッションが3時間以内，午後は形式ばらない演習というスタイルだった（Campbell-Kelly & Williams, 1985, p. xvii）。ほとんどの参加者にとって，本当に価値があったのは午後の演習で，大学院の演習のような感じで行われた。

講義の内容は，最初の5週間半はチャンバースによって詳細に計画されていたが，最後の2週間半は違っていた。実は，それまでアキュムレータの話を除いて，ENIAC についてはほとんど議論されなかっ

たために，ENIAC の構築と操作が主たる話題になると思って特別講座に来ていた参加者側に，不満がたまっていたのである。とうとう参加者の一人である米国商務省の標準局（National Bureau of Standards）のアレクサンダー（Sam N. Alexander）が半ダースほども他の参加者の支持をとりつけて，ENIAC についての詳細な説明を求めて迫った。

こうして不満がピークに達した8月14日，主催者側も参加者側の要望に応えることにし，8月15日～21日（17日・18日の土日は休み）の丸1週間の12セッションは，ENIAC の詳細な考察に使われることになったのであった（Campbell-Kelly & Williams, 1985, p. xix ; p. 490）。この部分は当初計画されていた48の講義とは別に「ENIAC 間奏曲」（The ENIAC Interlude）として，モークリーとムーア・スクールのスタッフによって担当された（Campbell-Kelly & Williams, 1985, p. xxxiii）。こうして，ENIAC については十分説明がなされたが，EDVAC の設計に関しては，秘密保持の関係で，限られた情報しか話されなかった。しかし講座の終わり頃に秘密扱いが解かれ，EDVAC のブロック図のスライドを見せてもらい，資料はもらえなかったが，ノートを取ることは許された（Campbell-Kelly & Aspray, 1996, p. 99 邦訳 p. 98）。

ムーア・スクール・レクチャーのインパクト

正式参加者の一人である英国ケンブリッジ大学のウィルクス（Maurice Wilkes；1913-2010）のムーア・スクール・レクチャー参加にまつわる次のような体験談は，このレクチャーのインパクトの大きさを十分に物語っている。

ムーア・スクールで ENIAC が完成すると，その評判は高まり，見

第6章 殻として機能しだしたENIAC　133

学者が殺到したが，英国人コムリー（Leslie J. Comrie；1893-1950）は，1946年初めに訪問して「EDVAC レポート」のコピーを1部英国に持ち帰った。1946年5月の中頃，米国旅行から帰国したばかりのコムリーが，英国ケンブリッジ大学にウィルクスを訪ねてきた。そしてウィルクスの手の上に，EDVAC レポートを載せたのだった。コムリーは，セント・ジョーンズ・カレッジで一晩を過ごし，親切にも翌朝まで EDVAC レポートを貸してくれたのだ。当時はコピー機もなかったので，ウィルクスはそれを一晩借りて読みふけり，これこそが本物だとすぐに悟って，このときからコンピュータ開発の未来に何の疑いももたなくなったという（Wilkes, 1985, pp. 108-109 邦訳 pp. 140-141；Campbell-Kelly & Aspray, 1996, pp. 100-101 邦訳 p. 100）。しかし，1946年初めに米国のコンピュータ開発の状況を知り，1946年5月に EDVAC レポートを読んだものの，ウィルクスは「ほとんど研究計画を立てるような段階にはなかった」と述懐している（Wilkes, 1985, p. 116 邦訳 p. 150）。それを劇的に変化させたのが，ムーア・スクール・レクチャーだったのである。

EDVAC レポートを読んだ1～2週間後，ムーア・スクールのペンダー学部長からウィルクスのところに，7月8日～8月31日までの期間にフィラデルフィアで開催される電子計算機講座（つまりムーア・スクール・レクチャー）に出席しないかという電報が届き，ウィルクスは興奮状態となる。8月はじめの渡米許可がようやく下り，自費で渡航して，講座に参加できたのは，8月19日の月曜日からであった（Wilkes, 1985, pp. 116-119 邦訳 pp. 150-154；Campbell-Kelly & Aspray, 1996, pp. 101-102 邦訳 pp. 100-101）。

8月19日からというのは，参加者からの要望で急遽設定された丸1

週間の ENIAC の詳細な考察「ENIAC 間奏曲」が8月15日・16日と始まり，17日・18日を土日で休み，その3日目から参加できたということである (Campbell-Kelly & Williams, 1985, p. xix ; p. 490)。ウィルクスが参加したとき，講座では ENIAC の細部を学んでいる最中で，最初の1カ月は「背景材料の講義がほとんど」だったので，6週間遅れたことで失ったものはそんなに多くなかったと述懐している (Wilkes, 1985, p. 119 邦訳 p. 154)。

ウィルクスにとっては「ENIAC 間奏曲」に間に合ったことは幸運であった。2週間だけの参加だったが，それでも，ムーア・スクール・レクチャーの効果は絶大で，事実，ウィルクスは，フィラデルフィア滞在中と英国への帰途のクイーン・メリー号の船上で，EDVAC 提案に沿った小規模なプログラム内蔵式コンピュータのおおよその設計図を書き上げ，それを作ることで頭を一杯にしながらケンブリッジ大学に戻ったのであった (Wilkes, 1985, p. 127 邦訳 p. 163)。そして，EDVAC 型で世界最初のプログラム内蔵式コンピュータ EDSAC (Electronic Delay Storage Automatic Calculator) を作ることになる。

アナログからデジタルの時代へ

ウィルクスに限らず，このムーア・スクール・レクチャーの参加者たちは，それぞれの職場に戻って，デジタル・コンピュータの研究に精力的に取り組み始めた。ムーア・スクール・レクチャーの影響力を示す好例が，正式参加者の一人，MIT のロックフェラー電子計算機プロジェクト (Rockefeller Electronic Computer Project) のヴェルツ (Frank M. Verzuh) が作ったタイプ・ページで200ページ以上の講義

第6章 殻として機能しだしたENIAC 135

ノートであった。これは特別講座の間，毎日，彼自身が速記で詳細なメモをとり，それを夜にタイプで原稿にしていたというもので，すべての講義の要約が，記憶が鮮明な24時間以内に原稿にされており，1年以上かけて用意された講義録よりも場合によっては信頼性が高い記録とされる。この講義ノートは，MITのロックフェラー電子計算機プロジェクトの内部で，電子計算機の価値ある原典（source book）として役に立った。さらに，ヴェルツの講義ノートのカーボン・コピーは，特別講座の途中でENIACについての詳細な説明を迫っていたあのアレクサンダーによって標準局へも渡っている（Campbell-Kelly & Williams, 1985, pp. xxii-xxiii)。

デジタル・コンピューティングはアナログ・コンピューティングよりも本当に優れているのかについては，当時，ハーバード大学とMITは，まだ納得していなかったという（McCartney, 1999, p. 140 邦訳 p. 154)。しかし，ENIACの存在とムーア・スクール・レクチャーの実施により，その流れは大きく変わったのである。

ムーア・スクール・レクチャーの正式な参加者は28名で，リストも公開されているが，正式な参加者以外にもIBMのハード（Cuthbert C. Hurd；1911-1996）やMITのフォレスター（Jay W. Forrester；1918-）などがいくつかの講義に参加していたことが知られている。このうち，IBMのハードは，レクチャーに大きな影響を受け，ワトソン・ジュニアと協力して，電子計算機を作るように，IBM社内を説得したといわれている。その成果が，IBM製の最初の電子計算機であるIBMモデル701だった（Shurkin, 1984, pp. 256-258 邦訳 pp. 272-275；Campbell-Kelly & Williams, 1985, pp. xvi-xvii)。

MITは，正式参加者の中にヴェルツを含めて6名も関係者を送り

込んでいた。中でも，MIT サーボ機構研究所（Servomechanisms Laboratory）のエバレット（Robert E. Everett；1921-）とブラウン（David Brown）の二人は，フォレスターが責任者を務める軍事研究「プロジェクト・ホワールウィンド」（Whirlwind：つむじ風）に加わっており（Campbell-Kelly & Williams, 1985, p. xvii；Campbell-Kelly & Aspray, 1996, p. 160 邦訳 p. 160），後に登場するコア・メモリ（core memory）は，そのプロジェクトで開発された（Campbell-Kelly & Aspray, 1996, p. 167 邦訳 p. 167）。

　そして，アナログからデジタルの時代への流れを象徴する人物が，正式参加者28名の中にもう一人含まれていた。それは，数年後に『コミュニケーションの数学的理論』（Shannon & Weaver, 1949；シャノンが1948年に発表した論文にウィーバーが解説を付したもの）を発表して有名になるベル研究所のシャノン（Claude E. Shannon；1916-2001）である（Campbell-Kelly & Williams, 1985, p. xvii）。シャノンは，アナログ信号をデジタル信号に変換する際にどの程度の間隔でサンプリングすればいいのかを定量的に表した標本化定理（sampling theorem）を1949年に証明したのをはじめ，まさにデジタルの時代に理論的基礎を与える重要人物となるのである。

殻 ENIAC にしがみついた英国の大学で

　既に触れたように，世界初のプログラム内蔵式コンピュータ，世界初の商用コンピュータが誕生したのは，実は米国ではく，どちらも英国だった。しかも ENIAC の直接的な強い影響を受けて。

　1945年7月4日の建国記念日の少し前，英連邦科学局（British Commonwealth Scientific Office）から派遣されてきたハートリー（ブッ

シュ微分解析機のところでも登場した）は，ムーア・スクールを訪問し，ENIAC に夢中になった (Goldstine, 1972, p. 219 邦訳 p. 249)。ハートリーは英国マンチェスター大学の教授だったが，英国ケンブリッジ大学をよく訪ねていて，ウィルクスにも，ムーア・スクールの電子計算機 ENIAC の話を聞かせた。ハートリーは「すごい大きさ」(great scale) という言葉を強調して，ウィルクスに ENIAC の説明をしたという (Wilkes, 1985, pp. 106-108 邦訳 pp. 138-140)。

ハートリーは，数学者ニューマン (Maxwell H. A. Newman；1897-1984) にも話をしたが (Goldstine, 1972, p. 247 邦訳 p. 281)，実は，このニューマンこそが，英国で，戦時中の1943年にプロトタイプが完成した暗号解読専用の電子計算機「コロッサス (Colossus)」の開発者の一人であった。ニューマンは，戦争が終わるとすぐに，英国のマンチェスター大学の数学の教授となり，EDVAC 型のコンピュータを作るための予算を獲得した (Campbell-Kelly & Aspray, 1996, pp. 99-100 邦訳 p. 99)。ここでも ENIAC の殻は，錦の御旗として効果絶大だったわけである。ニューマンは，1946年のムーア・スクール・レクチャーに彼の研究室の若い講師リース (David Rees) も派遣している (Goldstine, 1972, p. 247 邦訳 p. 282；Campbell-Kelly & Williams, 1985, p. xvi)。

予算を獲得したニューマンは，レーダー技術者のウィリアムズ (Frederic C. Williams；1911-1977) をマンチェスター大学の電気工学のポストに誘った。ニューマンからプログラム内蔵式コンピュータの原理の説明を受けたウィリアムズは，助手1人とともに CRT (cathode ray tube；陰極線管 いわゆるブラウン管のこと) を記憶装置として改造したウィリアムズ管 (Williams Tube) を作り，その動作確認のために，

ウィリアムズ管に入力用スイッチと表示用の CRT をつなげた装置を作った（能澤, 2003, p. 293）。そして, 1948年6月21日に, プログラムを1ビットずつ押しボタン・パネルから入力し, CRT の蛍光面から結果を2進コードで直接読みとる小型コンピュータが作動した。明らかに実用機ではないが, ここに世界最初のプログラム内蔵式のコンピュータ「マンチェスターのベビー・マシン」が誕生したのである (Campbell-Kelly & Aspray, 1996, p. 100 邦訳 pp. 99-100)。

このマシンは, 正式名称は SSEM (The Small Scale Experimental Machine) と呼ばれた。ウィリアムズ管, 正しくはウィリアムズ・キルバーン管 (Williams-Kilburn Tube) とは, CRT の一種で, 蛍光面に電子が衝突すると, 発光する際に電荷がわずかに変化することを利用して, それを記憶装置として利用したものだった。CRT の蛍光面の先に, 荷電の有無を関知する収集板を付けたもので, SSEM では 32×32 の桝目（後述するフルスペックのマーク1以降は40ビット×32行の桝目）になっていた。蛍光面を同じ状態で保持するためには, 荷電が消滅する前に, その状態を読み出し, 再び同じイメージを電子銃で照射する「リフレッシュ」を繰り返す必要があった（能澤, 2003, p. 295）。

実は, この改造 CRT 方式の記憶装置も, 1946年のムーア・スクール・レクチャーで既にかなり議論されていた。そのことはモークリーも述懐していて (Shurkin, 1984, p. 205 邦訳 p. 214), 1946年7月24日に行なわれたレクチャー21で, エッカートとモークリーの会社に移っていたシェパード (C. Bradford Sheppard) によって, 磁気テープ方式に触れた後で, かなり詳細に講義されている (Campbell-Kelly & Williams, 1985, pp. 250-269)。

しかもウィリアムズは, マンチェスター大学に移る前, 英国の通信

工学研究所（TRE）でレーダー・システム等の開発をしており，その関係で1945年に MIT のレーダー研究所に招かれ，1946年7月にも MIT を訪れ，その帰りにエッカートも訪ね，改造 CRT 方式の説明を受けていたといわれる。ウィリアムズは帰国後すぐに改造 CRT 方式の開発に着手し，12月にマンチェスター大学に引き抜かれて移籍し，キルバーン（Tom Kilburn；1921-2001）も助手として推薦して迎えて，コンピュータの開発に当たっていたのである（能澤，2003，pp. 292-293；p. 295）。

ところで，実用機の方では，マンチェスター大学のフルスペックの「マンチェスター・マーク1」[53]（Manchester Mark 1）の完成は1949年10月であった（能澤，2003，p. 293）。その前に，英国ケンブリッジ大学で，実用機としての最初のプログラム内蔵式コンピュータ EDSAC が作られている。既に述べたように，ムーア・スクール・レクチャーに出席したウィルクスは，1946年10月にケンブリッジに帰ると，EDVAC の設計方針に極力沿い，水銀遅延線メモリを使った中型コンピュータ EDSAC（Electronic Delay Storage Automatic Calculator）の設計に取りかかった。そして1949年5月6日，EDSAC は，二乗の表を計算するプログラムの紙テープを読んで，30秒後にテレプリンターに答を印字し始める。ここに世界最初のプログラム内蔵式コンピュータの実用機が誕生したのであった（Wilkes, 1985, p. 142 邦訳 p. 186；Campbell-Kelly & Aspray, 1996, pp. 102-104 邦訳 pp. 101-103）。

こうして，後述するエッカートとモークリーたちの BINAC の公式納入日1949年8月22日（Shurkin, 1984, pp. 239-240 邦訳 p. 254）より以前に——ただし，BINAC で最初のプログラムを走らせたのは，EDSAC よりも数カ月早かったともいわれているが——世界初のプロ

グラム内蔵式コンピュータは、米国ではなく、ENIACの影響を受けた英国の大学で誕生した (Shurkin, 1984, p.239 邦訳 p.253)。

いずれにせよ、当時の英国が、殻ENIACを錦の御旗として、世界のコンピュータ開発で最先端を走っていたことに違いはない。商用コンピュータの分野でも、マンチェスター・マーク1をプロトタイプとして、フェランティ社に移管された「フェランティ・マーク1」(Ferranti Mark 1) が、UNIVACに1カ月先んじて、1951年2月に世界最初の商用コンピュータとして納入されたのである (Campbell-Kelly & Aspray, 1996, p.106 邦訳 pp.105-106)。

アタナソフの失敗

殻としてのENIACにしがみついて次々と成功していくパイオニアたちの陰で、失敗して消えていく人々もいた。その一人がアタナソフだった。

既に述べたように、モークリーは1941年にアタナソフを訪問している。アタナソフのABCは、結局、完成しないままに放置され、アタナソフ自身も、1942年9月から海軍兵器研究所に移っていた。しかし、後のENIAC特許裁判での証言とは異なり、アタナソフは、その後も海軍のコンピュータ開発に関わり、ENIACについてよく知る立場にいた。実際、ゴールドスタインから『EDVACレポート』を送ってもらっていたし (国会図書館に記録があるという)、ENIACのもとにたびたび出入りしていた (国会図書館とスミソニアン協会に記録があるという)。陸軍のENIAC完成式の2週間後の1946年2月27日に開かれた海軍のコンピュータに関する会議に海軍兵器研究所の代表として出席し (記録があるという)、海軍のコンピュータ製造計画の相談役として

第6章　殻として機能しだしたENIAC　141

フォン・ノイマンを採用している（McCartney, 1999, pp. 208-209 邦訳 pp. 224-225）。

　アタナソフは，後のENIAC特許裁判で，ENIACは1946年に公開されたものの，「国家機密としてENIACの構造や技術的操作の詳細を隠し，数年間，この巨大な計算機械の機能のコンセプトの起源がアタナソフ他には分からないように封じていた」（Mollenhoff, 1988, p. 67 邦訳 p. 80 ただし原典により忠実に訳し直している）ので，ENIACの技術的内容を知らなかったと主張しているが，ムーア・スクール・レクチャーの存在を考えれば，明らかに間違いである。むしろ逆に，惜しげもなくENIACの詳細を公開したのである。

　しかも，ムーア・スクール・レクチャーは，海軍研究局がスポンサーになっているのであり，当時アタナソフが在籍した海軍兵器研究所で，アタナソフの下で働いていたムアーズ（Calvin N. Mooers；1919-1994）は，講師として，ムーア・スクール・レクチャーで8月26日にレクチャー44「海軍兵器研究所の計算機械のためのアイデアの議論」を担当し，アタナソフの下でのコンピュータ開発計画について講義までしている（Campbell-Kelly & Williams, 1985, pp. 514-525；McCartney, 1999, pp. 208-209 邦訳 pp. 224-225）。その講義に対する解説によると，海軍兵器研究所の電子計算機プロジェクトは，30万ドルの資金が与えられ，1945年の夏に始まり，アタナソフが管理していた。モークリーはこのプロジェクトのコンサルタントもしていたので，そのつながりでムアーズはムーア・スクール・レクチャーに講師として招かれていたのだった。したがって，アタナソフがENIACの技術的内容を知らなかったというのはきわめて不自然なのである。

　ムーア・スクール・レクチャーには，海軍兵器研究所からも一人が

公式参加者リストに載っている。その一人が，海軍兵器研究所のエルボーン (Robert D. Elbourne) で (Campbell-Kelly & Williams, 1985, p. xvi ; McCartney, 1999, p. 209 邦訳 p. 224)，彼が1971年にスミソニアン協会のインタビューで語ったところによれば，アタナソフは ENIAC を調べたが，ENIAC を気に入らず，もっと野心的だが的外れな方向に行ってしまい，結局，海軍のマシンのアーキテクチャを設計するまでにも至らなかったという。計画があまり進展しないので，海軍は手を引いてしまうのだが，そのとき30万ドルのうち，まだ1万5000ドルしか使っていなかったという。明らかに資金不足が失敗の原因ではなかった。しかもエルボーンによれば，ENIAC の製造中にも，モークリーはコンサルタントとして海軍兵器研究所に毎週立ち寄り，ENIAC の進捗状況について，かなりの時間をさいてアタナソフと話し，議論していたという (McCartney, 1999, pp. 209-211 邦訳 pp. 225-227)。こうしてアタナソフは，海軍兵器研究所では，豊富な予算を与えられ，海軍のためのコンピュータの開発に携わったが，やはり，成功しなかったのである (Campbell-Kelly & Aspray, 1996, pp. 84-85 邦訳 p. 84)。

ENIAC の中には ABC のものは含まれていない

アタナソフは，ENIAC という殻に手をかけながら，それにしがみつくことを良しとしなかったために，コンピュータの開発に失敗したといえるのかもしれない。それは同じ頃，ENIAC の殻にしがみついて，急発展を遂げたライバルたちとは，あまりにも好対照な結末であった。

アタナソフが ENIAC にしがみつくのを良しとしなかったのは，そ

第6章 殻として機能しだしたENIAC

こに自分のABCのものが何も含まれていなかったからかもしれない。アタナソフが，ENIACのことを詳しく知っていたにもかかわらず，ENIAC特許の裁判に担ぎ出されるまで，自分の発明が盗用されていると主張しなかったのは，「おそらく，アタナソフはENIACの中に自分のものを何も認められなかった。なぜなら，ENIACはアタナソフのものを何も含んでいなかったからである」(Shurkin, 1984, p. 295 邦訳 p. 320 より原典に忠実に訳し直している)。

要するに，基本的な仕組みが，ENIACとABCでは，まるで違うのである。ENIACでは，フリップフロップ回路をつないだ10進法のディケード・カウンタ・リングをアキュムレータとしてもち，累算と記憶を行っていたが，ABCでは，記憶はキャパシタ・ドラム・メモリ（再生メモリ）とカードを使い，論理的スイッチング回路で2進法の加減算だけを行った。ENIACは並列処理だったが，ABCは直列処理だった。そしてなんといってもENIACはプログラムも条件分岐もできたが，ABCにはできなかったのである。

そもそも，アタナソフは真空管を使ったカウンタを作ることができなかった。実験・研究をしたが，うまくいかず，1936～37年頃にはあきらめ，1940年の草稿（Atanasoff, 1940, pp. 308-309）で既にフリップフロップを断念していた。そこで，メモリと論理回路を分け，キャパシタ・ドラム・メモリに記憶させて，加減算機構だけを論理的スイッチング回路にすることにしたのである（Randel, 1982, p. 294；Burks & Burks, 1988, pp. 18-21 邦訳 pp. 35-40；星野, 1995, p. 80）。モークリーは，1941年にアタナソフを訪問した際に，フリップフロップを使うように説得したが無駄だったとも述べている（Mauchly, 1980）。つまり，ABCは記憶機能のある10進のディケード・カウンタ・リングのア

キュムレータをもった ENIAC とは，明らかに異なるのである。

ちなみに，ABC で用いられたメモリと演算を分離するアイデアは，19世紀の英国の数学者バベッジ（Charles Babbage；1791-1871）が解析機関の基本原理として既に提唱し，また2進法の計算はドイツのツーゼ（Konrad Zuse；1910-1995）が1936年に特許を出願し，リレーを使った機械が1938年には稼動している。真空管とネオン管を使った電子式の試作機はツーゼの共同研究者シュレイヤー（Helmut Schreyer；1912-1984）によって1939年頃には作られていた（星野，1995，pp. 140-141；Zuze, 1980）。要するに，アタナソフの発明として認められそうなものはキャパシタ・ドラム・メモリくらいしかなかった。

殻としての ENIAC

ENIAC が登場したとき，誰もが ENIAC を欲しがった。それ故，ENIAC のような汎用デジタル電子計算機の開発を錦の御旗とすることで，研究者たちはコンピュータの研究開発予算を獲得することができた。そして，ENIAC という殻にしがみついて開発していけば，実際にコンピュータを作ることができたのである。

ゴールドスタインは，ENIAC を見るために世界中から人が集まってきた様子を興奮気味に記述していたが，その中に，こんな記述がある。ENIAC 完成披露後，ENIAC の大要がスウェーデンに紹介されるや否や，1946年7月には，ENIAC を見るために，既にプリンストンに移っていたゴールドスタインのもとを訪ねて，スウェーデンから科学者が来たので，ゴールドスタインは，一緒にムーア・スクールまで行って ENIAC を見せたという。すると帰国後に「もし仮に，ENIAC が売りに出され，それを買い取るのが名案（私はそうは思いま

第6章　殻として機能しだしたENIAC

せんが）だということであれば，私たちは疑いもなく，そのためのお金を用意するにちがいありません」という手紙をもらったという（Goldstine, 1972, p. 249 邦訳 pp. 283-284）。

　ウィルクスは，ENIAC の「マシンを作っている間でさえ，設計者のエッカートとモークリーは，論理原理の応用と，より巧妙なアプローチの採用で，何分の一かの量の機材で，より強力でさえあるコンピュータを作れる可能性があることに気がついていた。この噂は私にも届いていたが，彼らの詳細な結論については何も知らなかった」ところに，『EDVAC レポート』を読む機会を得た感動的な様子を述懐している（Wilkes, 1985, p. 108 邦訳 p. 140 より原典に忠実に訳し直している）。プログラム内蔵方式の EDVAC ですら，最初は巨大な ENIAC のコンパクト版ゆえに渇望されていたのである。

　フォン・ノイマンは，1957年2月8日に亡くなる直前まで，エール大学での招待講演を行うために病床で原稿を用意していたが，結果果たせず，死後，その未完原稿は薄い本『コンピュータと頭脳』(von Neumann, 1958) となって出版された。その「まえがき」を1957年9月に書いた妻 (Elara von Neumann) は，EDVAC については一言も触れずに，「ENIAC の数学的・論理的デザインの中には彼が修正を助けたものもある」(von Neumann, 1958, p. vii) と書いている。もちろん間違いであるが（あるいは嘘），フォン・ノイマンですらも，結局はENIAC にしがみついていたのかもしれない。

　ENIAC の完成式の日，エッカートはまだ26歳という若さだった。モークリーでさえ38歳，ゴールドスタインは32歳 (McCartoney, 1999, p. 106 邦訳 p. 119)。何の実績もない，まだ20代の若者たちが集まって，企画書が通ってからたったの2年半で ENIAC を完成させたのだ。彼

らが作った ENIAC の完成度と実用性の高さは，学界・業界の妨害や汚い手口がかすむほどに見事であり，汎用デジタル電子計算機の未来を実感させるのに十分だった。ウィルクスは，ENIAC について，次のように書いている。

> それは，設計者たちが必要とされた機材の量にくじけず，まっすぐに目的を達した，エンジニアリングの傑作（tour de force）だった（Wilkes, 1985, p. 108 邦訳 p. 140, 原典により忠実に訳し直している）。

ENIAC は，コンピュータのドミナント・デザインでもなければ，デファクト・スタンダードでもなかった。プロトタイプですらなかった。しかし，そんなたった1台の ENIAC がアナログ／機械式の殻を打ち破り，コンピューティングの世界を変えたのである。その殻である ENIAC を錦の御旗として，それにしがみつくようにしてデジタル電子計算機のコミュニティとコンピュータ産業は急成長を遂げていくことになる。

第7章
化石化するコンピュータ・デザイン

UNIVAC

　エッカートとモークリーが始めたコンピュータ製造のベンチャー企業のその後は波乱万丈であった。当時，ベンチャー・キャピタルはほとんど存在せず，まずコンピュータの注文を取って，前金を受け取りながら開発にあてる以外に方法はなかった（Campbell-Kelly & Aspray, 1996, p. 108 邦訳 p. 108）。エッカートとモークリーも，実際に会社を設立する前に契約を得ておきたかったので，いくつかの政府機関と交渉を行なったが，コンピュータに資金を投じることに関心を示したのは二つだけで，そのうち海軍研究局は，既に MIT，ハーバード大学と契約していた。残る国勢調査局（U. S. Census Bureau）については，その資金管理をしている標準局（Bureau of Standards）が，スティビッツに専門家としての意見を求めたところ，契約を結ぶべきではないとの回答があったという。しかし，標準局側はその助言を無視し，カーティス（John H. Curtis ; 1909-1977）副局長がこのプロジェクトに興味をもっているということで，若き二人と契約することにした（Shurkin, 1984, pp. 223-224 邦訳 pp. 234-235 ; McCartney, 1999, pp. 141-142 邦訳 pp. 155-156）。このカーティスも，ムーア・スクール・レクチャーの講師陣の一人であり，1946年8月1日に講義（レクチャー29）を担当していた人物であった（Campbell-Kelly & Williams, 1985, pp. 342-343）。

　こうして，エッカートとモークリーの会社は，設立約半年後の1946

年10月に，国勢調査局との間で，EDVAC 型の機械を作るという契約を30万ドルで結び，翌1947年春，この機械は UNIVAC（UNIVersal Automatic Computer）と正式に命名された（Campbell-Kelly & Aspray, 1996, p. 108 邦訳 p. 108）。

UNIVAC は，当初は「EDVAC II」と呼ばれており（McCartney, 1999, p. 142 邦訳 p. 156），ゴールドスタインは，この UNIVAC が EDVAC 原理（EDVAC principles）に基づいて設計されていると思っていたらしいが（Goldstine, 1972, p. 246 邦訳 p. 280），実際には，ENIAC 同様に10進法を採用するなど，EDVAC とは異なる点が少なくなかった。この UNIVAC は，後になって他の機種と区別するために「UNIVAC I」と呼ばれるようになった（Goldstine, 1972, 邦訳 p. 280訳者脚注*)。なお，エッカートとモークリーの会社やそこで行なわれていた開発に関するゴールドスタイン（Goldstine, 1972）の記述には明らかな間違いが多いので，注意を要する。

ところで，30万ドルで契約した UNIVAC だったが，実際の開発には100万ドル近くかかった。そもそも，企業経営的な観点からすれば，このような固定額契約（fixed-fee contract）ではなく，コスト・プラス契約（cost-plus contract）にすべきだったのである（McCartney, 1999, p. 155 邦訳 p. 169）。ところが，固定額契約では特許はすべて発明者のものになるが，コスト・プラス契約では特許が発明者のものにならない場合もあり，ペンシルベニア大学やフォン・ノイマンとの経験で傷ついたエッカートは，これ以上特許を失う可能性のあることはしたくなかったらしい（Shurkin, 1984, p. 225 邦訳 p. 236）。

レミントン・ランド社に身売り

さて,UNIVAC開発のためには,水銀遅延線メモリの開発,さらに磁気テープ記憶装置の開発をしなくてはならなかった(Campbell-Kelly & Aspray, 1996, pp. 108-109 邦訳 pp. 108-109)。会社は慢性的な資金不足に悩み,それを解消するために,ノースロップ社(Northrop Aircraft Corporation)との間で,小型の航空機搭載コンピュータ BINAC(BInary Automatic Computer)の開発契約を1947年10月9日に10万ドルで契約し,8万ドルを前払い金として受け取った(Shurkin, 1984, p. 229 邦訳 p. 241;Campbell-Kelly & Aspray, 1996, p. 109 邦訳 p. 109)。

それでも資金が不足したので,1947年12月22日に,彼らは会社をエッカート・モークリー・コンピュータ・コーポレーション(Eckert-Mauchly Computer Corporation;EMCC)という株式会社組織に改め,投資してくれる投資家を探し始めた(Shurkin, 1984, pp. 231-232 邦訳 p. 244;Campbell-Kelly & Aspray, 1996, p. 110 邦訳 p. 110)。機械式コンピュータである競馬の賭け率表示機(totalizator)の業界で大きなシェアを誇っていたボルチモアのアメリカン・トータリゼーター社(American Totalizator Company)が,これに応じ,1948年8月に40%の株式を50万ドルで引き受け,さらに貸付金6万2000ドルを2年満期の貸付金として融資もしてくれることになった。もともとEMCC設立時の持ち株比率は,エッカートとモークリーはそれぞれ45%ずつ,残り10%は会社の資産ということにしてあったので,この出資により,EMCCの残りの株式は,エッカートとモークリーが54%,EMCCの従業員が6%を保有することになった。発明家でもあったアメリカン・トータリゼーター社のシュトラウス(Henry Strauss;1896-1949)副社長がEMCCの会長に就任し,9名の取締役のうち4人が同社か

ら送り込まれた (Shurkin, 1984, pp. 231-232 邦訳 p. 244 ; p. 236 邦訳 p. 249 ; Campbell-Kelly & Aspray, 1996, pp. 110-111 邦訳 p. 111 ; McCartney, 1999, pp. 161-162 邦訳 p. 175)。

やっと財務基盤が安定し，BINAC は，1948年5月の納期には間に合わなかったものの，1949年8月22日にフィラデルフィアで作動テストをした上で，1949年9月に，米国最初のプログラム内蔵式コンピュータとして，ノースロップ社に納入された。しかし，飛行機搭載用としては失敗作だったといわれる (Shurkin, 1984, p. 229 邦訳 p. 241 ; pp. 239-240 邦訳 p. 254 ; Campbell-Kelly & Aspray, 1996, p. 111 邦訳 p. 111)。それでも，BINAC は水銀遅延線メモリをもち，磁気テープを読むローダが付いていた (McCartney, 1999, p. 163 邦訳 p. 176)。

だが，BINAC 納入から数週間後の1949年11月25日，アメリカン・トータリゼーター社で EMCC への投資を推進していたシュトラウス副社長が，自ら操縦する双発小型機がボルチモア近郊の上空で爆発，墜落して事故死してしまう。これにともない，アメリカン・トータリゼーター社は資本と貸付金の引き揚げを決定してしまった (Shurkin, 1984, p. 245 邦訳 p. 260 ; Campbell-Kelly & Aspray, 1996, p. 112 邦訳 p. 112 ; McCartney, 1999, p. 165 邦訳 pp. 178-179)。

エッカートとモークリーは，EMCC を IBM に売却しようと，ニューヨークの IBM の本社でワトソン父子と会った。しかし，事前に IBM 側の弁護士たちが，独占禁止法（反トラスト法）に触れる恐れがあるので買収できないと話していたので，この申し出は IBM 側から断られる (Campbell-Kelly & Aspray, 1996, p. 118 邦訳 p. 118 ; McCartney, 1999, pp. 165-166 邦訳 pp. 179-180)。

結局，レミントン・ランド（Remington Rand）社が，1950年2月に，

第7章　化石化するコンピュータ・デザイン　151

アメリカン・トータリゼーター社に43万8000ドルを支払い，さらにエッカート，モークリー，他の従業員に10万ドルを支払って，EMCC をレミントン・ランド社の完全子会社としたのであった。エッカートとモークリーは年収1万8000ドルで雇用されることとなった。こうして二人は，今度は雇われの身となって，UNIVAC の完成に向けてまい進した。1951年3月30日，UNIVAC の受け入れ試験が行なわれ，17時間ほどの厳しい計算を間違いなくこなして，国勢調査局に引き渡された。こうして UNIVAC は，米国で最初の商用コンピュータとなったのである。引き続き翌年さらに2台の UNIVAC が完成して政府に納入され，さらに3台の追加注文を受けることになる（Campbell-Kelly & Aspray, 1996, pp. 120-121 邦訳 pp. 120-121）。

　そのころ，1952年の終わりに，レミントン・ランド社は UNIVAC を使った大統領選挙の結果予測という一大宣伝デモンストレーションを CBS テレビで敢行した。アイゼンハワー（Dwight D. Eisenhower；1890-1969）の地滑り的勝利を予測して成功し，その日以降，人々はコンピュータのことを UNIVAC と呼ぶようになったのであった（Campbell-Kelly & Aspray, 1996, pp. 121-123 邦訳 pp. 121-123；McCartney, 1999, pp. 168-171 邦訳 pp. 182-184）。

　ところが，レミントン・ランド社は，時代遅れの殻にしがみつきすぎた。UNIVAC が自社の従来からのパンチカード装置の販売の足を引っ張ると神経質になり，両者の営業を統合することに失敗し，UNIVAC の販売機会をしばしば逃したのである。これは後述する IBM の経営戦略と比べると，あまりにもお粗末。また工場間の内部抗争やコンピュータ・ソフトやマーケティングに十分な投資をすることを惜しんだために，レミントン・ランド社は「じり貧」に陥る。

レミントン・ランド社は1955年にスペリー・ジャイロスコープ (Sperry Gyroscope) 社と合併して、スペリー・ランド (Sperry Rand) 社となったが、この年、IBM700シリーズの受注が、UNIVACの受注を初めて上回り、UNIVAC は IBM に抜かれることになる (Campbell-Kelly & Aspray, 1996, pp. 127-128 邦訳 pp. 127-128)。

IBMの参入

IBM がデジタル電子計算機に参入するのは意外と遅かった。1950年に朝鮮戦争が始まると、防衛関連企業で少なくとも6台の大型コンピュータの需要が見込めたので、IBM はフォン・ノイマンがプリンストン高等研究所で作っていたマシンをベースにしたコンピュータ「ディフェンス・カリキュレータ」(Defense Calculator) の開発を決めた (Campbell-Kelly & Aspray, 1996, p. 117 邦訳 pp. 117-118)。これは、先述のムーア・スクール・レクチャーに顔を出していたハードがワトソン・ジュニアと協力して進めたもので、ワトソン・ジュニアはハードに、フォン・ノイマンとコンサルタント契約を結ぶように命じ、フォン・ノイマンは1951年に IBM とのコンサルタント契約にサインしている (Shurkn, 1984, p. 256 邦訳 p. 273)。

1951年春、IBM は三つの重要なコンピュータ・プロジェクトの同時進行を開始した。ディフェンス・カリキュレータは正式名「モデル701」となった。それとは別に、データ処理コンピュータとしては、磁気テープを使った「モデル702」、そして磁気ドラムを使った低価格の「モデル650」の三つである (Campbell-Kelly & Aspray, 1996, p. 124 邦訳 p. 124)。科学計算コンピュータであるモデル701は1952年12月に生産ラインに乗った。データ処理コンピュータであるモデル702は

1953年9月に発売されたが，最初の納入は，UNIVACの1号機から4年遅れの1955年初頭にずれこんだ（Campbell-Kelly & Aspray, 1996, p. 125 邦訳 p. 125）。この遅れのために，データ処理コンピュータの分野の初期市場では，UNIVACが席巻することを許す結果となってしまったのであった。

データ処理コンピュータであるモデル702の仕様はUNIVACと驚くほど似ていたが，UNIVACが使っていた水銀遅延線の代わりに，英国マンチェスター大学が開発したウィリアムズ管メモリをライセンス契約で使用していた。こちらの方が，より信頼性が高く，2倍高速だった。また，700シリーズの磁気テープ・システムもUNIVACのよりはるかに優れており，IBMがそれまで培ってきた電子機械工学の圧倒的な能力が，こうした速度と信頼性を可能にした。そして，UNIVACが一枚岩（monolith）のようになっていて，工場から顧客まで運搬するだけでも大仕事だったのに対し，IBMのコンピュータは，多くの箱型のコンポーネントからなっていて，各コンポーネントは，標準的なエレベーターに乗せられるサイズになっていた。そして，IBMはユーザーのためのプログラミング・コースを設け，フィールド・エンジニアリング・チームをそろえたのである（Campbell-Kelly & Aspray, 1996, p. 126 邦訳 p. 126）。

ただし，ウィリアムズ管メモリはまだ信頼性が低かった。前章でも触れたMITのフォレスターのプロジェクト・ホワールウィンドで，1953年にコア・メモリが発明されたので，IBMはそれを信頼性のある製品にし，モデル701とモデル702のより高速で信頼性の高いコア・メモリ版としてモデル704（科学計算コンピュータ）とモデル705（データ処理コンピュータ）を1954年に発表した（Campbell-Kelly &

Aspray, 1996, pp. 126-127 邦訳 pp. 126-127)。コア・メモリは5年間の間に他のタイプのコンピュータ・メモリと置き換わり、MITに何十万ドルもの特許料収入をもたらした（Campbell-Kelly & Aspray, 1996, pp. 166-167 邦訳 p. 167)。こうして、1955年、IBM700シリーズの受注が、UNIVACの受注を初めて上回ったのである（Campbell-Kelly & Aspray, 1996, p. 127 邦訳 p. 127)。

もっとも、ハードによれば、フォン・ノイマンは大規模コア・メモリの開発に反対し、IBMに対して、磁気ドラムの形での退避メモリをもてば十分だと一貫して忠告し続けたらしい（Wilkes, 1985, p. 183 邦訳 p. 236)。しかし現実には、より高速で、より信頼性の高いメモリが求められ、それが新しい世代のコンピュータを生み出したわけである。

実は、当時、IBMの優位を不動のものにしたのは、大型の700シリーズではなく、1953年に発表された低価格（モデル701の4分の1)の磁気ドラム・コンピュータ、モデル650だった（Campbell-Kelly & Aspray, 1996, p. 127 邦訳 p. 127)。モデル650を説明するためには、時代を多少さかのぼって、パンチカード・システム（PCS)の話をする必要がある。ENIACよりも20年も前の話、1928年にIBMはパンチカードの情報量を増やすために、それまでの使用可能桁数45を80に変更し、穿孔穴の形も丸型から矩形（四角)に変更した（能澤, 2003, p. 84)。これが、後にコンピュータで使われるパンチカードの原型になる。今はもう見かけなくなったが、1980年代まで、コンピュータで用いられていたパンチカードの最終形が、使用可能桁数80で矩形の穿孔穴のものだった。

そしてIBMは1931年に、パンチカードを読み取り、乗算を含む計算を行い、読み込んだカードに計算結果を戻す機能を付けた機械式の

パンチカード・システム600シリーズを発売している（能澤, 2003, p. 84）。この IBM600シリーズの流れを汲んだ電子式パンチカード・システム（PCS）としてモデル604が1948年に発表された。これが後に汎用コンピュータとして設計されて，モデル650として1953年に発売される（能澤, 2003, p. 85）。このモデル650は2000台も売れ，IBM のワトソン・ジュニアは「コンピュータの T 型フォードになった」とまで言った。IBM は，大学に対して，コンピューティングのコースを新設したら機械を60％割り引くと言って，多くの大学にモデル650を納入した。こうして IBM 製品で訓練された人材を世に送り出したのである（Campbell-Kelly & Aspray, 1996, p. 127 邦訳 p. 127）。

ENIAC 特許とクロス・ライセンス契約

第6章でも触れたように，ENIAC 特許に関しては，エッカートとモークリーが出願できることになっていた。ところが，エッカートとモークリーが ENIAC の特許を出願したのは，1947年6月26日のことであった。特許は設立直後のエレクトロニック・コントロール社のものとしていた。特許の出願がこれほどまでに遅れたのは，たんに引き延ばしていたというだけではなく，当初，EDVAC で特許を取ろうと思っていたためでもあった。しかし，フォン・ノイマンが邪魔をした。これに先立つ1947年3月22日，フォン・ノイマンはゴールドスタインを連れて突然国防総省を訪れ，自分にも発明者としての権利があると主張して，証拠として『EDVAC レポート』を提出し，出願の手続きをした。さらに，ムーア・スクールとフォン・ノイマンの間に立って困惑している陸軍の法律部門に対して，フォン・ノイマンとゴールドスタインは，エッカートとモークリーにくみするものだとし

て非難した (Shurkin, 1984, pp. 218-219 邦訳 pp. 228-229)。

1947年4月3日, ムーア・スクールで, エッカートとモークリー, フォン・ノイマンとゴールドスタインが出席して, EDVAC の特許に関する話し合いが行なわれた。その際, 陸軍側は, 『EDVAC レポート』が広く配布されてしまったために, これは発明の事前発表に該当する可能性が非常に高く, 特許権は取得できないとしたのであった (Shurkin, 1984, pp. 219-220 邦訳 pp. 229-230；McCartney, 1999, pp. 145-148 邦訳 pp. 159-161)。エッカートとモークリーは, この話し合いの後, ENIAC の特許出願にとりかかったために, そもそも出願準備の開始が遅れたのである。

その後の経過は既に述べた通りで, 1950年に, レミントン・ランド社が, EMCC を出願中の ENIAC 特許もろとも買収し, さらに1955年にスペリー・ジャイロスコープ社と合併して, スペリー・ランド社となった。

その頃, IBM の方でも動きがあった。1952年末に, 米国司法省は, IBM が事務機器市場を支配しているとして, 独占禁止法（反トラスト法）違反で IBM を訴えた。結果は IBM の負けで, 1956年の同意判決 (consent decree) において, IBM は自社製の事務用機器をリースするだけではなく販売も行うことに同意し, いくつかのパンチカード事業を売却することに同意した, そして競合企業に互換機製造のライセンスを販売することも余儀なくされたのである (Shurkin, 1984, p. 282 邦訳 p. 303；McCartney, 1999, pp. 176-177 邦訳 pp. 192-193)。

合併したばかりのスペリー・ランド社は, この同意判決後, IBM の特許の完全利用権を求めて訴訟を起こした。2社間で交渉が始まると, IBM はそれと引き換えに, まだ出願中の ENIAC と UNIVAC

の特許を利用する権利を得ようとしたが,交渉は失敗し,今度は IBM がスペリー・ランド社を相手取って作表機に関する特許権侵害で訴えた。さらに IBM は,スペリー・ランド社が出願中のコンピュータの特許について異議申し立てを行った。

こうして互いに訴訟を起こした両社だったが,1956年にクロス・ライセンス契約を結ぶ。そのクロス・ライセンス契約の内容は,ENIAC と UNIVAC の特許が成立したら,IBM は,1956年10月1日以降に IBM が製造した全マシンについて1％の特許使用料を支払うが,IBM は8年間分の特許使用料の前払いとして,スペリー・ランド社に1000万ドルを支払うという合意内容だったという[66] (Shurkin, 1984, p. 282 邦訳 pp. 303-304;Burks & Burks, 1988, pp. 196-197 邦訳 p. 284;McCartney, 1999, p. 177 邦訳 p. 193)。

IBM モデル1401

ところで,1959年でも,IBM は収入の多くをパンチカード機から得ており,その割合は米国でも65％,米国以外では90％にも達していた (Campbell-Kelly & Aspray, 1996, p. 130 邦訳 p. 130)。つまり,モデル650は,設置済みの IBM の数千台にのぼる伝統的パンチカード会計機に置き換わることができないでいたのである。その理由は,①まだモデル650のレンタル料が高かったこと,②真空管の方が電気機械式よりも信頼性が低かったこと,③アプリケーション・ソフトを自前で開発する必要があったこと,④カード・リーダー,パンチ,プリンターといった周辺機器がパンチカード機とたいして代り映えしなかったということだった (Campbell-Kelly & Aspray, 1996, p. 132 邦訳 p. 132)。

その転換点となったのは，1959年10月に発表されたモデル1401だった (Campbell-Kelly & Aspray, 1996, p. 131 邦訳p. 131)。これ以降は，1962年にコンピュータの売上がパンチカード機に並び，1960年代末には，パンチカード機の売上は痕跡程度になる。この間，IBMはコンピュータ市場のシェア70％以上を維持し，年率15％～20％で急成長を続けたのであった (Campbell-Kelly & Aspray, 1996, p. 131 邦訳p. 131)。

では，どうしてそうなったのか？　もともとモデル1401は，真空管ベースの磁気ドラム・コンピュータであったモデル650を，真空管はトランジスタに，磁気ドラムはコア・メモリにした後継機として計画された。このことで速度と信頼性は1桁向上する。そして，モデル650や会計機とはっきり差別化するために，新しい周辺機器が用意された。新しいカード・リーダーとパンチ，磁気テープ・ユニット，そして1分間に600行も印刷できる高速プリンターである (Campbell-Kelly & Aspray, 1996, pp. 132-133 邦訳pp. 132-133)。つまり，競合他社がCPUの設計に取り付かれている中で，このモデル1401は，周辺機器に力を入れ，コンピュータというよりコンピュータ・システムだったのである (Campbell-Kelly & Aspray, 1996, p. 131 邦訳p. 131)。まさに補完資産 (Teece, 1986) がもたらした成功だった。

より具体的にいえば，いままで会計機のプラグボードで配線するのに慣れていた人々が，1～2日の訓練で使えるようになる報告書作成プログラムRPG (Report Program Generator)，さらには，給与計算，送り状作成，在庫管理，生産管理などの共通した事務作業用の業種別業務ソフトウェアの一揃いを開発し，それを無料配布したのである (Campbell-Kelly & Aspray, 1996, p. 133 邦訳p. 133)。しかも，レンタル料は，実質的に，中型のパンチカード機と大して変わらなかった

(Campbell-Kelly & Aspray, 1996, p. 134 邦訳 p. 134)。なぜなら，それまでの407会計機の 2 倍のレンタル料だったが，407会計機のプリンターの印字速度は 1 分間150行だったので，407会計機 2 台分の費用で 4 台分の印刷能力を買うことができるようになったからである（Campbell-Kelly & Aspray, 1996, p. 134 邦訳 p. 134)。

こうして，モデル1401は1960年に出荷が開始されると大当たりし，1 万2000システムも生産されることになるのである（Campbell-Kelly & Aspray, 1996, p. 134 邦訳 p. 134)。モデル1401は，角張ったライト・ブルーのキャビネットに納められており，これで IBM にはビッグ・ブルー（Big Blue）という新しい名が付けられた（Campbell-Kelly & Aspray, 1996, pp. 134-135 邦訳 pp. 134-135)。

システム/360

こうして IBM では，1960年当時，7 種類を下らないコンピュータ・モデルが同時に生産されており，各モデルを作る小企業の連邦のような状態だった。各モデルはそれに特化した専門の営業部隊をもち，専用の生産ラインとそのモデルにしか使えない電子部品を必要としていた。周辺機器も，どのプロセッサーにでもつなげるように，何百もの周辺機器コントローラーが必要だった。ソフトウェアもモデルごとに提供していたので，IBM が顧客に提供していたソフトウェアも増大する一方だった。しかも IBM のあるモデルの顧客がコンピュータ・システムを 2 倍以上に拡張しようとすると IBM の別のモデルに乗り換える必要があったが，モデル間に互換性がないので，それまで使っていたすべてのユーザー・アプリケーション・ソフトを再プログラミングする必要があり，新しいコンピュータよりも高くつくことさ

えあった。そのため，IBM だけではなく他の会社のコンピュータも乗り換えの考慮対象になってしまう。こうしたすべてのことは，IBM が互換ファミリー概念（compatible-family concept）を受け入れる必要があることを示していた（Campbell-Kelly & Aspray, 1996, pp. 137-138邦訳pp. 137-138）。

新たな五つのコンピュータ・モデルの開発が始まり，もともとIBM が弱かった半導体製造能力も充実させ，こうした開発が最高潮に達した1963年の終わり，この互換系列は「システム/360」（System/360「しすてむさんろくまる」と呼んでいた）と名付けられた。「360」は360度の全方位の意味で，汎用性を表していた（Campbell-Kelly & Aspray, 1996, pp. 140-142 邦訳 pp. 140-142）。

ちょうどその頃，1963年12月に，ハネウェル（Honeywell）社が，IBM モデル1401の互換機で，最新の半導体技術を使うことで約4倍の価格性能比を達成したハネウェル200シリーズの発表を行い，発表後1週間で400台を受注し，ハネウェル機に切り替えるために，モデル1401を IBM に返却するユーザーも出始めた（Campbell-Kelly & Aspray, 1996, p. 142 邦訳 pp. 142-143）。

ハネウェル社の攻勢に対して，IBM は，1964年4月7日，6種類の新型コンピュータと44種類の新しい周辺機器を並べて，IBM の「第3世代コンピュータ」システム/360の全製品系列の発表会を行なったのである（Campbell-Kelly & Aspray, 1996, p. 143 邦訳 p. 143；p. 198 邦訳 p. 200）。外部の人間は，発表のスケールの大きさに度肝を抜かれ，この全製品ラインをすべて取り替えるという決定に不意を打たれた。それはまるで，GM が，現在の全車種，全モデルを捨てて，革命的な設計によるエンジンと斬新な燃料で，ただ一つの新しい系列

によって，あらゆる需要に応えられるようにしたのと同じだという印象を受けたのである（Campbell-Kelly & Aspray, 1996, pp. 143-144 邦訳 pp. 143-144）。こうして，システム/360には，IBMの供給能力をはるかに上回る注文が殺到し，最初の2年間では受注した9000台の半分も供給できなかったほどだったといわれる。システム/360の発表後3年で，IBMの収入は50億ドル以上に跳ね上がり，従業員数は50％増加して25万人に近づいた（Campbell-Kelly & Aspray, 1996, p. 144 邦訳 p. 144）。

ENIAC 特許の使用料請求

ちょうどシステム/360が発表されたころ，ENIAC 特許が成立した。

IBMは1956年にスペリー・ランド社とクロス・ライセンス契約を結んだが，実は，IBMだけではなく，ベル研究所を擁する AT&T も異議を申し立てており，ENIAC 特許は，その当時は，まだ成立していなかった。しかし，1956年のクロス・ライセンス契約締結で，IBMが実質的に争いから降り，さらに AT&T の子会社ウェスタン・エレクトリック（Western Electric）社も1961年にクロス・ライセンス契約を結んだことで，1964年2月4日に148もの請求項からなる ENIAC の特許3120606号が成立する（Shurkin, 1984, p. 283 邦訳 p. 305; Burks & Burks, 1988, p. 197 邦訳 p. 285; McCartney, 1999, pp. 177-178 邦訳 pp. 193-194）。出願から17年もたっていた。米国の特許の有効期間は17年なので，もし出願直後に成立していたら，ちょうど特許が切れた頃であった。1964年に成立したので，それから17年，1981年まで有効になるはずだった（McCartney, 1999, p. 174 邦訳 p. 188）。

こうして1964年に特許が成立すると，今度はスペリー・ランド社が

100％子会社としてイリノイ・サイエンティフィック・デベロップメント (Illinois Scientific Development ; ISD) 社を設立して ENIAC 特許を譲渡し，ISD に特許権の販売を始めさせた。ISD はただちに，GE (General Electric)，バローズ (Burroughs) 社，RCA, NCR (National Cash Refister), CDC (Control Data Corporation)，フィルコフォード (Philco-Ford) 社，ハネウェル社の7社に対して，特許使用料の請求をし，同時に，ENIAC 特許は，特許が有効な17年間に製造されるすべての EDP 機器をカバーしているとも主張した (Burks & Burks, 1988, p. 197 邦訳 pp. 284-285)。

しかも，その額は対 IBM の契約と比べるとはるかに高額で，たとえばハネウェル社の場合，ハネウェル社のコンピュータの売上は，IBM の16分の1しかないのに，最初は2億5000万ドルも要求されていた。交渉の過程で2000万ドルまで下げたものの，それでも，IBM とはあまりにも差があった (Burks & Burks, 1988, p. 197 邦訳 p. 285 ; McCartney, 1999, pp. 178-179 邦訳 pp. 194-195)。実は，この時期は，ハネウェル200が IBM1401に対して猛攻をしかけていた時期とちょうど重なる。

システム/360はそれほどの技術革新ではなかった

コンピュータ史では，システム/360は素晴らしい技術的な成果で，「米国における最も偉大な産業の技術革新の一つ」であるように見られている (Campbell-Kelly & Aspray, 1996, p. 143 邦訳 pp. 144-145)。自動車のT型フォード，飛行機のダグラス DC-3 と並んで，ドミナント・デザインの好例としても挙げる研究者がいるほどである (Teece, 1986, p. 288)。確かによく売れたが，しかし技術の点では，システム/360はそれほどの技術革新ではなかった (Campbell-Kelly & Aspray,

1996, p. 144 邦訳 p. 145)。その点では、T型フォードに関する第2章の考察結果と同様である。

　そもそも互換製品系列 (compatible range) の概念は、既に業界では広く知られていて、革命的でもなんでもなかったが、もっと誤解されているのは、一般的に IC (Integrated Circuit；集積回路) を使ったコンピュータを「第3世代」と呼び、システム/360は第3世代だと思われているが、実は違っていたということである。システム/360に使われている IBM 独自の固体論理技術 SLT (Solid Logic Technology) とは、まず①非常に小さなダイオードとトランジスタを0.5インチ角のセラミック・モジュールに搭載して1回路を構成するように一緒に配線し、②このモジュール6個を厚さ0.04インチで1.625インチ角のカードに2×3に並べて載せ、③そのカード80枚を標準的な SLT 板 (プリント基板) の24ピンのソケットに立てて差し込んで搭載し、④カスタム仕様のパターンは基板表面の外側に製造プロセスの最終工程で作られた (Pugh et al., 1991, p. 86；Baldwin & Clark, 2000, pp. 165-166 邦訳 p. 194)。

　つまり、SLT は、トランジスタから真の集積回路 IC への途上のもので、その意味では、システム/360を「第3世代」と呼ぶのは、事実を歪曲した営業スローガンにすぎなかった。IC は SLT とは全く別物だったのである。IC の方は、1958年後半にテキサス・インスツルメンツ (Texas Instruments) 社のキルビー (Jack Kilby；1923-2005) が単一チップ上に1回路の全要素を組み込み、金線で結合するのに成功し、5月にフェアチャイルド・セミコンダクタ (Fairchild Semiconductor) 社のホーリニー (Jean Hoerni；1924-1997) が、半導体の絶縁層に酸化薄膜を用いて、酸化膜を腐食させた穴を通って、活性領域に配線をつなぐプロセスについて特許申請し、そして、7月に同社のノイ

ス (Robert Noyce；1927-1990) が単一チップ上にさまざまなパターンを積層させ，回路全体を製造する「プレーナ・プロセス」(planar process) の段取りを決める画期的特許を取得したことで実現したものだった。結局，IBM の回路製造技術 SLT は，ほぼ IC に置き換えられた (Baldwin & Clark, 2000, p. 165 邦訳 p. 193)。

ソフトウェア OS/360 の失敗

しかし，システム/360の最も深刻な欠陥は，そもそも，ソフトウェア開発がほとんど大失敗 (little short of fiasco) だったことである (Campbell-Kelly & Aspray, 1996, p. 145 邦訳 p. 145)。

1960年代前半，システム/360や他の第3世代コンピュータの登場により，メモリの容量とコンピュータの速度は，5年間でそれぞれ10倍になり，実質的な性能は100倍になった。しかし，プログラミング技術の方は全然進歩がなく，1万行のプログラムを書く力はあっても，100万行のプログラムは惨憺たる結果に終わったのだった。後に「ソフトウェア危機」(software crisis) と呼ばれるようになる泥沼にはまり込んでしまった (Campbell-Kelly & Aspray, 1996, p. 196 邦訳 pp. 198-199)。

このように，1960年代は，ソフトウェア総崩れの時代であり，中でも一番有名な失敗が，IBM のオペレーティング・システム OS/360 だったのである (Campbell-Kelly & Aspray, 1996, p. 196 邦訳 p. 199)。OS/360プロジェクトのリーダーはブルックス (Frederick P. Brooks, Jr.；1931-) で，1975年に，その失敗談をエッセイ風に書いた『人月の神話』(The Mythical Man-Month) を出版して有名になる (Campbell-Kelly & Aspray, 1996, p. 197 邦訳 p. 200)。この本は，20年後の1995年に，4章分を追加して増補版が出るくらいによく読まれ，その内表紙

の著者紹介では，ブルックスは「IBM システム/360の父」として良く知られている（Brooks, 1995, 著者紹介）とまで紹介されている。ブルックスはエイケンが教えた最も有能な博士課程の大学院生の一人だった（Campbell-Kelly & Aspray, 1996, p. 197 邦訳 p. 200）。

ブルックスは「どんな OS/360 ユーザーも，もっと改善すべきことにすぐに気がつく。デザインと実行（execution）の欠陥は，言語コンパイラと区別して，殊に制御プログラムの全体にわたっている。これらの欠陥の大部分が1964-65年のデザイン期間にさかのぼるもので，私に責任を課すべきものである。その上，製品は遅れ，計画よりも多くのメモリを食い，コストは見積りの数倍になり，そして，最初のリリースから数回リリースするまでは，うまく働かなかった」と吐露している（Brooks, 1995, 初版への序文 p. xi 邦訳 pp. viii-ix，ただしできるだけ原典に近く訳し直している）。

では OS/360 の開発現場はどんな状態だったのだろうか？ その一端を垣間見てみると……。OS/360プロジェクトでは，構造化された規準書（workbook）が作成され，各プログラマのオフィスに規準書を1冊もつことにした。これは「各プログラマは全ての資料を読まなければならない」というブルックスたちの決定に基づくものだった（Brooks, 1995, p. 76 邦訳 p. 71）。実際，当時は，規準書を最新の状態にするために，ルーズリーフ式にして，必要なページだけを更新できるようにして，タイムリーに更新していたというが，そうすると，半年で，規準書は約5フィート（約150 cm）もの厚さになり，日々配られる変更内容は，平均して約2インチ（約5 cm），約150ページ分もの差し替えになり，規準書のメンテナンスで，毎日かなりの時間を食われるようになってしまったという（Brooks, 1995, pp. 76-77 邦訳 pp.

70-71)。

　その一方でブルックスは, パルナス (David. L. Parnas ; 1941-) が,「プログラマは自分の担当以外のシステム・パーツの構築に関する詳細にさらされるより, むしろ遮蔽されているとき最も効率的である」という主張に対しては,「大失敗のレシピ」(a recipe of disaster) だと一刀両断に切り捨てていた (Brooks, 1995, p.78 邦訳 pp.72-73)。しかし, 20年後に書き足した章では, パルナスのいっていることが正しく, 自分は間違っていたと認めている (Brooks, 1995, pp.271-272 邦訳 p.263)。

　IBM の第2世代のコンピュータの OS は3万行のコードからなっていたが (Campbell-Kelly & Aspray, 1996, p.197 邦訳 p.199), OS/360 は全部合わせると100万行を超える何百ものプログラム・コンポーネントで構成された複雑なプログラムだった (Campbell-Kelly & Aspray, 1996, p.197 邦訳 p.200)。しかもマルチプログラミング (multiprogramming) という新しい技術を開拓しなければならなかった。1966年中頃に予定されていたマルチプログラミング・システムのフル供給は, 1964年4月7日のシステム/360の発表においては, プログラミング・サポートの目玉だった (Campbell-Kelly & Aspray, 1996, p.198 邦訳 p.200)。開発スケジュールはどんどん遅れ, 結局, 丸1年遅れて, 1967年中頃になって, OS/360 はようやくリリースされたが, リリースされたとき, このソフトウェアは数十個ものエラーを抱えていて, それを根絶するには何年もかかったのである (Campbell-Kelly & Aspray, 1996, pp.199-200 邦訳 pp.202-203)。

化石化したコンピュータ・デザイン
　1970年6月, 360系列の改良型後継機がシステム/370 (System/370)

として発表された。SLT が本物の集積回路 IC に，磁気コア・メモリが半導体メモリに置き換わった。タイム・シェアリングと通信回線ベースのオンライン・コンピューティングのサポートが強化された。仮想メモリ（virtual memory）の技法も導入されたが，これは IBM の発明ではなく，10年近く前に，英国のマンチェスター大学が先鞭をつけたものだった（Campbell-Kelly & Aspray, 1996, p. 148 邦訳 p. 148）。

こうしてシステム/360-370系列の寿命を延ばしている間に，IBM の研究開発の主な経営資源は，挑戦的な Future シリーズ（FS）に集中させた。計画では1970年代後半に市場に投入するはずだった（Campbell-Kelly & Aspray, 1996, p. 148 邦訳 p. 148）。ところが，新しいアーキテクチャで使えるように，システム/360-370で使ってきたソフトウェアを書き直すことは，作業量的に無理だった（Campbell-Kelly & Aspray, 1996, pp. 149-150 邦訳 p. 150）。IBM は1960年代の10年間，ソフトウェアによる閉じ込め「ソフトウェア・ロックイン」（"software lock-in"）によって，顧客が他社に移ることを阻止して成長を助けられてきた。しかし，今度は IBM 自身も閉じ込められてしまったのである（Campbell-Kelly & Aspray, 1996, p. 150 邦訳 p. 150）。

ついに，1975年2月，IBM は FS 計画を中止した。かくして1970年代中頃までに，メインフレームは完全に成熟した。現在，世界のメインフレームのデザインはすべてその頃のままである（Campbell-Kelly & Aspray, 1996, p. 150 邦訳 p. 150）。半導体部品がどんどん進歩を続けているというのに，それらは「化石化したコンピュータ・デザイン」（fossilized computer design）を作るのに使われている（Campbell-Kelly & Aspray, 1996, p. 150 邦訳 p. 150）。

メインフレームは，成熟化してコモディティになった。他方，IBM

のシステム・インテグレーションの専門技術は，急速にソフトウェアに取って代わられるようになった。ユーザーが IBM を必要とする度合いはどんどん減少し，ユーザーがより安い競争会社に散っていくことは避けられなかった (Campbell-Kelly & Aspray, 1996, p. 153 邦訳 pp. 153-154)。

メインフレームの市場も成熟してしまった。世界中で使用されているコンピュータの台数が10万台を初めて超えたのは1973年だったが，その5年後の1978年になっても，増えた台数は，わずか7000台に過ぎなかった (Campbell-Kelly & Aspray, 1996, p. 153 邦訳 p. 153)。市場も技術も成熟したのだ……といえば，まだきこえがいい。しかし，現実に起こったことは，新たな殻であるシステム/360-370のソフトウェアにひきつるようにしがみつくことでソフトウェア・ロックインが起こり，コンピュータ・デザインが化石化してしまったのである。化石化したコンピュータ・デザインとともに，IBM は「じり貧」に陥っていく。

ENIAC 特許の独占と無効評決

世界中で使用されているコンピュータの台数が10万台を初めて超えた1973年，ENIAC 特許を無効とする判決が下った。

ISD とハネウェル社の交渉は，1967年6月26日に決裂し，両社は裁判で少しでも有利になるように，ハネウェル社はミネアポリスの裁判所に反トラスト法（独占禁止法）違反と特許は不正に取得されたものだと訴え，ISD は15分遅れてコロンビア特別区の裁判所に特許権侵害で，それぞれ提訴に駆け込んだ。数カ月間後，結局ミネアポリスの裁判所が裁判を行うことになった (Shurkin, 1984, pp. 283-284 邦訳 p. 305 ; Burks & Burks, 1988, p. 197 邦訳 p. 285 ; Mollenhoff, 1988, p. 109

第7章　化石化するコンピュータ・デザイン　169

邦訳 p. 118)。

　こうして始まった裁判は，1973年10月19日に，主宰するラーソン (Earl R. Larson；1911-2001) 判事から319ページの文書で評決が下された。ラーソンは，スペリー・ランド社の反トラスト法違反は認めなかったが，ENIAC 特許は無効 (invalid) と宣告した (Stern, 1981, p. 4)。ラーソンが文書の中で，無効の理由としてあげたものは，出願時期が遅かったことだけではなかった。エッカートとモークリーが ENIAC の発明者であり，ENIAC 特許の請求項はアタナソフの研究に基づいていないと述べる一方で，エッカートとモークリーは，自動デジタル電子計算機 (automatic electronic digital computer) を最初に発明したのではなく，その代わりアタナソフからその主題を得た (derived the subject matter) ので，ENIAC 特許は無効であるとしたのである (Stern, 1981, p. 4)。いかにも奇妙な理屈である。

　日本のように特許庁が特許の無効審判をするのではなく，米国では普通の裁判所の判事が特許の無効を判断する。普通の裁判所の判事が，専門的・技術的判断ができるのかどうかは疑問に思えるし，実際，ラーソン評決は混乱しているという指摘もある (Stern, 1981, p. 4；Shurkin, 1984, p. 288 脚注4　邦訳 p. 386 脚注77)。しかし，このことで，1941年にモークリーがアタナソフを訪問し，ABC について詳しく学んだという事実は，ENIAC 特許裁判では重要な意味をもつことになってしまったのであった。そして，忘れられていたアタナソフと ABC はその後一躍有名となる (星野，1995，ch. 8；McCartney, 1999, p. 202 邦訳 p. 218；能澤，2003，pp. 203-204)。

　一貫してエッカートとモークリーに同情的な姿勢を貫いているマッカートニーだが，「裁判官の判断は正しかったのか」("Did the judge do the right thing?") という節で冷静な分析をしている (McCartney, 1999, pp. 198-202 邦訳 pp. 214-217)。

　判決が出た1973年当時，IBM は誰かれかまわず踏みつぶす巨大な象のような存在だった。ISD が特許使用料の請求をした GE, バローズ社, RCA, NCR, CDC, フィルコフォード社, ハネウェル社の7社のうち，フィルコフォード社の代わりにスペリー・ランド社を入れた7社を称して，ジャーナリストは「IBM と7人の小人たち」(IBM and the seven dwarves) と呼ぶようになるが，1950年代の終わりには，メインフレーム・コンピュータ産業のプレイヤーはこれらの会社に絞られていた (Campbell-Kelly & Aspray, 1996, p. 129 邦訳 p. 130)。

　コンピュータ業界1位の IBM と業界2位のスペリー・ランド社は，1956年に秘密に結んだクロス・ライセンス契約によって，ENIAC 特許を2社で独占的に使用していた。業界の95％を占める2社が，ハネウェル社，CDC をはじめとする他の会社を高額な特許使用料で締め出そうとしていたのである。それ故，「248ページ」(原文ママ) からなる決定の中で，ラーソン判事は，2社の「クロス・ライセンスと技術情報交換契約は合理性なき取引規制であり，IBM とスペリー・ランド社が EDP 業界における立場の強化または独占を狙ったもの」であり，スペリー・ランド社は「IBM と共謀して，ハネウェル社が IBM またはスペリー・ランド社の特許ライセンスとノウハウを利用できないような契約を結んだ」と記して，これを問題視したのである。しかし，訴訟の直接的な当事者ではないスペリー・ランド社と IBM を裁くことはできない。そこで，このまま放置すれば1981年まで有効であり続ける ENIAC 特許を無効にすることで，コンピュータ産業の自由化を図った。それがラーソン判事の真意，決定の主旨だとするのである。

第7章 化石化するコンピュータ・デザイン

　マッカートニーは，以前にも同じようなことがあったとして，第2章で取り上げたフォードが訴えた自動車のセルデン特許の例を挙げている。このときは，特許は有効としたものの，詭弁ともとれる，対象を2サイクル・エンジンの自動車に限定したことで，米国内で，実質的に自由に自動車を作れるようにした。それまでセルデン特許のせいで低調だったといわれる米国の自動車産業は，フォード社の躍進もあって活気づく。

　そして，実は，第2章の最後で触れた，レミントン社（その末裔がスペリー・ランド社）のタイプライターの事例でも，新興のアンダーウッド・タイプライターを特許権侵害で訴えた側が，実は90%のシェアを握っていた5社による特許権の占有をしていたために，そのことが明るみに出ると反トラスト法違反に問われる可能性があることから証言を拒否した（安岡・安岡, 2008, pp. 126-128)[70]。まさに歴史は繰り返す。ENIAC 特許の有効性だけが問題であるならば，スペリー・ランド社は上告したかもしれない。しかし，スペリー・ランド社側が真に恐れていたことは，特許権侵害ではなかったのである。だからこそ，上告しなかった。その後，スペリー・ランド社は，スペリー社と名前を変え，さらに1986年にバローズ社に吸収合併されて，ユニシス（Unisys）社となった。

　もし ENIAC 特許が無効にならなければ，その殻にしがみついたスペリー・ランド社と IBM のせいで，今度はコンピュータ産業全体が，化石化したメインフレーム・コンピュータと命運を共にして，「じり貧」を迎えていたかもしれないのである。

第8章

化石化以外の道
―― 予言者・古き理想の復活 ――

　本書の第1章冒頭で引用した『プロテスタンティズムの倫理と資本主義の精神』の引用箇所の後で，ウェーバーは，その顚末について次のように述べている（第1章を踏まえて，「鉄の檻」は「殻」に読み替えてほしい）。

　営利のもっとも自由な地域であるアメリカ合衆国では，営利活動は宗教的・倫理的な意味を取り去られていて，今では純粋な競争の感情に結びつく傾向があり，その結果，スポーツの性格をおびることさえ稀ではない。将来この鉄の檻の中に住むものは誰なのか，そして，この巨大な発展が終わるとき，まったく新しい預言者たちが現われるのか，あるいはかつての思想や理想の力強い復活が起こるのか，それとも――そのどちらでもなくて――一種の異常な尊大さで粉飾された機械的化石と化することになるのか，まだ誰にも分からない。それはそれとして，こうした文化発展の最後に現われる「末人たち」»letzte Menschen« にとっては，次の言葉が真理となるのではなかろうか。「精神のない専門人，心情のない享楽人。この無のもの Nichts は，人間性のかつて達したことのない段階にまですでに登りつめた，と自惚れるだろう」と――（Weber, 1920, p. 204 邦訳 p. 366，ただし Nichts は「無のも

の」に「ニヒツ」とルビがふってある)。

 米国流の経済学や一部の経営戦略論が,ゲーム論を基礎とした純粋な競争モデルとして研究されるのは,殻の自然な成り行きなのかもしれない。最後の文章は,マネー・ゲームに興じた挙句,経済犯罪で摘発された日米の「経済人」たちが,逮捕される直前まで,これが資本主義だ,自分たちこそが資本主義のプロなのだとテレビ・カメラに向かって尊大に主張していた姿とだぶって見える。

 そして,印象的な「機械的化石化」の文言。殻の裏側で,ひきつるようにしがみついているうちに,硬直化も極まり,「化石化」してしまったというわけだ。これは,前章の最後に出てきた化石化現象,すなわち,新たな殻であるシステム/360-370のソフトウェアにひきつるようにしがみつくことでソフトウェア・ロックインが起こり,コンピュータ・デザインが化石化してしまったというコンピュータの歴史とだぶって見える。

 この訳文では引用文章中の「それはそれとして,こうした文化発展」の「こうした」が,その直前に提示されている三つの可能性——①新しい預言者の出現,②古い思想や理想の復活,③機械的化石化——のうちのどれを受けているのかが曖昧である。しかし,1938年の梶山訳では「もし最後の場合であるなら,かうした文化的発展」(梶山訳,ウェーバー,1920/1938, p.245)とはっきり③を示して訳されていた。つまり,③機械的化石化の場合に「いずれにせよ」ニーチェ (Friedrich Wilhelm Nietzsche;1844-1900) の『ツァラトゥストラ』に出てくる「末人たち」つまり最後の人々が現れるのである(たとえば,梶山訳・安藤編 (1994), p.357;山之内 (1997), p.37, 折原 (2003), p.21)。

であれば，残る①②の場合は，どんな顛末が待っているのだろうか？　私なりに，①予言者の出現，②古い思想や理想の復活について，経営学的な事例を挙げ，その顛末を示すことで，殻の議論を締めくくりたい。ここで挙げるのは，どちらも殻にしがみついて工程イノベーションに突っ走ったおかげで出現したと思われていた経験曲線にまつわる事例である。

1　スケール観をもった予言者

結果的な累積生産量では説明できない

　私は会計検査院の特別研究官を兼任していた時期がある。当時，その一環として，1999年に会計検査院内のセミナーで，第3章に出てきたような経験曲線，正確には学習曲線の話をさせてもらった。

　経験曲線と学習曲線は，形は似ているのだが，実は，似て非なるものである。経験曲線では，第3章の図1（p. 54）のように，便宜上，縦軸に価格をとるが，論理的に考えれば，本来は価格ではなく，単位当たりの生産コストあるいは単位当たりの直接労働時間をとらなくてはいけない。その単位当たりの生産コストあるいは単位当たりの直接労働時間が，累積生産量が増えるにしたがって，ある減少率で減少していく様子を曲線で表したものが，学習曲線（learning curve）なのである。経済学系・工学系の文献では，回帰分析を使って関数を推定する研究が多いので，学習曲線の代わりに進歩関数（progress function）という用語も広く用いられてきた。いずれにせよ，学習曲線ないしは進歩関数に関しては，既に戦前から豊富な基礎研究が存在していた。ところが，残念ながら，そうした知見を無視する形で，1970年代に経

営戦略論の分野で，成立するはずもない産業レベルでの経験曲線まで，経験則として主張され始め，劣化，退化が始まる。しかし，学習曲線ないしは進歩関数に関する戦前からの豊富な基礎研究は，既に，生産現場で実際の生産活動，製造の経験を通して行われる工程イノベーションによって学習曲線が生まれるメカニズムを解き明かしていたことを忘れてはいけない（高橋，2001；2006, ch. 2）。

とまあ，そんなお話をさせてもらい，セミナーはそれなりに関心をもってもらえたようだった。もともと学習曲線の研究は戦前の米国の航空機製造の分析から始まり，第二次世界大戦のときの米軍の軍用機製造のデータを元にしていた有名な研究（Alchian, 1963）があったとセミナーでは強調していたせいもあり，ほどなく防衛関係の工場の視察に行かせてもらえることになった。ところが……。ワクワクしながら訪れた工場で，私は意外な光景を目にすることになる。工場は薄暗く，ごく一部を除いて，工場内には人がいなかった。がらんとしていて，ほぼ開店休業の状態だったのである。訊けば，生産ラインが動いているのは1年の半分程度らしい。もちろん，そこは量産品の工場である。しかし，フル操業しているのは開発直後の大量発注時だけで，その後は，補充用の生産を細々と続けるのが防衛関係の調達品の常だという。こうした製品は防衛庁（当時）以外には売れないし，武器輸出も禁止されているから仕方がないという。

気を取り直して，工場の現場の人に学習曲線の話をしてみたが，案の定，笑われてしまった。それはそうだろう。むしろ年間生産量が半減した後は（累積生産量自体は順調に増えているはずなのに）生産コストが上昇してしまうし，品質を維持するために，工具の熟練を維持することこそ至難の技といったところらしい。いやはや，必要な何かが決

定的に欠けているのだ。累積生産量だけでは単位当たり生産コストを説明できない。

学習曲線の原点

そもそも学習曲線で示されるような学習効果が最初に発見，報告されたのは，1925年に米国のライトパターソン空軍基地で作成された報告書だったといわれている。1936年になって，飛行機を作っているカーティス・ライト（Curtiss-Wright）社の主任技師兼部長のライト（Theodore Paul Wright；1895-1970）が書いた論文（Wright, 1936）が公刊されたが，これが学習曲線の最初の論文となった。ライトは1922年から飛行機の累積生産機数にともなうコストの変化を調べて，累積生産機数と労働コストを両対数グラフにプロットすると，ほぼ直線になることを見出したのであった。

そこで，原点に帰って，ライトの技術者らしい現場感覚に溢れた分析を取り上げておこう。ここに学習曲線の秘密が隠されている。ライトはコスト全体が低下する要因として，飛行機の製造方法の変化を挙げていた。これには3段階の発展があるという。

(1) 棒と針金製造法：初期の頃は，木の梁と支柱を金属製の継ぎ手で取り付け、針金で束ねる製造法がとられていた。この方法はプロトタイプを速くかつ安く製造するには優れていた。しかし，もともと安上がりな方法にもかかわらず，この方法では，あれほどの急速なコスト低減が維持できたかどうかは疑わしい。

(2) 鋼溶接製造法：次に①の方法に代わって，胴体部分を中心に鋼鉄製の管類を溶接する製造法が普及したが，まだ布がカバーに使

われ、木製の梁の使用も規則だった。時間節約の点で溶接作業の進歩には限界があったが、この製造法がとられたことで、ジグ（使用工作機械の刃物に加工物を正しく当てるために用いる道具）のような道具と設備の使用が可能になり、そのことでかなり安く作れるようになった。

(3) モノコック（monocoque）製造法：薄板を成形して、リベットでつなぎ合せる製造法。この方法は特殊な工具や設備を必要とするために、プロトタイプや少量生産では50％から100％も高くつくが、大量生産ではコストが大幅に低減する。この製造法での原材料費は旧来に比べてわずかに高いが、労賃は大幅に低下したのである。

飛行機の生産では、労働はその大部分が部品の接合に関係しているという。大量生産が始まっても、(2)での溶接は特に経済的な方法ではなかった。(3)でのリベットも当時はまだコスト的に高かったが、機械器具を設備して量産態勢をとるのに向いており、大量生産のための自動リベット打ち機の開発がうまくいけば、生産コスト的には大きな効果が見込まれた。もちろん、航空機にモノコック製造法を用いることは、構造的にも重量的にも空気力学的にも効率的なのだが、大量生産をすると決めたのであれば、コスト的な観点からもモノコック製造法を採用すべきだったというのである。

つまり、生産量が増えることを期待して生産技術を変えること、すなわち機械器具を設備して量産態勢をとること、あるいは大量生産に合った製品デザインを採用することが、コスト低減の大前提だとライトは指摘していたのである。プロトタイプにはプロトタイプの製作の

仕方があり、10台作るのなら10台作る作り方がある。100台には100台なりの、そして1万台生産するのであれば1万台を効率的に生産する量産方法と製品デザインがある。ものづくりの現場には、前提となるスケール観があってしかるべきなのだ。

いかに現場の奮闘努力があったとしても、結果的に累積1万台を作りました……では、学習曲線は実現しないのである。最初から、いつまでに月産1000台作る量産態勢を整えるという見通しがあればこそ、それなりのやり方を現場は考えるのであり、その結果として、累積1万台のときまでにはコスト・ダウンが実現されている——という性格のものなのである。

実際、集積回路でも、大量に生産することが最初からわかっていれば、開発期間が長くかかってもフルカスタム製品にして、より高性能（より高い集積度）、低価格にするのが向いている。事実、ファミコンなどのゲーム機用の CPU チップは、最初から大量に発注することで、急激なコスト・ダウンが可能になり、そうやって劇的にコスト・パフォーマスを向上させることに成功してきた。しかし、もし少量生産品だとわかっている場合や開発期間の制約が厳しい製品の場合には、たとえ性能や生産コストを犠牲にしても、開発期間が短くてすむ別の新しいアーキテクチャを選んだ方が良いはずで、そのことを示すデータもある (von Hippel, 1998, p. 635, Table 1)。つまり、最初からどのくらいの量を作るのかに関するスケール観が生産コストを決める重要な要因になっているのだ。

予言者としてのフォード

そうした意味で、T型フォードが20年間もコスト・ダウンし続ける

ことを支えたのは，経営者フォードの桁違いのスケール観だった。それはT型フォードを売り出す前からそうだったらしい。フォード社の1日の生産台数が100台に達したとき，フォード社のある株主は，会社を潰さないようにフォードを何とか止めようと警告してきたという。それに対して，フォードは，1日100台では少なすぎる。ほどなく1日1000台となることを希望していると返したという（Ford, 1922, p. 65 邦訳 p. 94）。

しかも，一般的には，まずコストを計算してから，それに基づいて価格を決める……と思われがちであるが，フォードはそうは考えなかった。コストに基づいて価格を決めていたら，その価格では売れないこともあるだろう。それにコストは固定的なものではない。そこでフォードは，「まず，販売が増えるまで値引きする。そして，それを価格にしようとする。コストにはかまわず。その新しい価格がコスト・ダウンを余儀なくするのである」（Ford, 1922, p. 146 邦訳 p. 184 の該当部分は文章が抜けていたりして訳文が異なる）と，現代の原価企画的な考え方を記している。

フォード社では，1906年発売のN型のとき，その年の初頭のニューヨークの自動車ショーで，完成が間に合わずに，エンジンを搭載しないまま，N型に500ドルの正札をつけて発表したという。しかし，その価格の安さは，たちまち話題となり，これが，低価格車にはものすごい需要があるはずだというフォードの頑固な理論（stubbornly held theory）を裏付けたといわれる。そして，N型は，発表してしまってから，その金額以下に製造コストを下げるために，車体メーカーと交渉を始めたという（Sorensen, 1956, pp. 80-83 邦訳 pp. 106-109）。マーケティングで有名なレビット（Theodore Levitt; 1925-2006）は，T

型フォードの大量生産は，低価格の原因ではなく結果であり，実は，「1台500ドルなら何百万台も車が売れると結論したので，組立ラインを発明したのだ」(Levitt, 1960, p. 51) と指摘しているが，おそらく，このN型のときのことを指していると思われる。大量に作ったから価格が下がったのではないのである。

　技術的選択の前提としてのスケール観。ここに学習曲線の秘密がある。つまり，日々の現場の努力でコストが数パーセント下がる……のではなく，最初から経営者が30％とか50％とかコストを下げるための量産態勢作りを指示し，製品デザインもそれに合わせて作り直す必要がある。ここまでくると，A-Uモデルの製品イノベーション／工程イノベーションの区別は，もはや論理的には無意味となる。重要なのは，生産コストや労働時間の減少に関係するイノベーションであり，それには「製造しやすいように製品デザインを変える」というイノベーション（定義上は「製品イノベーション」になる）も当然含まれる。実際，T型フォードでは，そうした製品デザインの変更が何度となく行なわれていたといわれる。今日では，製造しやすいように設計して，生産性や品質を向上させようとする取組「デザイン・フォー・マニュファクチュアリング」(design-for-manufacturing) が唱えられており，1980年代に自動車産業をはじめとする製造業で日本企業が高い国際競争力をもつにいたった一つの要因であるともいわれている。いずれにせよ，スケール観をもった予言者の存在が，学習曲線実現の前提だったのである。

2 古くても復活すべき思想・理想

天職義務というエートス

ウェーバーは，経営者や労働者が「資本主義の精神」を身につけたのは，長い年月の教育の結果だとしている。たとえば，熟練労働だとか，高価な破損しやすい機械の取り扱いだとか，高度に鋭敏な注意力や創意を必要とするような製品の製造が問題となる場合を考えてみるといい。

> こうした場合には端的に高度の責任感が必要であるばかりか，少なくとも勤務時間の間は，どうすればできるだけ楽に，できるだけ働かないで，しかもふだんと同じ賃銀がとれるか，などということを絶えず考えたりするのではなくて，あたかも労働が絶対的な自己目的——»Beruf«「天職」——であるかのように励むという心情が一般に必要となるからだ。しかし，こうした心情は，決して人間が生まれつきもっているものではない。また，高賃銀や低賃銀という操作で直接作り出すことができるものでもなくて，むしろ，長年月の教育の結果としてはじめて生まれてくるものなのだ (Weber, 1920, p. 46 邦訳 p. 67)。

つまり，どうしたらサボれるか？　とか，どうしたら一生懸命に働かなくても給料だけ上げられるか？　とか，そんなことばかり考えながら仕事をしていては，とても熟練などおぼつかないし，いつまでたっても高度な仕事などできるようにならない。熟練して高度な仕事

ができるようになりたければ，仕事は何か他のもの（たとえば金銭）の手段ではダメなのであり，仕事自体が自己目的化し，天職であるかのように励む精神が必要になる……とウェーバーはいっているのである。そう，必要なのは「精神」なのだ。

　第1章でも述べたように，こういうエートスが天職義務あるいは世俗内的禁欲であり，これが「資本主義の精神」を形成する不可欠な核となったという。このような行動様式を身につけた労働者が大量に存在して，はじめて資本主義的な産業経営の一般的成立が可能になった。こうして，禁欲的プロテスタント（ピューリタン）たちが営利を敵視していたヨーロッパで，資本主義の精神は生まれた。ピューリタニズムのもっていた反営利的な倫理的諸信念の中から，近代資本主義の成長を内面から力強く押し進める「資本主義の精神」，とくに世俗内的禁欲のエートスが，貪欲などとはまったくレベルの異なるエートスが生まれ育っていった。しかし，こうして資本主義の社会的機構ができてしまうと，信仰のような内面的な力はもはや必要なくなり，いまやその「資本主義の精神」自体さえもしだいに忘れ去られていき，精神を失った天職義務の行動様式──「殻」──だけが亡霊のように残存するというのである。

　最後の方は「エートス」の連発であるが，ウェーバーの用語法では，「エートス」(Ethos) はしばしば「エーティク」(Ethik；規範としての倫理）とも言い換えられているという。それはエートスの意味内容がエーティクという語の中に一面として含まれているからで，エートスは単なる規範としての倫理ではなく，そうしたものが歴史の流れの中でいつしか人間の血となり肉となってしまった，いわば社会の倫理的雰囲気とでもいうべきものだとされている（Weber, 1920, 大塚訳「訳

者解説」pp. 387-388)。

 そうなのだ。こうしたエートスこそが,巨大な企業の進歩を支えているのである。藤本 (2002) は,トヨタが長期間にわたって強い企業であり続けた理由として,もの造り能力,改善能力そして進化能力を挙げ,進化能力こそが「トヨタの競争力の一番根っこにあるコアコンピタンス」とした上で,それは「心構え」と言い換えてもいいといって,こう説明している。

> 何が起こるか全然分からない状況のなかで,何かよく分からないものが目の前にいっぱい降ってくるわけです。そうすると,降ってきたものを見たときに,「これは競争力に使えるだろうか?」とか,「これはお客さんのためになるのだろうか?」ということを,何万人の従業員がみんな考えているとしたら,これは本当に単純な心構えなのだけれども,ひょっとしたら,そういうことの積み重ねが20年30年するうちに,追いつけないような企業の差になって表れるんじゃないかという気がするわけです。(藤本, 2002, p. 442)

精神が生み出す学習曲線

 日々一生懸命働く人々や組織は,藤本が言うように,そうやって降ってくるものを手掛かりにしながら,進歩を繰り返し,発展してきたのだろう。それをセンスメーキングということもある。ワイク (Karl E. Weick ; 1936-) は,センスメーキングとは,たとえていえば「種子」(seed) のようなものだと説明している。その中に成長した木や草を縮小したようなものが入っているわけではなく,時とともに

環境と相互作用しながら展開して形成していくものである。気づき（noticing）というプロセスによって、センスメーキングのための目に見える手掛り（cue）が抽出あるいは生み出される（Weick, 1995, pp. 51-52 邦訳 pp. 69-71）。

T型フォードのケースでは、フォード社は、アイデアを思いついた作業者は、どんなアイデアでも伝え、実行に移せるような非公式の提案制度（informal suggestion system）をもっていたとされ（Ford, 1922, p. 100 邦訳 p. 113 ただし意訳しすぎていて不正確）、その改善の実例もいくつも挙げられている（Ford, 1922, chs. 5-6）。

もし読者の中に、非公式な提案制度であれば無意味である、と思う人がいるとすると、それは浅慮である。ドイツの国民車フォルクスワーゲンを設計し、その量産を始めるにあたって、ポルシェ親子は1937年に米国を視察旅行し、米国の自動車産業で働いている有能なドイツ系移民と会って引き抜きをしていた。そのうちの一人は、誘いをきっぱり断り、「私がこの申し出（offer）に気乗りしないのは、物の考え方（mentality）の違いにあるんですよ。たとえば、ヨーロッパでは、もし私が改善のために8つの提案をし、そのうち2つが却下されたならば、私はクビですよ。アメリカでは、これと同じ状況でも、誉められたうえにボーナスまでもらうのです！」と答え、大いに考えさせられたと息子のフェリー・ポルシェ（Ferry Porsche ; 1909-1998）は自伝に記している（Porsche, 1989, p. 70 邦訳 pp. 63-64 より原典に忠実に訳し直している）。

工程イノベーションは、研究室で行われるものではなく、生産現場で、実際の生産活動、製造の経験を通して行われる行動による学習（learning by doing）なのである。実は、第3章の図1で挙げたT型

フォードの経験曲線は、本来は、そうしたメカニズムで出現したのである。

たとえば、工場で、さまざまな工夫を重ねて、作業時間の短縮、生産コストの削減をしている様子を想像してみよう。まず、色々な技術的代替案が発見され、試され、その中から、より低い生産コストをもたらすものだけが選ばれて残っていくはずである。それ故、

> 製品の製造プロセスが多数の工程または作業に分割されていて、そのそれぞれで、より低コストで済む技術的代替案が探索されている時には、対数線形型の学習曲線を描いて生産コストが逓減する。

このことは、数学的にも証明されている (Muth, 1986；高橋, 2001)。先ほどの藤本の表現を借りれば、目の前にいっぱい降ってくる技術的代替案を一つひとつ手にしながら、「これでもっとコスト・ダウンできるだろうか？」と何万人もの従業員がみんなで考えているときに、対数線形型の学習曲線は出現するのである。

この様子は、コンピュータ・シミュレーションによっても簡単に再現できて、わかりやすい。いま製品の製造プロセスを初期コストで100等分するような100の作業に分割したと仮定しよう。各作業では独立に改善作業が行われる。このとき、ある一つの作業を抜き出して、その進歩関数を見てみると、図2のような階段状のものになる。しかし、100の作業を組み合わせた製造プロセス全体で見ると、図3のように変化はより滑らかになり、学習曲線は直線に近づくようになる (高橋, 2001)。

第8章 化石化以外の道　187

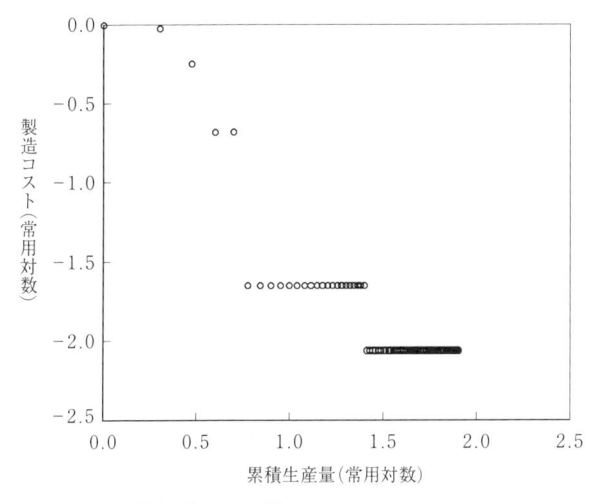

図2 個々の工程でのシミュレーション

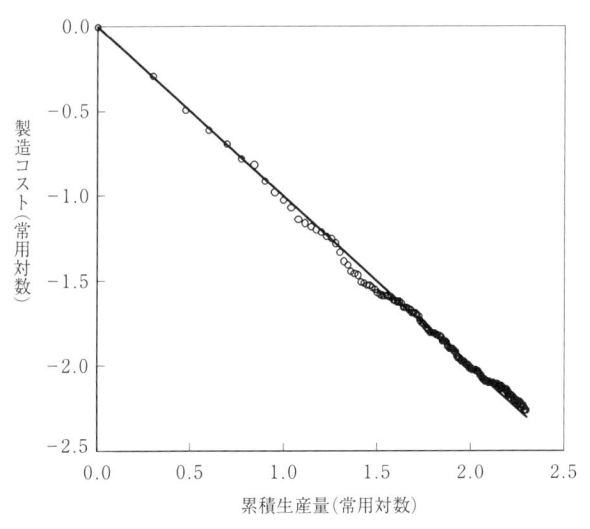

図3 工程数100の製造プロセス全体でのシミュレーション

精神を失えば止まる進歩

　実は、学習曲線に関する既存研究の中には、生産が追加されても、ついには改善がまったく見られなくなる現象が時々みられる。高原状態（plateauing）あるいは高原効果と呼ばれる現象である。バーロフ（Nicholas Baloff）は、高原状態を詳しく研究したが（Baloff, 1966；1971）、実は、わざわざ学習曲線に則った国防契約手続（defence-contracting procedures）の心配のない民需の産業の中から製品、企業を選んで、高原状態を観察していた。その理由は、学習曲線は航空機産業から生まれたが、他の産業でも国防契約手続が浸透している場合には、学習曲線に則った契約が行われている可能性があるからだという。そのため、学習曲線に基づく予測が自己成就予言（self-fulfilling prophecies）となって、生産コストは両対数グラフで直線的に下がっていくというのである（Baloff, 1971）。ここにも「予言」が登場するが、ただし、それをバーロフは、結果が人為的に操作されていると考えていたのである。本当にそうなのだろうか？

　それに対して、石油精製や電力、鉄鋼の各産業の学習曲線を調べたハーシュマン（Winfred B. Hirschmann）は、人為的な数字の操作ではなく、心理的な側面を強調していた（Hirschmann, 1964）。すなわち、進歩は可能だと信じることで可能になる、というのである。たとえば、確かに軍用機の製造では、高原状態が出現することはなかったが（Alchian, 1963）、航空機産業におけるコスト・プラス型の下請け契約の場合には、学習曲線を説明して結果の出し方を示せば、学習曲線は進歩に終わりのないことを期待させる効果があり、契約者が当初期待していた学習曲線に沿ってコストが下がるというのだ。ところが、仮にコスト・ダウンの目標を立てたとしても、前もって決めた目標を

いったん達成してしまうと、もう経営側は新たな目標を設定しなくなり、進歩も足踏みをする。それをハーシュマンは天井心理（ceiling psychology）と呼んだ（Hirschmann, 1964）。そしてハーシュマンは、改善の継続は、進歩が可能であるという信念から始まる影響の連鎖であり、それ故、学習曲線を経営の基本的なツールであるとまで主張したのである。学習曲線というツールを使えば、まだまだ進歩が可能であると従業員みんなに信じさせることができるというわけである。

進歩を求める飽くなき精神

実際、たとえ【特化状態】であっても、学習曲線は、飽きることのない、そして終わりのない工程イノベーション、さらには製品イノベーションがあってこそはじめて出現するものなのである。高原状態を研究することでバーロフが明らかにしたことは、実は、学習曲線を使って、みんなに進歩が可能であるということを信じさせなければ、やがて進歩は止まるということだったのであろう。進歩を求める飽くことなき精神がなければ、進歩は止まる。

それは、通常の意味での経済合理性の範疇を飛び出してしまうほどの「飽くなき精神」なのである。ここに一つ面白いコンピュータ・シミュレーションの例がある。高橋他（2006）は、企業の研究開発プロセスに関する調査研究から着想して、いわゆるマルチエージェント・シミュレーション（multi-agent simulation）と呼ばれる部類のモデルを構築、分析してみた。マルチエージェント・シミュレーションとは、複数の「エージェント」が、それぞれのルールに基づいてコンピュータ上の空間で行動するシミュレーション・モデルで、各エージェントのルール自体は簡単なものでも、多数のエージェントが互いに影響を

与え合いながら行動すれば、個別エージェントの行動を積み上げた全体では、予測もできなかったような複雑な動きをするようになる。そこで、より多くの「アイデア」とコミュニケートできるようなポジションを求めて移動するエージェントをモデル化した組織間競争モデル「コミュニケーション競争モデル」を構築して分析してみたところ、面白いことがわかったのである。

このモデルでは、二つのモデルが比較された。一つは「合理モデル」と呼んでいるもので、現在のポジションにとどまっていた方が、移動するよりもパフォーマンスが高い場合、エージェントはそこにとどまるというものである。その状態は、ゲーム理論でいうところの自己拘束的（self-enforcing）な状態であり、「均衡」し、動きが止まって固まってしまう。それとは対照的なのが、もう一つの「徘徊モデル」である。徘徊モデルでは、同じ条件でも、エージェントは、あえて現在のポジションを捨てて徘徊することを選ぶ。

シミュレーションのプロセスをグラフィカルな画面で視覚的に確認できるのがマルチエージェント型のシミュレータの特長であるが、「均衡」を拒絶し、現在のポジションにとどまっていた方が高パフォーマンスの場合でも、あえて現在のポジションを捨てて、他へと移動してしまう徘徊モデルでは、エージェントの塊はまるでアメーバのように触手を伸ばしながら、いつまでも動き回る。まるで生きているかのようだ。それに対して、合理モデルの均衡とロックインが支配する世界は、動きが止まった死の世界、まるで化石の世界に見える。そして意外かもしれないが、実は徘徊モデルの方が、圧倒的に高いパフォーマンスを実現するのである。なぜなら、合理モデルでは、たとえそこが局所最適であっても、そこに安住してしまうので、すぐに

「じり貧」に陥り，化石化してしまうからだ。考えてみれば，当たり前のことなのである。

「天は自ら助くる者を助く」

ただし，俳徊モデルなどと半分ジョーク気味に呼んでいるが，実際にそのように行動することは大変なことである。学習曲線の話に戻せば，横軸の累積生産台数が対数目盛になっているからといって，「工程イノベーションがだんだん緩慢になる」と理解することは正しくない。工程イノベーション自体はコンスタントであり，技術的代替案の母集団からの独立な無作為抽出つまり無作為探索によって，コンスタントに技術的代替案が発見されている。ところが，どんどん低コストになって，ハードルが高くなっていくので，その高いハードルを越えるような，より低コストで済む技術的代替案が発見される確率が低下していくだけなのである。それゆえ，その高いハードルを乗り越えることは，より強い信念，精神を必要とする。「改善の継続」などと軽々しく口にはするが，それは，飽きることのない，そして終わりのないコンスタントな「改善の継続」を意味しているのであり，どんどん発見確率が低下していく中では，進歩が可能であるという信念なくしては，とても継続しえないような「偉業」に近づいていくのである。

生産現場で日々一生懸命働く人々は，そうやって降ってくるものを手掛かりにしながら，進歩を繰り返し，発展してきた。どんなに低い確率であっても，どんなに低い頻度であっても，そのことにめげたり，あきらめたりしない人々がいる限りは「じり貧」にはならず，改善は継続し，進歩を実現してきたのである。学習曲線の数学的モデルは，まさにそのような状態をモデル化したものであるし，T型フォードの

生産システムが生成されていった歴史的な過程も然り,コンピュータの記憶装置として水銀遅延線をはじめとしたさまざまな装置が転用,開発されていった歴史的過程も然りである。

しかし,化石化に陥ることなく,それを継続することは,次第に,それ自体が「偉業」と呼べるような所業となっていくことも事実である。ここにウェーバーよりもさらに前,今から150年以上も前の「古い思想や理想」がある。1858年に出版されたスマイルズ(Samuel Smiles；1812-1904)の『自助論』(Self-Help)である。スマイルズが亡くなったのは,ウェーバーの原論文「プロテスタンティズムの倫理と資本主義の『精神』」が最初に出版された1904年であった。『自助論』は,日本では1871年(明治4年)に『西国立志編』(中村正直訳)として出版され,明治の青年たちに広く読まれた。当時の日本で100万部も売れたという(竹内, 2002, 訳者解説, p. 292)。実は,『自助論』が説く偉人たちの生活は,降ってくるものを手掛かりに日々一生懸命働いて進歩する姿そのものなのである。そうした「精神」こそが,確率や運までも味方につけてしまう。それこそが本当の意味での強さなのである。『自助論』冒頭の次の有名な一文(Smiles, 2002, p. 17)は,まさにそのことを簡潔に表現している。

「天は自ら助くる者を助く」。
(Heaven helps those who help themselves.)

終 章
背負うべきは殻ではなく自分の選択[72]

　T型フォードの時代のフォード社の偉業は，当初は，スケール観をもった「予言者」フォードと，生産現場での飽くことなき改善（工程イノベーション）によって成し遂げられたものだった。しかし，そのうち，フォードがT型フォードにしがみつくようになると，しがみつかれることでT型フォードは殻と化し，やがてT型フォードが錦の御旗としての効力を失うにつれて，フォード社は「じり貧」に陥っていった。第1章でも述べたように，A面を「これこそ自分たちのコアだ！」とひきつるように護符のごとくしがみつく行為自体が，硬直性そのものなのであり，それが殻を生み出す。IBMシステム/360の場合には，さらに進んでコンピュータ・デザインそのものが化石化してしまった。

　人が護符のごとくしがみつくからこそ，それは殻になったのであり，だからこそ，ドミナント・デザインは，事後的にしか識別できない。なぜなら，ドミナント・デザイン等にともなう現象の多くは，A面の錦の御旗の裏のB面で，それに護符のごとくしがみつくことによって生じるのであり，その現象によって，われわれは殻の存在に気づくからである。

　確かに，殻にしがみついた方が，楽なのかもしれない。T型フォードも，ENIACも，IBMシステム/360も，それに護符のごとくしがみつけば，しばらくは成功が約束されていた。では，殻にしがみつい

て「じり貧」に陥った会社はどうすればいいのか？「本業がじり貧」ならば，新規事業開発，多角化，……と続くのが，これまでの経営学，経営戦略論の常識なのだが，殻の概念からは，そんな陳腐な結論は出てこない。

　正攻法は，前章でも述べたように，予言者や古き理想の復活を目指すことだろう。そして，直接的な方法は，実は，会社や組織の殻を破ることではなく，個人個人を殻から引っ張り出す，引き剝がすことである。自然に任せていては，殻なんか破れない。

自分らしくないから

　殻は，会社全体だけではなく，ウェーバーが指摘していたように，個人個人にも存在している。いわゆる「殻に閉じこもる」というときの「殻」である。

　英語でも「殻」(shell) を使って，withdraw into one's shell（自分の殻に閉じこもる），go back into one's shell（自分の殻に引っこむ）という言い方をする。ちなみに逆は，come out of one's shell（自分の殻から出る）になる［新編英和活用大辞典（研究社）］。環境や周囲が大きく変わろうとするとき，人は殻に閉じこもろうとする。それを「抵抗」「拒絶」というと，一方的すぎるというので，「自己概念」(self-concept) とか「自己アイデンティティ」(self-identity) とかを持ち出して説く学者も多くいる (Weick, 1995, ch. 2)。すなわち，人は，自己概念や自己アイデンティティを脅かす変化に対してはネガティブな反応を示すのだ……と。

　そういえば，若者も，いい歳をしたおじさんも，よくこんな言い方をして拒絶することがある。

終 章　背負うべきは殻ではなく自分の選択　195

「これって自分らしくないから」

　ただし，この言い方にどれほど説得力があるのかは，はなはだ疑問である。実際，そんなことをいって彼氏がまた仕事を辞めた時，

　「『自分らしく』って，一体アンタにどんなご立派な自分があんの？」

って逆に聞きたくなったと怒っていた女性がいたが，まことにごもっとも。本当に自分をもっている人は，多分，何をやっても自分らしく生きていける。それが本来の「自己概念」「自己アイデンティティ」のあるべき意味だろう。

　しかし，若者であれば，まだ。

　「ばか野郎。なに偉そうなことぬかしてやがるんだ」

と親身になって叱ってくれる頑固親父も出てきそうだが，いい歳をしたおじさんたち相手だと，結構面倒くさい。ここでは，そんな面倒くさいお話を一つ。

自己概念を脅かすものは拒絶される……で終わっていいのか？

　たとえば，自動車ディーラーの調査をした博士論文（小菅，2011）の中には，面白いエピソードがたくさん詰まっている。

　「結果がすべて」という自動車ディーラーの世界で，個人業績を挙げてきた中堅の営業マンたちに対して，経営者が「これからはプロセスを重視する」などと発言すれば，

　「考えてみな。営業の会社で何がプロセスだと思わない？　無理なんだよ。売ってなんぼ。(中略)だからどんなにいいやり方をしていたとしても，数字が上がらなければやっていないのと一緒なんだよ。上からしてみれば。」

という反応が返ってくる。そして，

　「日々，例えば今日売上がいくら上がらないといけないとか，短期的な目標を考えたときに，これだと何もできない。」

と，プロセスそっちのけで，せっせと短期的な数字をあげることにまい進する。

　いわゆる「営業体質」というやつなのだろうが，普段はノルマがきついとブーブー文句を言いながら，胃がきりきりするような思いをしている営業マンに限って，プロセス重視などといわれると，今度は手のひらを返したように「（短期的な）数字さえ上げていれば，文句は言われないだろう」と，かえって強く殻にしがみついてしまうのである。

　こんな調子なので，その会社でも，プロセス重視を宣言した経営者が，色々な仕組みの導入を図ったものの，そんな雰囲気の現場の営業スタッフたちからは，いたく評判が悪かった。

　拒絶されてしまったそんな仕組みの一つに，車検時の「フォローカード」があった。これは考え方としては立派で，「モレなく質良くタイミング良く」顧客に連絡を行うために用いられるもので，もともと自動車メーカー側が考案して，ディーラーに押し付けてきた（と営業スタッフたちは感じていた）ものだった。まず，パソコンに入った顧客データをもとに，フォローカードとDM（葉書）が一体となって出力・印刷される。このうちDMは，車検を受けることが可能になる48日前に郵送する。このDMが顧客のところに届いた頃のタイミングの45日前と，さらに30日前，20日前と最大3回，顧客に電話等で接触を試み，結果をフォローカードに記入して，店長に提出し，店長はそれに対してコメントを記入して営業スタッフに返すという使い方をする。このカードを「誘致進行ポスト」と呼ばれる棚に並べた「フォ

ローボックス」という箱に入れることで、プロセス全体を可視化するというなかなかの優れ物なのである。

ここで「誘致」という言葉を使っているのは、もし車検をオートバックスやイエローハットなどにもっていかれずに、買ったその店で車検を受けてくれることになったら、その会社のウリの「45分車検」で店まで来てもらい、待っている間にショールームも見せられるし、新車への買い替え、新しいサービス・商品だって勧められるからである。

ところが、現場の反応は散々であった。これでは仕事が増えるだけだと、DMが郵便に投函されなかったり、フォローカードが営業スタッフの机の上に放置されていたり、あるいはまったくフォローカードを使わなかったり、しまいには、誘致進行ポスト自体が部屋の隅に追いやられたり……。ほとんどの店でこんなありさまだったという。

以上のような小菅（2011）の事例を学問的（？）に解釈すると、営業スタッフの「自己概念」「自己アイデンティティ」を脅かすような「フォローカード」は、結局、営業スタッフからは受け入れられなかったわけで、「自己概念」「自己アイデンティティ」に合った経営施策を行うべきである……ということにでもなるのだろう。しかし、本当にそれでいいのだろうか？

統計分析なら無視されるたった5％の成功例

先ほどの営業スタッフの最後の一言「上からしてみれば」が暗示しているように、仮に店長が、営業スタッフの活動内容を把握するような手間のかかることはせずに手抜きして（つまりプロセスを軽視して）、受注件数や売上高だけを見ていて、ノルマを達成できていない営業ス

タッフを叱咤激励（?）するだけだったら……。下は下で，その月の月次ノルマさえ達成してしまえば，営業スタッフは翌月のノルマ達成のために，その月に本来営業をかけるべき顧客を温存しておこうとするにちがいない。そんなことはどこの会社でも見られる現象なのだが，それではまさしく「じり貧」なのである。実際，この会社の場合も，「温存」などといえば聞こえはいいが，たとえば車検や法定点検の関係で，本来連絡をしなくてはいけないような顧客にまで連絡をしないで，翌月回しにするものだから，車検切れを起こしてしまった客まで出てくる始末だったらしい。

ところで，小菅（2011）によれば，「フォローカード」は「ほとんどの店」では拒絶されたが，「すべての店」で拒絶されたわけではなかった。実は，三つの店の店長だけは違っていたのである。この3店長は，この「フォローカード」を営業スタッフたちとのコミュニケーション・ツールとして前向きに使い始めたのだった。もちろん店長がフォローカード1枚1枚にコメントを書くには手間もかかる。しかし，スタッフのレベルを上げることが店長たる自分の責任だと自覚し，外回りでなかなか話もできていない営業スタッフたちと自分との間では良いコミュニケーション・ツールになると考え，フォローカードにコメントを書くことでアドバイスをしたり，指示をしたり，励ましたりしたのである。

ただし，これをデータ分析よろしく学問的に解釈すると，導入に成功したのが，たった3店舗では，全店舗数のわずか5％程度なので（店舗の統廃合などもあって，全体の店舗数が変動しているので，5％程度という表現にとどめておく），統計学的には（?）誤差の範囲内として無視して，「営業スタッフの自己概念を脅かすような経営施策は，結局受け入れられなかった」と結論してしまいそうになる。

ところが，小菅（2011）によれば，現実は意外な展開をすることになる。3店舗では，こうした店長の率先した行動のおかげで，フォローカードを使い回すことで，一人の客にもみんなで接触をもち，みんなで色々な工夫を試すことが，だんだんとみんなの体に馴染んでくることになる。そして，こうしたフォローカードを使った成功体験がスタッフの間で積み重ねられることで，それまでは一匹狼でやってきた個人主義的な営業マンの集まりにすぎなかった店が，一つの組織として機能してくるようになったのである。それが徐々に店全体の数字の向上につながっていった。こうしてこの3店は営業数字的にも上位店の常連となった。それまで最下位を争っていた店まで含めてである。経営陣の評価でもトップ3を占めることになる。

　合理的に考えてみれば，営業スタッフが縄張り争いをしながら，一人ひとりばらばらに，勝手に（気まぐれに……とまでは言わないが）営業しているより，チームで一丸となってシステマチックに営業している方が，強いに決まっているではないか。お客さんだって，その方が気持ちいいし，安心する。たとえば，たまたま営業スタッフが外回りをしているときに，その人の担当顧客が来店すると，

　「担当の〇〇はいませんので対応できません」

　（＝「そんなことを私が勝手にしたら，後で〇〇さんに怒られてしまいます」）
では商機を失ってしまう。そうではなくて，

　「〇〇はおりませんが，私が承ります」
とその場にいるスタッフが対応してくれなくては，担当の顧客すら失うのだ。つまり，「〇〇の客」ではなく，「店の客」「会社の客」としてとらえ，担当はゆるやかに決めておいて，柔軟に対応すべきなのである。

こうして，たった5％の成功店の店長たちは，やがて本社の部長兼務に取り立てられて，他の店舗の指導まで任せられるようになった。めでたし，めでたし——でも，それってビジネスの世界では当然でしょう。現実のビジネスの世界は厳しいので，「95％の店は失敗したので」私の店も失敗しましたなんて，何の言い訳にもならないのである。この場合，95％の事実をもっともらしく分析・解説したものなんて，どんなに学問的でも，所詮95％の敗者を弔う「お経」程度の意味しかない。目の前に成功の見本があるのにもったいない。たとえ統計学的には無視しうるような，どんなに少数派の例外であっても，確かに成功した例が目の前にあるのだから，その成功例を模倣するなんて，最初の5％の店長たちの苦労を思えば，簡単なことである。フォロワー（追随者）たちはどれだけ楽なことか。

競争的同型化だけではなく，制度的同型化も

　さて，こうして，わずか5％とはいえ生き残った成功店のやり方が，他店にも普及して，会社の中で，店舗間の同型化が進むのには，経営者の果たしている役割が欠かせないことがわかる。学者が好きな，たんなる（自然）淘汰とは別の力が働いているともいえる。そのことは，社会学では，昔から論じられてきた。

　たとえば，組織論の多くの研究では，多様な組織が存在していることが研究の出発点，前提となってきたが，実際には，意外なほど組織は同質的である。どうして同じような組織になるのかと訊かれれば，多くの人は，何の抵抗もなく自然淘汰を連想するのだが，それは本当なのだろうか？

　そこで，第1章にも登場した，米国の社会学者，ディマージオ

(Paul J. DiMaggio) =パウエル (Walter W. Powell) の論文「鉄の檻再訪 ("The iron cage revisited")」(DiMaggio & Powell, 1983) の再登場となる。彼らは，「なぜ組織の形態や行動はこれほど同質的なのか？」という問いを掲げ，同型化について論じたのである。二人の主張を，高橋 (2010) を元にして解説しておこう。

まず，ディマージオ=パウエルは，組織の同質化が起こる領域として「組織フィールド」(organizational field) を考えた。ここで組織フィールドとは，あらゆる行為者間の相互作用を通じて構造化される「全体として制度的営み (institutional life) の認識された一領域を構成するような諸組織」と定義されている。たとえば，類似のサービスや生産物を供給する諸組織，サプライヤー，生産物の消費者，規制当局，認定団体などあらゆる利害関係者が含まれるフィールドである。そして，同じ組織フィールド内で組織が同質化することを「同型化 (isomorphism)」と呼んだのである。

ここで，「環境」と一括りにせずに，「組織フィールド」と呼ぶのは，この概念を使うことで，組織フィールド内で直接結合している者たちのみならず，代替可能な位置を占める構造的に同値な者たちも識別することができるからである。直接結合とか構造同値とかは社会ネットワーク分析で使われる概念なので，ここではこれ以上立ち入らないが，要するに，同じ組織フィールド内では，組織は互いに関係性があるので，その組織間の関係性に同質化の原因を求めようとしたのである。別の言い方をすれば，生物学で，種の進化を議論する際の「種」の概念に類似した役割を果たすものとして「組織フィールド」を考えたのである。

こうして考えられたのが，同型化のメカニズムとしての同型的組織

表2 同型的組織変化のメカニズム

		メカニズム＝同型的組織変化の源泉
競争的同型化		環境の淘汰圧力のようなメカニズム。
制度的同型化	強制的同型化	依存している組織からの圧力，社会の中での文化的期待，たとえば，法的な規制。
	模倣的同型化	組織はより正統的あるいは，より成功していると認識している類似の組織を後追いしてモデル化する。不確実性は模倣を助長する。
	規範的同型化	主に職業的専門化に起因するもので，①大学の専門家による公式の教育と正統化，②職業的ネットワークの成長と洗練が重要。人員の選別も重要なメカニズム。

(出所) 高橋 (2010) 表4, p.128。

変化の源泉 (source of isomorphic organizational change) である。これらは表2のように整理されている。ここで注目すべきは，同型化が大きく次の二つのカテゴリーに大別されているということである。

① 環境との機能的適合に対応した「競争的同型化」(competitive isomorphism)
② 文化・社会的適合に対応した「制度的同型化」(institutional isomorphism)

自然淘汰ではなく人為選択をこそ選ぶべき

この二つのカテゴリーの違いは重要である。実は，多くの人が暗黙のうちに前提としているのは，①の競争的同型化なのである。これは，簡単に言ってしまえば，生存競争をして適者生存で生き残ったものは似てくるということである。もう少し格好をつけていうと，環境の淘汰圧力によって進む同型化のことである。生物学同様に，社会学でも，組織の個体群生態学では，生存競争により，環境に適合した組織形態

終 章　背負うべきは殻ではなく自分の選択　203

をもつ個体（＝組織のこと）が生き残り，それ以外の個体は淘汰されると考えられている。このようなメカニズムで淘汰されると，環境の機能的特性に適合した結果として，結局，似通った組織形態をもつ個体の割合が増えていく。このタイプの同型化が，競争的同型化である。したがって，競争的同型化が進んだ場合，暗黙のうちに，優れていたから生き残ったのだとみなすことが多いのである。

　しかし，本当に自然淘汰で生き残ったものは，優れていたものなのだろうか？　実は，競争的同型化では，優れた形質で同型化が進まないこともある。ここがツボなのである。さきほどの自動車ディーラーの「フォローカード」が拒絶された事例などは，まさにその典型であろう。しかし，あきらめるのはまだ早い。その事例の顛末のように，実は同型化メカニズムには，①のような自然淘汰（natural selection）だけではなく，②のような人為選択（artificial selection）もあるのだ。

　たとえば，われわれが食べているバナナの実には種がない。当たり前すぎて，疑問に思わないかもしれないが，よく考えてみると，種がないのに，どうしてバナナは，こんなに増えたのであろうか？　大昔は，野生のバナナには種があり，今でも，フィリピンやマレーシアあたりでは野生の「種ありバナナ」が残っているらしい。もし自然淘汰であれば，種のないバナナなど，すぐに絶えるか，あるいは局所的かつ偶発的にしか存在しないはずである。そもそも，種のないバナナなど増えようがないわけだから，種のあるバナナの方が生き残り，繁殖して広がっていくのが当然であろう。ところが，現実にはそうならなかった。なぜなら，大昔に突然変異でできた（三倍体）種なしバナナを，人間が，都合がいいからと，種ではなく，根の脇から出てくる新芽を利用して，どんどん株分けして増やしていったからである。[74]今日，

種なしバナナが種ありバナナをほぼ駆逐してしまったのは、人為選択なのである。

　自然淘汰に任せていたら、今日われわれはおいしいバナナを食べられなかった。同じことは、組織の中でも起こる。企業や組織においても重要なのは、「育種家」の存在なのである。競争的同型化が自然淘汰的現象であったとしても、制度的同型化の方は、種なしバナナの例がそうであったように、人為淘汰あるいは人為選択である。さらに生物の品種改良では、育種家が人為選択を行い、目的にかなった型の個体を何代も選抜・育成して交配し、その形質を一定の方向に変化させる。先ほどの自動車ディーラーの事例では、このまさに育種家の役割を経営者が果たしていた。たまたま経営者の目的にかなった成功例・様式が見つかったときには、経営者は、たとえ統計的には無視されてもしょうがないような稀な成功例・様式であったとしても、それを選んで残し、他へと普及させることに努めるべきなのである。

　そして、組織の中で何年も過ごしてきた人であれば、すぐにお気づきのように、育種家として機能するのは経営者だけとは限らない。そもそも趣味のサークルに入るにも、会社に入社するにも、最初に多くの関係者が携わって選別が行われているではないか。そして、組織に入った後でも、あなた自身、そうやって上司や先輩に育てられてきたし、部下や後輩を育てている。神の見えざる手ではなく、育種家としての自分の手が、小さくても新しい成功を育て広めて殻を打ち破るのである。自然に任せて放って置いたら、どんなにおいしく食べやすいバナナでも、種なしバナナは繁殖することなく立ち枯れるだけだったということを忘れてはいけない。もちろん、「じり貧」だって進化の一形態なのだということもお忘れなく。仮に組織に、ダイナミック・

ケイパビリティ (dynamic capability) のような進化能力が備わっていたとしても (Teece, Pisano, & Shuen, 1997 ; Eisenhardt & Martin, 2000 ; Zollo & Winter, 2002), 自然淘汰では, 組織内に優れた形質は広がらず, 殻は破られない。殻を破るのは人間なのである。

あなたは, それでも自然に任せて自然淘汰の「進化」に身を委ねますか？ それとも, 自らの責任において育種家として生きますか？

エピローグ

　私は東京と仙台に自宅があり，単身赴任生活が長い。
　2011年3月11日（金），「平成23年東北地方太平洋沖地震」いわゆる東日本大震災が起きた。そのとき私は，東京大学本郷キャンパスの経済学研究科棟12階にある自分の研究室にいた。幸い私の研究室は耐震書庫に入れ替えていたので被害はゼロだったが，震度5弱で5分以上も揺れ，しかもいわゆる長周期地震動というやつで，周りの研究室では，壁にネジで固定されていたはずの書棚が，ネジを引きちぎって倒壊し，死傷者が出なかったのが不思議なくらいの惨状になった。
　5分以上も揺れていたその最中にインターネットで地震情報を確認すると，宮城県で震度7と出てきて驚いた。自宅のある仙台も震度6弱。そして1時間ほどすると，携帯電話のワンセグ・テレビで，あの津波のシーンが放送され始めた。正直，あの仙台平野を，あんな内陸まで何キロも津波が押し寄せ，水没するなどという光景を想像すらしたことがなかった。呆気にとられていると，不意に携帯メールが着信した。「無事に仕事先にいる」。妻からの呑気なメールが1時間遅れで着信したのだった。だが，その仕事先は，「津波が押し寄せています」と今まさにテレビ中継している場所の目と鼻の先にあった。

　私の東北大学赴任を機に，私たちが仙台に住み始めたのは1987年のことだった。私も妻も故郷が北海道なので，帰省のたびに仙台空港を利用していたが，当時，仙台空港までは一般道（国道4号線バイパス）

を使って自家用車かバスで行くしかなかった。その頃，その一般道に並行するように，まるで河川の堤防か何かのように，南北に延々と続く「土手」があった。新参者には不思議な光景でしかなかったのだが，それが1994年に高速道路「仙台東部道路」となって開通したときには，あきれて笑ってしまった。なぜなら，既に宅地開発や工業団地開発が進みつつある場所に，東北新幹線のような高架ならまだしも，あんなに高く盛り土をしてしまったら，せっかくの平地をわざわざ東西に分断してしまって不便だろうにと。なんと愚かな……とも思った。

　ところが，その仙台東部道路が，津波の行く手を遮ったのである。仙台空港を飲み込み，なおも勢いを増して内陸へと西進する津波を，この仙台東部道路が見事にはね返したのだ。上空で津波を追いかけていたヘリコプターからのテレビ中継映像が，その信じられないような光景をつぶさに映し出していた。私は，ワンセグの携帯を握りしめ，ただ立ち尽くしていた。……私の妻も助かった。

　高速道路にそのような機能をもたせようと考えていた人物がいたとすると，脱帽である。震災後になって，仙台平野であの規模の津波が450〜800年に一度襲来するという説が最近になって唱えられ始めていたと報道されたが，その学説が唱えられるよりもはるか以前から，仙台東部道路はあのような姿に設計され，建設が始まっていたのである。

　そして今回，本書の執筆の終盤も終盤，まさに時間切れを迎えようという土壇場になって，私はウェーバーに対して，同じ思いを抱くことになる。何をいまさら，しかも偉そうに……とお叱りを受けそうだが，まるで仙台東部道路が津波をはね返すがごとくであった。

　本文中でも触れたが，そもそも本書の着想のきっかけとなったのは，

折原浩先生との私信のやりとりであった。折原先生には本当に心から感謝申し上げたい。しかし，お恥ずかしい話だが，何度となくご教示を賜るたびに（優しく手加減していただいているはずなのに），その一つひとつのハードルの高さに途方に暮れた。かつて同じ職場（東大駒場）にいさせていただいた時期もあったのに，なぜあの時，多少なりともご指南を受けておかなかったのかと後悔するばかりであった。

　もともと本書は，月刊オンライン・ジャーナル『赤門マネジメント・レビュー』の2011年4月号から2012年3月号まで，7回にわたって連載した論文「殻(1)〜(7)」をまとめたものなのだが，当初からきちんと構想を固めて始めた連載ではなかった。特に，本書第2章〜第7章に当たる連載(2)〜(5)の執筆は，2011年3月11日の東日本大震災の直後から始められたもので，震災によって突如，授業も行事も用事もすべてきれいさっぱりキャンセルになったために（実際，鉛筆書きだった私の手帳の月間スケジュール欄が真っ白になった），以前から一度まとまった時間をとって調べてみたいと思っていたT型フォードとENIACに手をつけたのであった。一応，「じり貧」と「殻」を結び付けたストーリーは見えていた……はずであった。ところが連載を終えてから本にまとめる段階で，何度書き直しても納得がいかない。実は原稿のバージョンは50を軽く超えているのだが，一体どこまでいけばいいのか半ばあきらめかけていた。そんなとき，ウェーバーが残しておいてくれた「仙台東部道路」が姿を現した。

　第8章にも書いたように，ウェーバーは三つの可能性──①新しい予言者の出現，②古い思想や理想の復活，③機械的化石化──を示していた。とはいえ，「殻」概念への興味しかなかった私にとっては，③機械的化石化以外の①予言者の出現，②古い思想や理想の復活に

ついては，そもそも何を意味しているのかもピンとこなかったし，関心もなかったのである。しかし，既に述べたように万策尽きて，せめて本書のエンディング用にと，①予言者の出現，②古い思想や理想の復活について，経営学的な事例を思いつくままに書き始めて，私はようやくあることに気がついた。③よりも前（＝③に行き着く前）に，①②を書き記していたウェーバーには脱帽である。

　そう。本来，人にも組織にも殻など必要ないのだ。というより，殻など必要としない人・組織でい続けるべきなのである。若かりし頃のフォードやエッカート＝モークリーのような人間，モデル1401やシステム/360を生み出した頃のIBMのような企業，そんな人・組織でい続けるべきなのだ。

　そう思い至って，プロローグのA社〜E社のケースを読み直してみると，実はA社〜E社のケースでも，殻を必要としない選択肢が隠されているではないか。たとえば，A社のa事業部には，目先の利益を犠牲にしてでも「メーカー」として踏みとどまる選択肢があった。B社は，勢いのあった設立当初に，βグループ外の顧客を開拓する努力をしてもよかった。C社の社長は，趣味に打ち込む暇があったら，もっと向上心をもって商いに打ち込み，経験を積んでおくべきだった。D社は，たとえ当該特許でクロス・ライセンス契約を結ぼうとも，次々と新たな特許を取得する覚悟を決めて，高機能化路線を選ぶべきだった。E社には，フランチャイズのブランドを捨てて，独自ブランドに切り替えて他地域への事業展開を目指す道があった。どの会社も，殻など必要としない生き方を選択することは可能だったのだ。もちろん殻に頼らない分，さらに苦労の連続にはなっただろうが，今のようなじり貧状態に陥らずに済んだはずである。

殻になりそうなものを肩に担ぎ，それを盾にして身を守ることは，賢い生き方の一つであろう。それは従来の経営戦略論の知恵とも通じていて，一経営学者として否定するつもりはない。しかしそれでは，担いだ「殻の大きさ」に合わせて「未来の大きさ」まで委縮してしまう。それが「じり貧」の正体なのだ。もし，じり貧に陥る（③）のが嫌であれば，じり貧に陥る前に，自らが選んだ未来（①）を背負い，自助の精神をもって日々一生懸命に生きる（②）べきなのである。ニーチェの『ツァラトゥストラ』に出てくる「末人」たちのように，自ら殻を求め，化石化していくこととは決別すべきなのだ。

ふと私は，10年近く前に『文藝春秋』2004年12月号に書いた自分の文章「私の古典　ニーチェ　ツァラトゥストラ」の存在を思い出した。ここにその一部を抜粋しておこう。

　　もう四半世紀も前のことになる。私がちょうど二十歳の誕生日を迎える頃，この本を深夜，布団の中で読み耽るのが日課になっていた。誰にでも多感な時期はあるもので，当時は，これを読むと感激して，なぜか涙があふれ出てきた。今となっては，そのときの気持ちをうまく説明できないが，一冊の本とそんな巡り合いができたことは幸せだと思っている。

　　私が読んでいたのは手塚富雄訳の中公文庫版で，今でも手垢にまみれたままで私の手元にある。後になって，解説書の類も読んではみたが，永劫回帰の概念も含めてさっぱりわからなかった。頭で何かを理解して感激したわけではなさそうだ。

　　多分，単純に，この人ツァラトゥストラ（＝ニーチェ）は，なんて強い人なんだろうと感激していたような気がする。当時，私

は東大理Ⅰの受験に失敗して,物理学者を目指していたはずなのに,地元の二期校の小樽商大に通っていた。もちろん自分の選択である。親や周囲が反対する中で,浪人もせずに,自分で進路を勝手に決めてしまっていた。正直,後悔しなかったと言えば嘘になる。しかし,不思議と迷いはなかった。

そんな私は,ツァラトゥストラが「これが生だったのか。よしそれならもう一度」と口にするたびに,その強靱さに打たれていたような気がする。私が求めていたのは,人生のやり直しや軌道修正などではなく,自分の選択を背負い,そのあまりの荷の重さにたじろぎながらも,それでもなお歩み続ける本当の意味での強さだったのかもしれない。

今,私は東大で教鞭をとっている。実に不思議な縁だと思う。そして同時に,もしあのとき現役で東大に合格していたら,私のような人間は,今頃使い物にならなくなっていただろうとも思う。

背負うべきは殻ではない。自分の選択をこそ背負うべきなのである。そして,どんなに大変でも歩み続ける。なぜなら,背負っているのは自分の選択なのだから。

お互い自分の選択を背負い,この4月に結婚30周年を迎える妻敦子に感謝して,本書を締めくくりたい。

　2013年2月17日　息子伸之の結婚式の日に

高 橋 伸 夫

注

(1) この「文化の繭」は,魅力的なアイデアだと思うが,ゆでガエル現象の説明としては正しくない。ゆでガエル現象自体は,体感温度仮説で説明した方が自然であるが,その話をここで始めると話が脱線して戻れなくなってしまうので,体感温度仮説については,たとえば,高橋 (1989;1993;2003) を参照してほしい。

(2) なお,梶山訳 (1938) の「訳者序文」には,1904/1905年の論文(すなわち『社会科学・社会政策雑誌』掲載の論文を意味する)の邦訳であると記されているが,「凡例」では,1920年に出版された『宗教社会学論文集』第1巻に収録されたものが底本と明記されている。このことは,梶山訳 (1938) を安藤が編集して出版した梶山訳・安藤編 (1994) を読む際には注意がいる。なぜなら,安藤は編集した際,梶山訳 (1938) の「凡例」を割愛してしまったからである(梶山訳・安藤編, 1994, p. 7)。既に触れたように,梶山訳・安藤編 (1994) は,1920年の本と1904/1905年の原論文を対比して読めるように編集している労作であるが,それ故に,梶山訳 (1938) の「凡例」が割愛され,「訳者序文」のみ残された梶山訳・安藤編 (1994) だけを読むと,元々の梶山訳 (1938) が,1904/1905年の『社会科学・社会政策雑誌』掲載の原論文の翻訳であるように読めてしまう。しかしそうではなく,梶山訳 (1938) も,1920年に『宗教社会学論文集』第1巻として出版された Weber (1920) が底本である。

(3) 樋口 (2011) は「1877年にオットーの4サイクルのパテントが切れ」(p. 18) たとしているが「1876年に有名な4サイクル・ガス・エンジンが完成し」(p. 387) とも書いていて,記述に矛盾がある。

(4) この試作車に関して,フォードは後になって,自伝で,自分が米国で一番早くガソリン自動車を走らせたと主張したことがある (Sorensen, 1956, 福島訳角川文庫版プロローグ p. 12)。米国で最初のガソリン自動車は,デュリア兄弟 (Charles Edgar Duryea & James Frank Duryea;1861-1938 1869-1967) が1893年に製作したものとされているが,フォードは自伝で,1892年に自分で初めてのガソリン・エンジンのバギー型の自動車 (gasoline buggy) を製作して,1893年春にはなんとか路上でうまく走ることができる

ようになったと書いたのだ。そしてフォードは自分で運転して1895〜96年の1年間で約1000マイル乗り回していたとまで書いた (Ford, 1922, pp. 30-33 邦訳 pp. 53-56)。しかし今日では，フォードの最初のガソリン自動車が走ったのは実際には1896年とされている (Ford, 1922, 邦訳 p. 42 の訳者注；樋口, 2011, p. 396)。"Charles E. Duryea and J. Frank Duryea," In *Encyclopædia Britannica*. Retrieved 2011 from http://www.britannica.com/EBchecked/topic/1345837/Charles-E-Duryea-and-J-Frank-Duryea また，1893年のシカゴ博覧会には，ダイムラーが全鋼製四輪車を出品して評判になり，ピアノで有名な Steinway & Sons の息子 (son) の方であるスタンウェイ (William (Wilhelm) Steinway；1835-1896) のすすめでダイムラーが渡米し，各地で展示説明会を行なって，米国でのガソリン自動車販売が始まった (樋口, 2011, p. 366；p. 395) という説もあるが，ダイムラーとマイバッハは資本家と対立して，1893年3月〜1895年11月の間はダイムラー社を離れていた (高島, 1979, pp. 18-19) という説もあり，よくわからない。ただし，スタンウェイは1888年にダイムラーのエンジンを米国に紹介しており，これはドイツでダイムラー社が1890年11月28日に設立されるよりも前とされる (高島, 1979, p. 18)。

(5) Ford (1922) の p. 34 に対応するはずの邦訳 p. 58 では，ここで引用した電気自動車に関して記述した文章が抜けている。

(6) キャデラック社が GM 傘下に入ったのは，Chandler (1962, p. 119 邦訳 p. 128) によれば1909年〜1910年前半とされる。樋口 (2011, p. 389) では1911年とされているが，これはおそらく間違い。

(7) 樋口 (2011, p. 396) は，フォード社設立を1901年とするが，これは前述のヘンリー・フォード自動車会社の設立年で，フォード自動車会社の設立は1903年である。

(8) T型と過去の8モデルの関係に関する記述は，Ford (1922) p. 70 にあるが，対応するはずの邦訳 p. 101 では「T型は，それ以前の形式の車と基本的に変わっていない」と意訳されてしまっている。

(9) ただし，対応する邦訳 pp. 100-101 の部分は，文章が抜けていたり，主語が間違っていたりするので，それとは一致しない。なお，B型の販売がC型よりも遅いのは，最初の4気筒エンジン車だったので，宣伝の必要があり，レースで優勝してから販売されたからだとされる (Ford, 1922, pp. 57-58 邦訳 pp. 84-85)。

⑽　なお福島訳 p. 126 では「United Steel」を「US スチール」と訳しているが，US スチール（U. S. Steel）社は，1901年2月25日に，カーネギー社，フェデラル・スチール社，ナショナル・スチール社の三つの地域的結合企業を中核に10社が経営統合してできた巨大な鉄鋼総合一貫企業で，企業としても世界最大で，鉄鉱石，石炭・コークスなどの原燃料部門や鉄道，船舶の輸送・物流部門まで内製化していた。1902年には米国全体の銑鉄の44.8%，鋼塊の65.2%，圧延完成品の51.3%を生産していた（溝田，1986，pp. 131-133）。したがって，明らかに「小さな製鉄会社」ではなく，間違いだと思われる。US スチール社を構成する10の子会社（溝田，1986，pp. 134-135）の中にもユナイテッド・スチール社は存在しない。ちなみに，US スチール社は，1991年に一度 USX と名称変更したが，2001年に再び US スチールに名前を戻している。

⑾　邦訳 p. 314 の下段左から4行目～p. 315 の1行目に「1913年8月のフライホイール磁石発電機組立ラインが明白な成功を収めたこと，またエンジン及び変速機組立ラインで文句無しに生産性が上昇したことによって，ソレンセンらがシャシー組立の実験を始めることになった。」とあるが，正確には「1913年8月，フライホイール磁石発電機組立ラインが明白な成功を収めたこと，またエンジン及び変速機組立ラインで文句無しに生産性が上昇したことによって，ソレンセンらがシャシー組立の実験を始めることになった。」と訳すべきであろう。フライホイール磁石発電機組立ラインの成功が1913年8月なのではなく，ソレンセンらのシャシー組立の実験が1913年8月という意味である。実際，そうしないと，フライホイール磁石発電機組立ラインの導入は1913年4月1日だとする記述（Hounshell, 1984, p. 247 邦訳 p. 312）とも矛盾する。またシャシーの移動式組立ラインは1913年8月までは，まったく存在せず（Hounshell, 1984, p. 244 邦訳 p. 307），最初の試みは1913年8月だった（Hounshell, 1984, p. 253 邦訳 p. 318）とされている。

⑿　和田（2009, pp. 45-46）は塩見（1986, p. 212）を引用し，塩見は Nevins & Hill（1957, p. 150）を引用しているが，Nevins & Hill の該当ページにはそのような記述はない。

⒀　ここで引用した Ford（1926, p. 113）に対応する邦訳部分 p. 451 は意味不明。

⒁　これは Hounshell（1984）の記述で，Sloan（1963, p. 83 邦訳 p. 110-111）

によれば，ヌードセンは3月22日にシボレー事業部の現業担当副社長となったことになっている。
(15) 邦訳では「フォードが決定を下したのは，1927年5月25日，フォード社が公式の声明を発表する数日前のことである」(Hounshell, 1984, 邦訳 p. 352) となっていて，公式の声明は25日の数日後と読めてしまう。しかし，正確には，「フォードが決定を下したのは，フォード社が公式の声明を発表した1927年5月25日の数日前のことである」と訳すべきである。
(16) 実は，フォードはT型の生産を始めたときにも似たようなやり方をしていて，そのときは既存モデル（N型，R型，S型）の生産停止こそなかったが，1908年3月19日にT型を発表したものの，10月までは姿を現さず，生産開始は12月，出荷開始が翌1909年2月と11カ月もかかっている (Sorensen, 1956, p. 119 邦訳 p. 143)。
(17) 対応する邦訳 pp. 102-103 の部分は，意訳されすぎていて不正確。
(18) 塩見 (1978) は「1927年5月26日に1,500万台目の製造をもって栄光の生涯を終えた」(p. 186) としているが，これはやや不正確で，組立分工場と部品在庫の存在を考えれば，T型フォード自体は，ハイランド・パーク工場での1500万台目以降も，組立分工場では作られたと考えるべきである。T型フォードの記録は1500万7033台だとされている（五十嵐，1970，p. 30；『VOLKSWAGEN』2006)。
(19) ダッジ社はダッジ兄弟（John Francis Dodge & Horace Elgin Dodge；1864-1920 1868-1920) が経営する会社で，ダッジ兄弟は，1890年に自転車用ベアリングの工場をつくり，1899年にオールズモビル (Oldsmobile) 向けの遊星歯車式の変速機を作り始め，1903年にエンジンと変速機の専門工場に成長させて，1904年にはダッジ兄弟自動車会社を設立して自動車の生産に乗り出し，翌1905年には4500台も量産している。ダッジ兄弟は，1903年のフォード社設立時に出資もしていて，フォード社とは浅からぬ因縁があった。T型以前のフォード社のモデルの中で異質なK型（1906年～1908年販売）は，実は，ダッジ兄弟からの要求で作られたもので，K型の部品は，すべてダッジ兄弟の工場に発注されたといわれている（五十嵐，1970，p. 22；Sorensen, 1956, p. 77 邦訳 p. 102)。1916年11月に，フォード社の10%の株式を所有する少数株主であったダッジ兄弟は，株主への配当を犠牲にして工場の拡張に資金を回すことを禁止するように裁判を起こし，1919年2月にミシガン州最高裁判所がその主張を認め，フォード社に1900万ドルの配当金

を即金で支払うように言い渡したので,ヘンリー・フォードは,行動の自由を獲得し,少数株主からの干渉を排除するために,同1919年,少数株主のすべての株式41.5%を買い取り,1月1日に社長に就任していた息子エドセル・フォード (Edsel Ford;1893-1943) の持株とした。残り58.5%は父ヘンリー・フォードの持株である (Ford, 1922, p.52 邦訳 p.78;Sorensen, 1956, pp.160-163 邦訳 pp.188-191;pp.165-166 邦訳 pp.199-201;和田, 2009, pp.77-78)。このときの株式買い取りに資金が必要だったために,リバー・ルージュ工場では,前述のように,最初に軍用艦の建造を行ったという逸話まで残っている (和田, 2009, pp.77-79)。他方,ダッジ兄弟は翌1920年に二人とも相次いで亡くなる。ダッジ社はその後1928年にはクライスラー社の傘下に入った (樋口, 2011, p.398)。ダッジ社が「プレス・ボディの全鋼製車を世界ではじめて量産」したのは1916年だとする説がある (樋口, 2011, p.398)。他にも,ダッジ社によって,金属プレスを使って大量生産した全金属製の閉鎖型ボディが導入されたのは1923年だったという説もあるが (和田, 2009, p.75),もしそうだとすると,ダッジ兄弟はウェーバーの没年と同じ1920年に相次いで亡くなっているので,ダッジ兄弟の死後ということになる。

(20) 邦訳では「1923年に電気工学の専門学部として,ムーア・スクールを創立した」(Shurkin, 1984, p.118 邦訳 p.119) となっているが,原典では「創立した」は "organized" で,原典に忠実に訳すと「1923年に電気工学のムーア・スクールを編制した」である。実際,電気工学部は1914年に既に創立されているので,編制し直したことになる。

(21) 微分解析機は積分する機械で,ブッシュが発明したという説 (Campbell-Kelly & Aspray, 1996, p.79 邦訳 p.79) と,1876年にトムソン (James Thomson) によって発明されたという説 (Lavington, 1981;星野, 1995, pp.85-86) があり,混乱している。確かに,ブッシュの機械は微分解析機と呼ばれるようになったのではあるが,もともとこの「微分解析機」という名称は,これより前にケルビン (Lord Kelvin;1824-1907, トムソンの実弟) によって発明された機械に付けられていた名称ともいわれ (Shurkin, 1984, p.97 邦訳 p.94),同じ名称を使い回していることが混乱のもとになっていると思われる。

(22) シャーキンを引用したと思われるマッカートニーは,なぜか,博士号取得者はモークリーだけだったと書いている。

(23) Campbell-Kelly & Aspray (1996, p.84 邦訳 p.84) では「1940年6月」

とされているが，前後の記述とも矛盾しており，「1941年6月」の間違い。
(24) リチャーズはアタナソフ=ベリー・コンピュータ（Atanasoff-Berry Computer）と呼んでいたが（Richards, 1966, pp. 3-4），ENIAC以前の時代では，computerとはマシンのことではなく，「計算する人」すなわち計算機を操作して計算を行なう女性チームのことだったので，アタナソフは少なくとも最初は自分のマシンのことをコンピュータ（computer）とは呼んでいなかっただろう。アタナソフは，自分のマシンのことをアタナソフ計算機械（Atanasoff Computing Machine）と呼んでいたらしい（McCartney, 1999, p. 185 邦訳p. 201）。いずれにせよ，後のENIAC特許裁判の際に，ハネウェル社とコントロール・データ社の訴訟の初期段階で，ハネウェル社の弁護士とともに，判事の心証を良くするために，アタナソフはベリーにも敬意を払って，1967年からアタナソフ=ベリー・コンピュータ（Atanasoff-Berry Computer）と呼び始めたらしい（Mollenhoff, 1988, p. xiii 邦訳p. 5；McCartney, 1999, p. 185 邦訳p. 201）。モレンホフは「序文」（Preface）で，読者の混乱を避けるために，一貫して"Atanasoff Berry Computer"と呼ぶと書いているが（p. 5では"ABC"という言い方も登場する），邦訳では「略してABCマシンと呼ぶことにした」という一文が訳者によって付加され，訳本全体で「ABCマシン」に統一されている（Mollenhoff, 1988, p. xiii 邦訳p. 5）。しかし，ABCマシンはその訳書だけの特殊な用語であり，逆に英訳すると，"Atanasoff-Berry Computer Machine"となってしまって奇妙なので，本書では「ABC」と呼ぶことにする。
(25) 後日，ゴールドスタインが，軍との窓口（liaison）になっていたブレイナードのオフィスに乗り込んで，モークリーの覚書を見せてくれと頼んだが，ブレイナードは6カ月前に提出されたその覚書を見つけられなかった（McCartney, 1999, p. 56 邦訳p. 65）というエピソードから考えると，おそらく，ブレイナードのことだと思われる。バークスはブレイナードだとしているが，同時に，ブレイナードは何の行動も起こさず，1943年1月12日付の「ジョン，興味を持って読みました」というメモを付けて覚書が戻されたとも書いており，最初に出した覚書の話と再提出した覚書の話が錯綜している（Burks & Burks, 1988, p. 110 邦訳p. 166）。なお，本書ではムーア・スクールのresearch directorを「研究ディレクター」と訳しているが，Campbell-Kelly & Aspray（1996）の邦訳では「研究部長」，McCartney

(1999)の邦訳では「研究部長」と訳したり,「研究主任」と訳したりしている。しかし,当時,ムーア・スクールには,research director が3人いたとされ (McCartney, 1999, pp.67-68 邦訳 p.79),しかも,ムーア・スクールを代表して契約する権限をもっていたようなので,「研究ディレクター」がニュアンス的に一番近いと思われる。

(26) 経歴は Goldstine (1972) の邦訳の表紙カバーの著者紹介による。ただし,この著者紹介では,ゴールドスタインが BRL に入ったのは1941年となっているが,本文で,1942年8月7日から BRL で勤務についたと明記されているので修正している (Goldstine, 1972, p.132 邦訳 p.149)。Campbell-Kelly & Aspray (1996, p.86 邦訳 p.86) でも,ゴールドスタインが BRL に入ったのは1942年となっている。

(27) Campbell-Kelly & Aspray (1996, p.87) の原典により忠実に訳し直している。邦訳 p.86では,「モークリーは自分のノートをもとにもう一度タイプし直した」と訳されているが,原典では,タイプし直したのがモークリーだとは書いていない。実際,シャーキンによれば,モークリーは,自分の秘書に,彼女の(邦訳では「彼女の」が抜けている)ノートから覚書を作り直させたとしている (Shurkin, 1984, p.136 邦訳 p.139)。その際,モークリーの秘書のノート (shorthand notes) をもとに作り直したために,7ページあったはずが5ページに縮んでしまったといわれている (McCartney, 1999, pp.56-57 邦訳 p.65)。ただし,ゴールドスタイン自身は,自分の要求でブレイナードが用意した (prepare) と明記している (Goldstine, 1972, p.149 邦訳 p.168)。その後,モークリーの7ページの覚書は,ブレイナードの書類ばさみの間に,メモも添えられて入っているのが見つかっている (Shurkin, 1984, p.134-135 邦訳 p.137)。ペンシルベニア大学の公文書館で見つかったという説もある (McCartney, 1999, p.231 邦訳 p.247)。後に一次資料集に所収された "The high speed vacuum tube devices for calculating" は1942年8月の文書となっている (Randell, 1982, pp.355-358)。

(28) 原典に忠実に訳し直している。実は,McCartney (1999, pp.60-61 邦訳 p.70) に,これを採録したと思われる部分があるが,細部の描写が違っているので注意がいる。巻末注 (Notes) によれば,1996年9月13日にマッカートニーがゴールドスタインにインタビューして書いたものとされている (McCartney, 1999, p.231 邦訳 pp.248-249)。

⑳ バークスは，ENIAC はブッシュのアナログ微分解析機をデジタルに置き換えたものだという解説をしたが，それは間違いである。このバークスの発言に対し，スミソニアン博物館を運営するスミソニアン協会（Smithsonian Institute）が1988年にエッカートに歴史的証言を求めてインタビューした際には，明確にそれを否定し，確かに目的は微分解析機に置き換わることであったが，エンジニアリング的には PCS を手本にしたと証言したとされている（能澤，2003，pp. 181-183）。もっとも，バークスも，ENIAC に影響した技術は機械式卓上計算機と IBM パンチカード機だとも述べている（Burks，1980；星野，1995，p. 94）。

㉚ McCartney（1999，p. 65 邦訳 p. 76）によれば，1947年7月に教授会から任命された12人でスタートしている。

㉛ 原典により忠実に訳し直している。特に，邦訳では「プログラミング」「プログラム」という用語が用いられているが，原典では "setting up" "set-up" なので注意がいる。

㉜ ゴールドスタインの記録によれば，ペンシルベニア大学病院を退院後，ゴールドスタインが職場復帰したのは1944年7月24日前後，最初に仕事でフィラデルフィアへ出かけたのは8月の第一週とされている（Goldstine，1972，pp. 185-186 邦訳 p. 213）。シャーキンはゴールドスタインがフォン・ノイマンに会ったのは「1944年6月のある日」としているが（Shurkin，1984，p. 181 邦訳 p. 185），その頃，ゴールドスタインはまだ入院中であり，間違いであろう。

㉝ ゴールドスタインは，フォン・ノイマンを初めて ENIAC を見に連れて行ったのは8月7日かその前後としているが，ゴールドスタインが職場復帰したのは1944年7月24日前後，最初に仕事でフィラデルフィアへ出かけたのが8月の第一週だとすると（Goldstine，1972，pp. 185-186 邦訳 p. 213），フィラデルフィアに最初に出かけた日と，初めてフォン・ノイマンに会った日，さらには軍事機密であるために許可がいるはずの ENIAC 見学が，わずか数日の間に集中することになり，かなり不自然である。これに対し，モークリーは，Eckert（1980）の中のコメントで，フォン・ノイマンがムーア・スクールを最初に訪問した時期は，裁判文書にもなった自分の記録によれば，1944年9月7日以前ではありえないと書いている（Eckert，1980，p. 532）。シャーキンによれば，フォン・ノイマンはゴールドスタインに会ってから1日ほどしてから，ENIAC を見たいとゴールドスタインに電話

をかけてきている。モークリーたちが，ゴールドスタインからその話を聞かされたのは 8 月 1 日頃（ゴールドスタインの記述とは整合性がない），フォン・ノイマンに訪問の許可が下りたのが 9 月 7 日頃とされる（Shurkin, 1984, pp. 181-182 邦訳 pp. 185-186）。

(34) ゴールドスタインによれば，この文書は，1945年 6 月25日に，この計画に密接に関係していた24人に配布された（Goldstine, 1972, p. 196 邦訳 p. 225）。McCartney（1999, pp. 117-120 邦訳 pp. 132-134）によれば，フォン・ノイマンは，マンハッタン計画でロスアラモス科学研究所にいる間に EDVAC の設計と構造を書き出し，ゴールドスタインに送って編集とタイプを任せた。それをゴールドスタインがタイプ，謄写版印刷して，最初は英国在住も含めたフォン・ノイマンの研究仲間（academic colleagues）に24部送付した。もっとほしいという依頼が届き始めたので，すぐに数百部が出回ることになってしまったとしている。

(35) なおシャーキンによれば，ENIAC に初歩的な記憶装置（rudimentary storage capacity）を取り付けるアイデアを思いついたのはフォン・ノイマンで，ゴールドスタイン夫人（Adele Goldstine）とともに機械に指示を与えるシステムを作り，クリッピンジャーが改造したことになっている（Shurkin, 1984, p. 206 邦訳 p. 215）。

(36) 原典では "the new differential analyzers" だが，邦訳では「手持ちの微分解析機」と訳されている（Shurkin, 1984, p. 144 邦訳 p. 149）。

(37) もっとも，重さだけでいえば，機械式の1935年のブッシュの微分解析機の方が重くて，100トンもあったといわれる（Shurkin, 1984, p. 99 邦訳 p. 96）。

(38) その他に約1500個のリレー，7 万個の抵抗，1 万個のコンデンサ，6000個のスイッチ（Shurkin, 1984, p. 166 邦訳 p. 167）。

(39) ロスアラモス問題が，水爆の爆縮時の平面波の計算問題だったことは，星野がメトロポリスに直接確認している（星野，1995, p. 93）。

(40) 完成式の日付については，Campbell-Kelly & Aspray（1996, p. 97 邦訳 p. 97）では，1946年 2 月16日となっていて，McCartoney（1999, p. 104 邦訳 p. 118）では，1946年 2 月14日になっている。

(41) McCartoney（1999, p. 107 邦訳 p. 120）では，完成式の「数カ月後」になっているが，間違いである。実際，後述するムーア・スクール・レクチャーに遅れて参加したウィルクスは，8 月中旬以降にムーア・スクール

内でモークリーの案内で ENIAC を見学している (Wilkes, 1985, pp. 119-120 邦訳 pp. 154-155)。引退後の ENIAC は，大小四つの部分に分解されて，一番大きい部分はスミソニアン博物館に，小さい部分の一つはウェストポイントの陸軍士官学校に，アキュムレータ 2 台，高速乗算機の 3 分の 1，マスター・プログラマーの半分はバークスのいたミシガン大学に，アキュムレータ 2 台，関数表装置 1 台，主要配電盤数枚がペンシルベニア大学などに収められ，展示されている (Goldstine, 1972, p. 235 邦訳 p. 267；Shurkin, 1984, p. 207 邦訳 pp. 216-217；星野, 1995, p. 83)。

(42) シャーキンによれば，このとき 1947 年 7 月 29 日に，既に ENIAC は不完全ながらもプログラム内蔵式のコンピュータとして動くように改良されていたとされるが (Shurkin, 1984, p. 207 邦訳 p. 216)，ゴールドスタインによれば，改良されたのは 1948 年 9 月 16 日である (Goldstine, 1972, p. 266 訳者脚注*)。

(43) この部分を引用したと思われる McCartney (1999) の記述は，ENIAC 特許に関しては，エッカートとモークリーが出願できることになっていたという結論自体には影響しないが，微妙に異なっているので注意がいる。McCartney (1999) によれば，ENIAC に関する軍の契約書では，契約者であるペンシルベニア大学に発明に関する特許出願権が与えられていた。ただし，政府には，特許権使用料を払わずにコンピュータを製造，使用，売却する権利がある (McCartney, 1999, p. 128 邦訳 p. 142)。エッカートとモークリーはムーア・スクールと取引をし，ENIAC プロジェクトから特許になりそうなものが出てきた場合には，二人が（邦訳 p. 142 では「ムーア・スクールが」になっているが，誤訳である）特許出願する権利を得る代わりに，ペンシルベニア大学他の教育機関が非営利目的でコンピュータを作り，使用する際にはライセンスを与えることになっていた (McCartney, 1999, p. 128 邦訳 p. 142)。

(44) 邦訳 p. 96 では "Dean" を学長と訳しているが，学部長の間違い。邦訳 p. 100 でも同様の間違いをしている。

(45) この部分を引用したと思われるマッカートニーの記述は不正確で，ペンダー学部長が手紙を出したように書かれている (McCartney, 1999, p. 132 邦訳 p. 145)。

(46) McCartney (1999, p. 140 邦訳 p. 154) は，フォン・ノイマンも講義を一つ行う予定だったが，やらなかったとしているが，フォン・ノイマンは講

義録に原稿がないだけで，8月13日にレクチャー40を担当して講義している。

⑷⁷ McCartney（1999, p. 140 邦訳 p. 154）は，残りの講義は客員講師や軍の関係者が行ったとしているが，実際には，ここに挙げた4人以外にも，当時の肩書きでムーア・スクールに所属する5人が講義を担当している（Campbell-Kelly & Williams, 1985, p. xv）。

⑷⁸ これについては，キャンベル・ケリーは別の文献（Campbell-Kelly & Aspray, 1996, p. 99 邦訳 p. 98）で，最初の6週間は，週に6日間，毎日午前中には3時間の講義があり，昼食後は午後いっぱいを使って演習があったとしているが，講義録（Campbell-Kelly & Williams, 1985）を見る限り，土日に（最終日とされる8月31日土曜日も含め）講義をしていた記録はなく，週5日が正しいと思われる。

⑷⁹ コムリーは「ムーア・スクールを訪問した最初の英国人の一人」だった（Campbell-Kelly & Aspray, 1996, p. 98 邦訳 p. 97）という説もあるが，既に触れたように，少なくともハートリーは1945年7月に，ムーア・スクールを訪問しているので（Goldstine, 1972, p. 219 邦訳 p. 249），間違いであろう。

⑸⁰ ウィルクスの自伝によれば，8月15日木曜日にニューヨーク港に入り，月曜日の朝一番から参加した（Wilkes, 1985, p. 119 邦訳 pp. 153-154）とされているので，19日からということになる。Campbell-Kelly & Williams（1985, p. xxiii）では，ウィルクスが8月19日に来たと書いている。それに対して，Campbell-Kelly & Aspray（1996, p. 101 邦訳 pp. 100-101）では，8月18日月曜日からとしているが，日付の数え間違いであろう。実際，18日には講義は行われていなかった（Campbell-Kelly & Williams, 1985, pp. 490-494）。

⑸¹ 講義の内容は，針金磁気録音器（magnetic wire recorder）で録音されていた。針金磁気録音器とは，磁気テープではなく釣り糸ほどの細い針金を使って録音する装置で，一部の講義は，録音機材の故障で録音できなかったが，録音された講義については速記者によって原稿に書き起こされ，講師本人に送られ，レビューを受け，講義録に収録されることになった。1947年秋に第Ⅰ巻・第Ⅱ巻，1948年6月に第Ⅲ巻・第Ⅳ巻と内容別に4巻に分けて数百ページの謄写版印刷物として印刷された（Campbell-Kelly & Williams, 1985, pp. xx-xxi）。ただし，参加者に配布された他は，数部が大学などに納められただけで，広くは配布されなかった（Campbell-Kelly &

Williams, 1985, p. xxiii)。そこで、オリジナルの講義録の各講義の前に1ページ程度のイントロダクションをヴェルツの講義ノートなども参考にして付け、さらに、当時は機密事項で、オリジナルの講義録には採録されなかった海軍研究局のクロフォード（Perry O. Crawford, Jr.）の講義（レクチャー32）なども補完して（Campbell-Kelly & Williams, 1985, p. xxii)、1985年に1冊にまとめた講義録（Campbell-Kelly & Williams, 1985）が出版されている。当初の計画になかった「ENIAC間奏曲」の部分も、録音はされていなかったが、ヴェルツの講義ノートをもとにして内容が紹介されている（Campbell-Kelly & Williams, 1985, pp. 490-494)。その講義録によると、全体が48の講義からなっていたということ自体が事実とは異なっており、実際にはレクチャー38は行われなかった（Campbell-Kelly & Williams, 1985, p. 448)。さらに、1日に三つの講義が行われていた日が2日、二つの講義を行っていた日が9日もあった。逆にレクチャー47には2日かけている。そして、当初計画された48の講義に加えて、次に述べる「ENIAC間奏曲」の分が5日分増えている。

(52) ゴールドスタインは、ハートリーが「ENIACとEDVAC計画」に夢中になったと書いているが、ウィルクスは、EDVACレポートの話は、ハートリーからは少なくとも詳細には聞いておらず、1946年5月中旬に米国から帰国したコムリーからEDVACレポートを見せられて、詳細を知っている。

(53) 「マーク1」"Mark 1"については、文献によっては"Mark I"という表記も見られる。しかし、マンチェスター大学のホーム・ページによれば、"Mark 1"とされているので、本書では「マーク1」とした。http://www.cs.manchester.ac.uk/aboutus/history/

(54) 邦訳（1964)「まえがき」3ページ目。翻訳の「まえがき」にはページ数が打たれていない。なお翻訳（1964）には、翻訳者3名を含む日本人研究者6名による座談会の記録が「フォン・ノイマンの遺稿をめぐる討論」(pp. 71-124）として収録されている。

(55) ただし、講師陣リスト（Campbell-Kelly & Williams, 1985, pp. xvi-xvii）では、Roger Curtisとなっていて、ファースト・ネームが間違っている。

(56) 実際には、標準局が間接費として15％をとったために、30万ドルが25万5000ドルになったという（Shurkin, 1984, p. 222 邦訳 p. 233)。なお、契約額は27万ドルだったとする説もある（McCartney, 1999, p. 155 邦訳 p. 169)。

⑸⑺　UNIVAC という名称を思いついたのはエッカートで，モークリーが国勢調査局に営業に行く前だったという説もある（Shurkin, 1984, p. 221 邦訳 pp. 231-232）。

⑸⑻　実際の製作費は27万8000ドル（Shurkin, 1984, p. 231 邦訳 p. 243），約28万ドル（McCartney, 1999, p. 155 邦訳 p. 169）かかったとされる。

⑸⑼　日付は McCartney（1999, p. 154 邦訳 p. 167）。当時の従業員数は36名。その中には，後に高級言語である COBOL を開発することになる女性で有名なプログラマー，ホッパー（Grace Murray Hopper；1906-1992）もハーバード大学のエイケンのところを去って参加し，UNIVAC の命令コード（instruction code）の開発に当っている（McCartney, 1999, p. 152 邦訳 pp. 165-166）。

⑹⑽　Shurkin（1984, pp. 231-232 邦訳 p. 244）は，EMCC を Eckert-Mauchly Computing Corporation としているが，間違いである。

⑹⑴　50万ドルのうちの5万ドルは，契約締結時に既に前渡し金として支払ってあったものがあてられた（Shurkin, 1984, p. 236 邦訳 p. 249）。マッカートニーは，「48万8000ドル プラス6万2000ドルの融資」（McCartney, 1999, p. 162 邦訳 p. 175）としているが，これは，50万ドルに前渡し金5万ドルを加えた55万ドルの資金のうち，6万2000ドルが融資分だったと解釈しているものと思われる。

⑹⑵　会いに行った時期は，Campbell-Kelly & Aspray（1996, p. 118 邦訳 p. 118）では1950年の初め，McCartney（1999, p. 165 邦訳 p. 179）では1949年の終わりとされている。

⑹⑶　ただし，文献によって詳細が異なる。シャーキンによれば，1950年2月1日，レミントン・ランド社はアメリカン・トータリゼーター社から同社が保有する EMCC の株式を43万8000ドルで買い取ることで合意した。エッカートとモークリーは特許権を7万ドルで譲渡し，向こう8年間，年収1万8000ドルの給料を保証されたが，これは3000ドル昇給したことになる。他の従業員たちも昇給した。EMCC の株式をもっていた従業員たちは，株式の代金3万ドルを分配した。またレミントン・ランド社は EMCC に対して，むこう8年間は特許権使用料から得る純益の59％を支払い，最低限年間5000ドルを保証することで合意した（Shurkin, 1984, p. 246 邦訳 p. 261）。キャンベルケリー=アスプレイによれば，レミントン・ランド社はアメリカン・トータリゼーター社に投資分全額43万8000ドルを返し，さらにエッカートと

モークリーと従業員が所有している株式を10万ドルで買い取り、エッカートとモークリーを年収1万8000ドルで雇用することで合意した（Campbell-Kelly & Aspray, 1996, p. 119 邦訳 p. 119）。マッカートニーによれば、1950年2月15日、レミントン・ランド社は、アメリカン・トータリゼーター社に43万8000ドルを返し、EMCCの残り60％の株式も10万ドルで買い取り、さらにエッカートとモークリーは、8年間同事業部の利益が出ればその5％、契約期間中の特許収入の半分を受け取り、それぞれ年収1万8000ドルを保証して雇用することで合意した（McCartney, 1999, p. 166 邦訳 p. 180）。

(64) 原典でも邦訳でも1946年とあるが、「ENIACチームが解散して1年後」とあるので（Shurkin, 1984, p. 218 邦訳 p. 229）、1947年の間違いであろう。

(65) シャーキンの邦訳では、「数種のパンチカード機器についてはその特許権を放棄する」ことに同意したとなっているが、原典では"divest"すなわち事業分割したとなっている（Shurkin, 1984, p. 282 邦訳 p. 303）。

(66) シャーキン、バークス、マッカートニーでは条件内容が異なるが、ここは一番自然なシャーキンによる。バークスは、IBMは1,000万ドルを支払い、さらに特許が成立したときは110万ドル支払うという条件（Burks & Burks, 1988, p. 197 邦訳 p. 284）、マッカートニーは、特許が成立したら、IBMが8年間で1000万ドル支払い、さらに頭金として110万ドル支払うという条件（McCartney, 1999, p. 177 邦訳 p. 193）と、それぞれ異なるを記述している。

(67) 邦訳では「2万5,000ドル」になっているが"$250 million"なので2億5000万ドルの間違い（Burks & Burks, 1988, p. 197 邦訳 p. 285）。

(68) Larson, E. R. "Findings of fact, conclusions of law, and order for judgement," File No. 4-67, Civ. 138, *Honeywell Inc. v. Sperry Rand Corporation and Illinois Scientific Development, Inc.*, U. S. District Court, District of Minnesota, Fourth Division (19 October 1973).

(69) 実際には、判決は無視されていた。そこで、アタナソフとその夫人は、巻き返しに出ることにした。夫人は学校時代の旧友で、ピュリッツァー賞まで受賞している記者のモレンホフに電話をし、『ENIAC神話の崩れた日』（Mollenhoff, 1988）をアイオワ州立大学出版局から出版してもらうのである（McCartney, 1999, pp. 204-205 邦訳 pp. 220-221）。その経緯はモレンホフ自身が本の中ではっきり書いている。アタナソフ夫妻は、期待していたのに、ハネウェル社の弁護士たちから「246ページ」（原文ママ）の評決文

書の厚いコピーが送られてきただけで、他の誰からも特別な連絡はなかった。その後2カ月の沈黙に二人はいらだってきて、「妻のアリスは、ラーソン判事の評決が人々の注目を集めるような策略を模索しようと決心した。彼女が『デ・モイン・レジスタ』紙ワシントン支局の主任だった私に電話をくれたのは、1973年12月の半ばだった。私たちはアイオワ州ウェブスター市の高校時代からの友人であり、私の方が1学年か2学年先輩だった。(中略)裁定の中身を質問すると、彼女は評決文書の内容を拾い読みしてくれた。それを聞いて少し納得するようになり、これはアイオワ州立大学にとって、いやアイオワ州にとっても意外に大きなニュースかもしれないと思い始めていた」(Mollenhoff, 1988, pp. 215-216 邦訳 pp. 231-232) らしい。なぜ電話から出版まで15年もかかったのかは不思議だが、おそらく、一方の当事者であるモークリーが1980年に亡くなるのを待っていたのであろう。そして、モレンホフの本は、アタナソフ側からの一方的な情報のみで、アタナソフとモークリーの交流を描き、裁判経過を二人の証言を中心にして詳細に追いかけ、アタナソフが世界で最初の電子計算機 ABC を発明し、モークリーはその技術を受け継いで ENIAC を開発したにもかかわらず、その事実を隠してコンピュータの特許権を獲得していたとモークリーを非難した。裁判の場で、ハネウェル側の弁護士がモークリーを巧妙に追い詰めていく様の描写は、事後的に裁判記録から書き起こしたとは思えないほどに見事である。もっとも、少なくとも第8章冒頭の ENIAC プロジェクトが発足するまでの経緯に関するモレンホフの描写は、かなり不正確であるし、既に述べてきたように、裁判でのアタナソフの証言自体も、実際には事実と矛盾する点がいくつも指摘されている。

⑺⓪ ただし、なぜか裁判の結末については安岡・安岡(2008)には記述がない。その後のアンダーウッド・タイプライターの隆盛を見れば、おそらく特許権侵害にはならなかったと判断できるが。

⑺① それが梶山・大塚訳の岩波文庫版下巻(1962年)では、「それはそれとして、こうした文化発展」(梶山・大塚訳、ウェーバー、1920/1962, p. 246)に変えられてしまったが、これでは誤訳になることを活字でもっとも早く1968年に指摘したのは折原(1968)で、原文では明確に第三の可能性③を受けていたことを文法的に解説していた(折原, 1968, 註7, p. 372)。つまり梶山訳(1938)の方が正しかったと指摘したのだが、大塚は折原の指摘から20年後の1988年に出した単独訳でも訂正はせず、それがそのまま今日まで

残っている(詳しくは,安藤(1992)pp. 461-463 注52)。コールバーグによる前掲新英訳では,"Then, indeed, if ossification appears,……"(Kalberg 訳, Weber, 1920/2011, p. 178)と明確に③機械的化石化(英訳では "a mechanized ossification")であると限定して英訳しているが,Kalberg 訳(2002)の 3rd Roxbury ed. で,既にそうなっていた(Weber, 1920/2002, p. 124)。ちなみに,パーソンズ訳(1930)では,そもそもこの部分は訳されておらず,いきなり "For of the last stage of this cultural development, ……"(Parsons 訳, Weber, 1920/1930, p. 182)と文章が始まってしまう。その意味では,大塚訳はパーソンズ訳に従ったといえるのかもしれない。この第三の可能性③を指していることを確認した上で,引用文章中の「一種の異常な尊大さで粉飾された機械的化石と化すること」(梶山訳では「一種の病的自己陶酔をもって粉飾された機械的化石化」)の部分を,原文では「痙攣しながら」が登場していることに注意しながら,折原は次のように訳している。「第三の方向に向かうとすれば,その外枠のなかでは,「精神なき専門家」であると同時に「感性なき享楽人」でもある「無にひとしい者たち」が,痙攣するように(心身をひきつらせて)職業活動に専念し,それぞれの専門領域では「人類の最高段階に登り詰めた」と思い込んで「自己尊重感」を保ちながら,まさにそのことをとおして精神の生動なき「機械的化石化」を押し進めていくであろう,と」(折原, 2003, p. 21)。

⑺2 2011年9月3日・4日に中村学園大学(福岡市)で開催された産業・組織心理学会第27回大会のシンポジウム「これからの組織行動研究」における報告:高橋伸夫「《未体験課題と向き合う組織》のマネジメントを『殻』から考える」をもとに,加筆修正したものである。

⑺3 Eilam & Shamir (2005) では,「自己概念」とは,その人自身を一つのものとみなす物の見方(知覚),信念,態度をまとめる構成概念と定義されている。(a construct that organizes the person's perceptions, beliefs, and attitudes regarding his or her self as an object.)

⑺4 日本バナナ輸入組合広報室のホーム・ページ「バナナ大学」http://www.banana.co.jp/

参考文献

Abernathy, William J. (1978) *The Productivity Dilemma: Roadblock to Innovation in the Automobile Industry.* Baltimore, Maryland: Johns Hopkins University Press.

Abernathy, William J., Kim B. Clark, & Alan M. Kantrow (1983) *Industrial Renaissance.* New York: Basic Books. (望月嘉幸監訳『インダストリアルルネサンス』TBS ブリタニカ, 1984)

Abernathy, William J. & Kenneth Wayne (1974) "Limits of the learning curve," *Harvard Business Review,* Sept.-Oct., pp. 109-119.

Abernathy, William J., & James M. Utterback (1978) "Patterns of industrial innovation," *Technology Review,* 80(7), pp. 40-47.

秋池篤 (2012)「A-U モデルの誕生と変遷――経営学輪講 Abernathy and Utterback (1978)」『赤門マネジメント・レビュー』11, pp. 665-679。

秋田純一 (2003)『ゼロから学ぶディジタル論理回路』講談社。

Alchian, Armen (1963) "Reliability of progress curves in airframe production," *Econometrica,* 31, pp. 679-693.

Anderson, Philip & Michael L. Tushman (1990) "Technological Dyscontinuities and dominant designs: A cyclical model of technological change," *Administrative Science Quarterly,* 35, pp. 604-633.

安藤英治 (1992)『ウェーバー歴史社会学の出立』未來社。

荒川敏彦 (2001)「ヴェーバーの『殻』概念――『鉄の檻』への疑問」日本社会学会大会。

荒川敏彦 (2007)「殻の中に住むものは誰か――『鉄の檻』的ヴェーバー像からの解放」『現代思想』35(15) (2007年11月臨時増刊号), pp. 78-97。

Arnold, Horace Lucien & Fay Leone Faurote (1915) *Ford Methods and the Ford Shops.* New York: Engineering Magazine Company.

Atanasoff, John V. (1940) "Computing machine for the solution of large systems of linear algebraic equations," in Brian Randell (ed.) (1973; 1975; 1982) *The Origins of Digital Computers: Selected Papers.* Berlin; New York: Springer-Verlag, pp. 315-335 in 3rd ed. (1982).

Baldwin, Carliss Young & Kim B. Clark (2000) *Design rules*. Cambridge, Mass.: MIT Press. (安藤晴彦訳『デザイン・ルール——モジュール化パワー』東洋経済新報社, 2004)

Baloff, Nicholas (1966) "Startups in machine-intensive production systems," *Journal of Industrial Engineering*, 17, pp. 25-32.

Baloff, Nicholas (1971) "Extension of the learning curve: Some empirical results," *Operational Research Quarterly*, 22, pp. 329-340.

Benz, Carl Friedrich (1925) *Lebensfahrt eines deutschen Erfinders*. Leipzig: Koehler & Amelang. (藤川芳朗訳『自動車と私——カール・ベンツ自伝』草思社, 2005)

Brooks, Frederick Phillips, Jr. (1975; 1995) *The Mythical Man-Month: Essays on Software Engineering*. Reading, Mass.: Addison-Wesley. Anniversary ed. Reading, Mass.; Tokyo: Addison-Wesley. (初版:山内正弥訳『ソフトウェア開発の神話』企画センター, 1977。原著発行20周年記念増訂版:滝沢徹・牧野祐子・富澤昇訳『人月の神話——狼人間を撃つ銀の弾はない』アジソン・ウェスレイ・パブリッシャーズ・ジャパン発行/星雲社発売, 1996。第7刷 (2001) 以降:ピアソン・エデュケーション発行。新装版:ピアソン・エデュケーション, 2002. 新組新装版:ピアソン桐原, 2010)

Burks, Arthur W. (1980) "From ENIAC to the stored-program computer: Two revolutions in computers," in Nicholas Metropolis, J. Howlett, & Gian-Carlo Rota (eds.) *A History of Computing in the Twentieth Century: A Collection of Essays*. New York: Academic Press, pp. 311-344.

Burks, Alice R. & Arthur W. Burks (1988) *The First Electronic Computer: The Atanasoff Story*. Ann Arbor: University of Michigan Press. (大座畑重光監訳『誰がコンピュータを発明したか』工業調査会, 1998)

Campbell-Kelly, Martin & William Aspray (1996) *Computer: A History of the Information Machine*. New York: BasicBooks. (山本菊男訳『コンピューター200年史——情報マシーン開発物語』海文堂出版, 1999)

Campbell-Kelly, Martin & Michael Roy Williams (eds.) (1985) *The Moore School Lectures: Theory and Techniques for Design of Electronic Digital Computers*. Cambridge, Mass.: MIT Press and Los Angeles: Tomash Publishers.

Chandler, Alfred D., Jr. (1962) *Strategy and Structure: Chapters in the History of the American Industrial Enterprise*. MIT Press, Cambridge, Mass.（三菱経済研究所訳『経営戦略と組織』実業之日本社，1967；有賀裕子訳『組織は戦略に従う』ダイヤモンド社，2004）

Chandler, Alfred D., Jr. (comp. and ed.) (1964) *Giant Enterprise: Ford, General Motors, and the Automobile Industry: Sources and Readings*. New York: Harcourt, Brace & World. Reissued 1980 by New York: Arno Press.（内田忠夫・風間禎三郎訳『競争の戦略——GMとフォード・栄光への足跡』ダイヤモンド社，1970）

Christensen, Clayton M. (1997) *The Innovator's Dilemma: When New Technologies Cause Great Firms to Fail*. Boston, Mass.: Harvard Business School Press.（伊豆原弓訳『イノベーションのジレンマ——技術革新が巨大企業を滅ぼすとき』翔泳社，2000）

DiMaggio, Paul J. & Walter W. Powell (1983) "The iron cage revisited: Institutional isomorphism and collective rationality in organizational fields," *American Sociological Review*, 48, pp. 147-160.

Eckert, John Presper, Jr. (1980) "The ENIAC" in Nicholas Metropolis, J. Howlett, & Gian-Carlo Rota (eds.) *A History of Computing in the Twentieth Century: A Collection of Essays*. New York: Academic Press, pp. 525-539.

Eilam, Galit & Boas Shamir (2005) "Organizational change and self concept threats," *Journal of Applied Behavioral Science*, 41(4), pp. 399-421.

Eisenhardt, Kathleen M. & Jeffrey A. Martin (2000) "Dynamic capabilities: What are they?" *Strategic Management Journal*, 21, pp. 1105-1121.

Ford, Henry (1922) *My Life and Work* (in collaboration with Samuel Crowther). Garden City, N. Y.: Doubleday, Page & Company,（この書には多数の訳書が存在しているが（和田，2009，p. 567注54），ここでの引用は，豊土栄訳『ヘンリー・フォード著作集（上巻・下巻）』創英社／三省堂書店，2000の上巻に第1部「私の人生と事業」pp. 9-328として所収）

Ford, Henry (1926) *Today and Tomorrow* (in collaboration with Samuel Crowther). Garden City, N. Y.: Doubleday, Page & Company.（豊土栄訳『ヘンリー・フォード著作集（上巻・下巻）』創英社／三省堂書店，2000の上巻に第2部「今日そして明日」pp. 331-612として所収）

藤本隆宏 (2001)『生産マネジメント入門Ⅰ』日本経済新聞社。

藤本隆宏 (2002)「生産システムの進化論――トヨタの強さの真の源泉は何か」『赤門マネジメント・レビュー』1(5), pp. 405-443。

Goldstine, Herman H. (1972; 1993) *The Computer from Pascal to von Neumann*. Princeton, N. J.: Princeton University Press. First Princeton paperback printing 1980, fifth paperback printing with a new preface 1993.（末包良太・米口肇・犬伏茂之訳『計算機の歴史――パスカルからノイマンまで』共立出版, 1979）

Hannan, Michael T. & John Freeman (1984) "Structural inertia and organizational change," *American Sociological Review*, 49, 149-164.

樋口健治 (2011)『自動車技術史の事典（普及版）』朝倉書店。

Hirschmann, Winfred B. (1964) "Profit from the learning curve," *Harvard Business Review*, Jan.-Feb., pp. 125-139.

星野力 (1995)『誰がどうやってコンピュータを創ったのか？』共立出版。

Hounshell, David A. (1984) *From the American System to Mass Production, 1800-1932: The Development of Manufacturing Technology in the United States*. Baltimore and London: Johns Hopkins University Press.（和田一夫・金井光太朗・藤原道夫訳『アメリカン・システムから大量生産へ 1800～1932』名古屋大学出版会, 1998）

五十嵐平達編著 (1970)『フォードⅠ』（世界の自動車44）二玄社。

五十嵐平達編著 (1971)『リンカーン』（世界の自動車47）二玄社。

今関恒夫 (2006)『バクスターとピューリタニズム――17世紀イングランドの社会と思想』ミネルヴァ書房。

今能善範・高井文子 (2010)『コア・テキスト イノベーション・マネジメント』新世社。

小菅竜介 (2011)『市場志向構築のジレンマ』東京大学大学院経済学研究科提出博士論文。

Lavington, Simon Hugh (1980) *Early British Computers: The Story of Vintage Computers and the People Who Built Them*. Manchester: Manchester University Press.（末包良太訳『コンピューターの誕生――イギリスを中心に』蒼樹書房, 1981）

Leonard-Barton, Dorothy (1992) "Core capabilities and core rigidities: A paradox in managing new product development," *Strategic Management*

Journal, 13, Issue S1, pp. 111-125.

Levitt, Theodore (1960) "Marketing myopia," *Harvard Business Review*, Jul.-Aug., pp. 45-56.

Mauchly, John W. (1980) "The ENIAC," in Nicholas Metropolis, J. Howlett, & Gian-Carlo Rota (eds.) *A History of Computing in the Twentieth Century: A Collection of Essays*. New York: Academic Press, pp. 541-550.

McCartney, Scott (1999) *ENIAC: The Triumphs and Tragedies of the World's First Computer*. New York: Walker. (日暮雅通訳『エニアック――世界最初のコンピュータ開発秘話』パーソナルメディア, 2001)

Metropolis, Nicholas, J. Howlett, & Gian-Carlo Rota (eds.) (1980) *A History of Computing in the Twentieth Century: A Collection of Essays*. New York: Academic Press.

Mitzman, Arthur (1970, c1969) *The Iron Cage: An Historical Interpretation of Max Weber*. New York: Alfred A. Knopf. (安藤英治訳『鉄の檻――マックス・ウェーバー 一つの人間劇』創文社, 1975)

溝田誠吾 (1986)「U・S・スチール社と製鉄業」塩見治人・溝田誠吾・谷口明丈・宮崎信二共著『アメリカ・ビッグビジネス成立史』東洋経済新報社, pp. 117-162。

Mollenhoff, Clark R. (1988) *Atanasoff: Forgotten Father of the Computer*. Ames: Iowa State University Press. (最相力・松本泰男訳『ENIAC神話の崩れた日』工業調査会, 1994)

Muth, John F. (1986) "Search theory and the manufacturing progress function," *Management Science*, 32, pp. 948-962.

Nevins, Allan & Hill, Frank Ernest (1957) *Expansion and challenge, 1915-1933*. New York: Scribner.

Nieuwenhuis, Paul & Peter Wells (2007) "The all-steel body as a cornerstone to the foundations of the mass production car industry," *Industrial and Corporate Change*, 16(2), pp. 183-211.

能澤徹 (2003)『コンピュータの発明――エンジニアリングの軌跡』テクノレヴュー。

折原浩 (1968)「マックス・ウェーバーの宗教社会学とその《覚醒予言》性」内田義彦・小林昇編『資本主義の思想構造(大塚久雄還暦記念論文集Ⅲ)』岩波書店, pp. 357-384。

折原浩（1969）『危機における人間と学問――マージナル・マンの理論とウェーバー像の変貌』未來社。

折原浩（2003）『ヴェーバー学のすすめ』未來社。

折原浩（2008）「ヴェーバー研究の『新しい風』に寄せて」『未来』2008年3月号，No. 498, pp. 1-6。

Porsche, Ferry (1989) *Ferry Porsche: Cars Are My Life* (with Günther Molter). Wellingborough: Patrick Stephens.（斎藤太治男訳『ポルシェ――その伝説と真実』三推社／講談社，1993）

Pugh, Emerson W., Lyle R. Johnson, & John H. Palmer (1991) *IBM's 360 and early 370 systems*. Cambridge, Mass.: MIT Press.

Randell, Brian (ed.) (1973; 1975; 1982) *The Origins of Digital Computers: Selected Papers*. Berlin; New York: Springer-Verlag.

Richards, Richard Kohler (1966) *Electronic digital systems*. New York: Wiley.

Sayer, Derek (1991) *Capitalism and Modernity: An Excursus on Marx and Weber*. London, New York: Routledge.（清野正義・鈴木正仁・吉田浩・栗岡幹英訳『資本主義とモダニティ――マルクスとウェーバーによる知的探検』晃洋書房，1993）。

Shannon, Claude E. & Warren Weaver (1949) *The Mathematical Theory of Communication*. The University of Illinois Press, Urbana, Ill.（長谷川淳・井上光洋訳『コミュニケーションの数学的理論――情報理論の基礎』明治図書出版，1969。植松友彦訳『通信の数学的理論』ちくま学芸文庫，2009）

新宅純二郎（1994）『日本企業の競争戦略』有斐閣。

塩見治人（1978）『現代大量生産体制論』森山書店。

塩見治人（1986）「フォード社と自動車産業」塩見治人・溝田誠吾・谷口明丈・宮崎信二共著『アメリカ・ビッグビジネス成立史』東洋経済新報社，pp. 203-233。

Shurkin, Joel (1984) *Engines of the Mind: A History of the Computer*. New York: Norton.（名谷一郎訳『コンピュータを創った天才たち――そろばんから人工知能へ』草思社，1989）

Sloan, Alfred P. edited by John McDonald with Catharine Stevens (1964 c1963) *My Years with General Motors*. Garden City, N. Y.: Doubleday. Reissued 1990 by New York: Doubleday Currency with a new introduction by Peter F. Drucker.（田中融二・狩野貞子・石川博友訳『GMとともに——世界最大企業の経営哲学と成長戦略』ダイヤモンド社, 1967）

Smiles, Samuel (2002) *Self-help, with illustrations of character, conduct, and perseverance* (edited with an introduction and notes by Peter W. Sinnema). Oxford, England; Tokyo: Oxford University Press.（竹内均訳『自助論』知的生き方文庫，三笠書房, 2002）

Sorensen, Charles E. (1956) *My forty years with Ford*. Norton, New York. Reissued 2006 by Detroit, Michigan: Wayne State University Press.（高橋達男訳『フォード・その栄光と悲劇』産業能率短期大学出版部, 1968; 福島正光訳『自動車王フォード』角川書店（角川文庫), 1969) 邦訳の引用ページは福島訳の角川文庫版による。

Stern, Nancy B. (1981) *From ENIAC to UNIVAC: An Appraisal of the Eckert-Mauchly Computers*. Bedford, Mass.: Digital Press.

高橋伸夫 (1989)「日本企業のぬるま湯的体質」『行動計量学』16(2), pp. 1-12。

高橋伸夫 (1993)『ぬるま湯的経営の研究』東洋経済新報社。

高橋伸夫 (1995；2003；2006)『経営の再生——戦略の時代・組織の時代』初版・新版・第3版，有斐閣。

高橋伸夫 (2001)「学習曲線の基礎」『経済学論集』66(4), pp. 2-23。東京大学経済学会。

高橋伸夫 (2003)「ぬるま湯的体質の研究が出来るまで——叩かれることで目覚める」『赤門マネジメント・レビュー』2(6), pp. 247-277。

高橋伸夫 (2004)「私の古典 ニーチェ ツァラトゥストラ」『文藝春秋』2004年12月号, p. 369。

高橋伸夫 (2010)『ダメになる会社——企業はなぜ転落するのか?』（ちくま新書875）筑摩書房。

高橋伸夫 (2011a)「殻——(1)"鉄の檻再訪"再訪」『赤門マネジメント・レビュー』10(4), pp. 245-270。

高橋伸夫 (2011b)「殻——(2)「殻」としてのT型フォード」『赤門マネジメント・レビュー』10(5), pp. 341-369。

高橋伸夫 (2011c)「殻——(3)「殻」にしがみつく」『赤門マネジメント・レビュー』10(6), pp. 419-440。

高橋伸夫 (2011d)「殻――（4）世界初の汎用デジタル電子計算機 ENIAC」『赤門マネジメント・レビュー』10(8), pp. 557-584。

高橋伸夫 (2011e)「殻――（5）「殻」としての ENIAC の陰で」『赤門マネジメント・レビュー』10(9), pp. 599-644。

高橋伸夫 (2011f)「殻――（6）マネジメントを「殻」から考える」『赤門マネジメント・レビュー』10(10), pp. 675-699。

高橋伸夫 (2012)「殻――（7）センスメーキング」『赤門マネジメント・レビュー』11(3), pp. 145-172。

高橋伸夫・桑嶋健一・玉田正樹 (2006)「コミュニケーション競争モデルと合理性」『経済学論集』72(3), pp. 2-20, 東京大学経済学会。

高橋伸夫・新宅純二郎 (2002)「Resource-based view の形成」『赤門マネジメント・レビュー』1(9), pp. 687-703。

高松朋史 (2000)「デファクト・スタンダード」高橋伸夫編著『超企業・組織論』有斐閣, pp. 77-86。

高島鎮雄編著 (1979)『メルセデス・ベンツ――戦前』（世界の自動車2）二玄社。

Teece, David J. (1986) "Profiting from technologicalinnovation: Implications for integration, collaboration, licensing and public policy," *Research Policy*, 15, pp. 285-305.

Teece, David J., Gary Pisano, & Amy Shuen (1997) "Dynamic capabilities and strategic management," *Strategic Management Journal*, 18, pp. 509-533.

Tichy, Noel M. & Mary Anne Devanna (1986) *The Transformational Leader*. New York: John Wiley & Sons.（小林薫訳『現状変革型リーダー』ダイヤモンド社, 1988）

Utterback, James M. (1994). *Mastering the dynamics of innovation: How companies can seize opportunities in the face of technological change*. Boston, Mass.: Harvard Business School Press.（大津正和・小川進訳『イノベーション・ダイナミクス』有斐閣, 1998）

Utterback, James M., & Abernathy, William J. (1975) "A dynamic model of process and product innovation," *Omega*, 3(6), pp. 639-656.

von Hippel, Eric (1976) "The dominant role of users in the scientific instrument innovation process," *Research Policy*, 5(3), pp. 212-239.

von Hippel, Eric (1988) *The Sources of Innovation*. New York: Oxford University Press. (榊原清則訳『イノベーションの源泉』ダイヤモンド社, 1991)

von Hippel, Eric (1998) "Economics of product development by users: The impact of 'sticky' local information," *Management Science*, 44(5), pp. 629-644.

von Neumann, John (1958) *The Computer and the Brain*. New Haven: Yale University Press. (飯島泰蔵・猪股修二・熊田衛訳『電子計算機と頭脳』ラテイス)

和田一夫 (2009)『ものづくりの寓話』名古屋大学出版会。

Weber, Max (1920) *Die protestantische Ethik und der Geist des Kapitalismus*. Tübingen: Verlag von J. C. B. Mohr.

Weber, Max (1930) *The Protestant Ethic and the Spirit of Capitalism*. (Talcott Parsons, Trans.). New York: Charles Scribner's Sons. (Original work published 1920)

ウェーバー, マックス (1938)『プロテスタンティズムの倫理と資本主義の精神』(梶山力訳), 有斐閣 (原著1920年)。

ウェーバー, マックス (1955-1962)『プロテスタンティズムの倫理と資本主義の精神』(上・下巻) (梶山力・大塚久雄訳), 岩波文庫 (原著1920年)。

ヴェーバー, マックス (1988/1989/1991)『プロテスタンティズムの倫理と資本主義の精神』(大塚久雄訳), 岩波書店, 岩波文庫, ワイド版岩波文庫 (原著1920年)。

ウェーバー, マックス (1994)『プロテスタンティズムの倫理と資本主義の《精神》』(梶山力訳・安藤英治編) 未來社 (原著1920年)。

Weber, Max (2002) *The Protestant Ethic and the Spirit of Capitalism* (3rd Roxbury ed.) (Stephen Kalberg, trans.). Los Angeles, CA: Roxbury Publishing Company (Original work published 1920).

Weber, Max (2009) *The Protestant Ethic and the Spirit of Capitalism with Other Writings on the Rise of the West* (4th ed.) (Stephen Kalberg, trans.). New York, Oxford: Oxford University Press (Original work published 1920).

Weber, Max (2011) *The Protestant Ethic and the Spirit of Capitalism* (Revised 1920 ed.) (Stephen Kalberg, trans.). New York, Oxford: Oxford

University Press (Original work published 1920).
Weick, Karl E. (1995) *Sensemaking in Organizations*. Thousand Oaks: Sage Publications. (遠田雄志・西本直人訳『センスメーキング イン オーガニゼーションズ』文眞堂, 2001)
Wilkes, Maurice Vincent (1985) *Memoirs of a Computer Pioneer*. Cambridge, Mass.: MIT Press. (中村信江・中村明訳『ウィルクス自伝——コンピュータのパイオニアの回想』丸善, 1992)
Wright, T. P. (1936) "Factors affecting the cost of airplanes," *Journal of the Aeronautical Sciences*, 3(4), pp. 122-128.
山之内靖 (1997)『マックス・ヴェーバー入門』岩波新書。
安田雪・高橋伸夫 (2007)「同型化メカニズムと正統性——経営学輪講 DiMaggio and Powell (1983)」『赤門マネジメント・レビュー』6(9), pp. 425-432。
安岡孝一・安岡素子 (2008)『キーボード配列——QWERTY の謎』NTT 出版。
横田理博 (2011)『ウェーバーの倫理思想——比較宗教社会学に込められた倫理観』未來社。
Zollo, Maurizio & Sidney G. Winter (2002) "Deliberate learning and the evolution of dynamic capabilities," *Organization Science*, 13, pp. 339-351.
Zuse, Konrad (1980) "Some remarks on the history of computing in Germany" in Nicholas Metropolis, J. Howlett, & Gian-Carlo Rota (eds.) *A History of Computing in the Twentieth Century: A Collection of Essays*. New York: Academic Press, pp. 611-627.
『VOLKSWAGEN』(ワールド・カー・ガイド・DX 7) (2006) ネコ・パブリッシング。
『VW 大辞典』(1990) ネコ・パブリッシング。

索　引
（＊は人名）

アルファベット

ABC　93-95, 140, 142, 143, 169, 218, 227
AT&T　161
AT（オートマチック・トランスミッション）　43-44
AT車　43
A-Uモデル　46, 49-51, 69-71, 181
A面　16-19, 21, 193
BINAC　139, 149, 150
BRL　91, 99-101, 107, 116-118, 121, 123, 219
B面　16-19, 21, 193
CBSテレビ　151
CD　16
CDC　162, 170
CDシングル　17
COBOL　225
computer　218
CPU　158, 179
CRT（陰極線管）　137, 138
DC-3　88
DRAM　95, 103
EDSAC　134, 139
EDVAC　101, 112, 113, 115, 132, 134, 137, 139, 145, 148, 155, 156
　——II　148
　——原理　148
　——レポート　113, 114, 133, 140, 145, 155, 156, 224
EMCC　151, 156, 225, 226
ENIAC　21, 87-89, 91, 95, 97, 100-109, 111-113, 115, 117-124, 128-132, 135-137, 140, 146, 148, 154, 156, 157, 193, 209, 220-222, 227
ENIAC解雇事件　127
ENIAC間奏曲　132, 134, 224
ENIAC特許　124, 126, 155, 156, 161, 162, 168, 170, 222
ENIAC特許裁判　106, 140, 141, 143, 169, 218
FF車　83
FF方式　45, 46
FR方式　45, 46
Futureシリーズ（FS）　167
GE　162, 170
GM　30, 43, 44, 71, 72, 83, 85, 86, 160, 214
GMAC　85
HDD　28
IBM　20, 21, 86, 88, 107, 108, 127, 135, 150, 152, 154, 156-164, 166-168, 170, 210
　——システム/360-370　89
　——600シリーズ　155
　——700シリーズ　152, 154
　——1401　158, 159, 162, 210
　——システム/360　165, 193
　——と7人の小人たち　170
　——モデル604　155
　——モデル650　152, 154, 155, 157, 158
　——モデル701　135, 152, 153

――モデル702　152,153
――モデル704　153
――モデル705　153
――モデル1401　157,160
IC　163,164,167
ISD　162,168,170
K型　36,216
LD業務用カラオケ　28
MIT　90,91,96,98,100,117,120,124,134,135,139,147,153,154
MITサーボ機構研究所　136
NCR　86,162,170
NDRC　118
N型　35-37,52,56,180,181
ONR　129
OS　166
OS/360　164-166
PCS　220
PX（プロジェクト）　100,101,110
PY（プロジェクト）　101,112,113
QWERTY配列　41-43,87
RAM　103
RCA　114,118,162,170
RR方式　45,46
SLT　163,164,167
SRAM　103
SSEM　138
T型フォード　20,21,25,30,35-40,43-50,52-55,61,62,64-66,69-87,89,155,162,163,179-181,185,191,193,209,214,216
UNIVAC　87,130,140,147-149,151-154,156,157,225
UNIVAC I　148
USスチール　215
Xカー　81

あ行

アーキテクチャ　179
アーシナス・カレッジ　91
アイアン・ケイジ　7,10,11
アイオワ州立カレッジ（現アイオワ州立大学）　92,93,227
アイコノスコープ管　114
＊アイゼンハワー，D.D.　151
アキュムレータ　102-105,107-112,131,143,144,222
＊アターバック，J.M.　47
＊アタナソフ，J.V.　92-95,140-144,169,226,227
アタナソフ＝ベリー・コンピュータ→ABC
アップストライク式　42
アナログ・レコード　16
アナログ計算機　90
アナログ微分解析機　101,117,220
アバディーン　90,91,111,123
＊アバナシー W.J.　40,49,52,69,82
アプリケーション・ソフト　157,159
アメリカ合衆国工廠　30
アメリカン・トータリゼーター社　149-151,225,226
＊荒川敏彦　10,11,13,15
＊アレクサンダー，S.N.　132,135
アンダーウッド・タイプライター　42,47,87,227
＊安藤英治　3,8,228
イーグル鉄工所　25
育種家　204,205
移行　50,51
移動式組立ライン（移動式組立方式）　55-57,61,62,76,77,215
移動目標表示器　96

索　引　241

イノベーター　31
　——のジレンマ　28
イリノイ・サイエンティフィック・デベロップメント社　162
印字装置　108
インストールド・ベース　44,45
＊ウィリアムズ, F.C.　137-139
ウィリアムズ管またはウィリアムズ・キルバーン管　137,138,153
＊ウィルクス, M.　132-134,137,145,146,221,223,224
＊ウィルズ, H.　39
＊ウェーバー, M.　1-4,6,10-12,14,23,33,182,183,192,194,208,210,217
ウェスタン・エレクトリック社　161
ウェスチングハウス社　25
ウェストポイント　222
＊ヴェブレン, O.　100
＊ヴェルツ, F.M.　134,135,224
動くリビング・ルーム　82
宇宙線研究所　92
馬なし馬車　25,27,45
＊エイケン, H.H.　130,165,225
永劫回帰　211
英連邦科学局　136
エージェント　189,190
エートス　182-184
液体トルク・コンバータ　44
エクシング　28
エジソン電灯社　26,27,29
＊エッカート, J.P.　96,97,100-103,105,106,110,112-115,120,121,124-128,131,138,139,145,147-151,155,156,210,220,222,225,226
エッカート・モークリー・コンピュータ・コーポレーション（Eckert-Mauchly Computer Dorporatin；

EMCC）　149,169
エドワード・バッド社　83
＊エバレット, R.E.　136
＊エルボーン, R.D.　142
エレクトロニック・コントロール社　127,155
演算ユニット　102
＊大塚久雄　3,4,7-9,227
オープン・カー　82-84,86
オールズモビル　44,218
＊オットー, N.A.　25,213
オットー・エンジン　25
オットー・サイクル　26
オペレーティング・システム　164
親工場　60,61,63
檻　9
＊折原浩　6,9,14,15,209,227
オリベッティ　42,47
オンライン・コンピューティング　167

　　　　か　行

＊カーティス, J.H.　147
カーティス・ライト社　177
カード・リーダー　157,158
海軍研究局（ONR）　129,141,147,224
海軍研究発明局　129
海軍兵器研究所　94,141
会計機　158
会計検査院　175
開始装置　107
改善　185,186,188,189,191,193
改善能力　184
改善の継続　191
改造 CRT　139
開放型（オープン）ボディ車　82,83
回路素子　103

ガウスの消去法 94
価格競争 50, 53
学習曲線 175-177, 179, 181, 184, 186, 188, 189, 191
学習効果 177
学習率 53
籠 9
加工精度 55, 63
可視化 197
*梶山力 3, 8, 174, 227
ガス・エンジン 26
化石化 1, 12, 20, 89, 147, 166-168, 171, 173, 174, 191-193, 211
仮想メモリ 167
カソード（陰極） 120
ガソリン・エンジン 26, 27, 29, 32
ガソリン・エンジン自動車 25
ガソリン・エンジン車 31
ガソリン自動車 26, 34, 42
かたつむりの殻 11
割賦販売 85
稼働率 121
神の見えざる手 204
殻 vi, vii, viii, 11-15, 17, 19, 20, 22, 33, 47, 67, 75, 76, 80, 82, 89, 95, 117, 136, 137, 140, 144, 168, 173-175, 183, 193, 194, 196, 204, 205, 209, 210, 212, 228
ガリソン・バギー 32
カルマン・ギア 79
関数表装置 222
*カンツラー, E.C. 81
カントン 39
官僚制 6, 7
記憶装置 192
記憶容量 103, 106, 111
機械式 221

機械式卓上計算機 220
機械的化石化 173, 174, 209, 228
技術的選択 181
技術的代替案 186, 191
規準書 165
気象予報 114
キャデラック社 29, 30, 35, 214
キャパシタ（コンデンサ） 95, 103
キャパシタ・ドラム・メモリ 93, 95, 143, 144
競争的同型化 200, 202-204
競争優位 17-19
キリスト教的な禁欲 4
*キルバーン, T. 139
*キルビー, J. 163
均衡 190
金属プレス 83
禁欲的プロテスタンティズムの職業倫理 14
禁欲的プロテスタント（ピューリタン） 5, 183
禁欲の精神 2, 12, 13
組立分工場 60-63, 216
クライスラー社 217
*クリッピンジャー, R.C. 116, 221
クリティカル・マス 44, 45
クロス・ライセンス契約 iv, 155, 157, 161, 170
*クロフォード, P.O. 224
経営学 ix, 6, 15, 19-21, 41, 89, 175, 194, 210
経営戦略論 vii-ix, 174, 194, 211
経験曲線 53, 175, 176, 186
経験則 176
経済学 174
経済合理性 189
計算する人（コンピュータ） 99, 218

ケイジ 9
計数回路 92, 103, 105
計数機（counter） 104
携帯機器 104
軽量化 37, 39, 40, 45, 46
ゲーム理論 112, 174, 190
ゲホイゼ 7-9, 11, 15, 24
*ケルビン, L. 217
限界ゲージ 30
原価企画 180
研究ディレクター 98, 126, 218
原子力委員会 123
ケンブリッジ症候群 118
ケンブリッジ大学 134, 139
コア 17, 193
　　──硬直性 16, 18, 19
　　──コンピタンス 184
　　──能力 16, 18, 19, 21
コア・メモリー 136, 153, 154, 158, 167
高級言語 225
高原効果 188
高原状態 188, 189
公式デモンストレーション 122
構造的慣性 18
構造同値 201
拘束 10, 11, 14, 15
高速乗算機 222
高速プリンター 158
硬直 18
　　──化 174
　　──性 16-19, 193
　　──的 50
工程イノベーション 48, 50, 51, 53, 56, 71, 175, 176, 181, 185, 189, 191, 193
行動による学習 185
鋼板プレス 84

後方統合 64
合理モデル 190
凍りついた状態 70
*コールドウェル, S. C. 117, 118
*ゴールドスタイン, H. H. 98-100, 106, 107, 109-113, 115, 116, 120, 122, 128, 130, 131, 144, 145, 148, 155, 156, 218-222, 224
*ゴールドスタイン夫人 221
*コールバーグ, S. 11, 22-24, 228
互換
　　──機 160
　　──性 159
　　──製品系列 163
　　──ファミリー概念 160
国勢調査局 147, 148, 151, 225
国防契約手続 188
国防研究委員会（NDRC） 117
国民経済計算 vii
心構え 184
故障率 121
コスト・プラス契約 148
個体群生態学 18, 202
護符 1, 15, 17, 19-21, 67, 76, 80, 82
コミュニケーション競争モデル 190
*コムリー, L. C. 133, 223, 224
コルト社 30
コロッサス 137
コントロール・データ社 218
コンピュータ 88, 89, 92, 112, 123, 146, 151, 158
　　──・シミュレーション 186, 189
　　──・デザイン 147, 166-168, 174, 193
コンベアー・システム 54-57, 60

さ 行

『西国立志編』 192
最終組立工程 60-62
*サイモン, L. E. 100, 106
作表機 157
サブルーチン 108
三倍体 203
シーゲート・テクノロジー社 28
*シェパード, C. B. 138
シカゴ大学 99
時間給制度 60
磁気計算機に関する文書 106
磁気テープ 150
　──・システム 153
　──・ユニット 158
　──記憶装置 149
　──方式 138
磁気ドラム 152, 154, 158
ジグ 178
自己アイデンティティ 194, 195, 197
自己概念 194, 195, 197, 198, 228
自己拘束的な状態 190
自己成就予言 188
自助 211
『自助論』 192
システム 96
システム/360 20, 88, 159-164, 166, 210
システム/360-370 167, 168, 174
システム/370 20, 88, 167
自然淘汰 200, 202, 203, 205
事前発表 156
自動化 73
自動車 25
自動車ディーラー 195, 203, 204
自動車特許 26
自動デジタル電子計算機 169
自動変速機 82
*シニア, W. 127
自分の選択 193, 212
シボレー 72, 83, 85, 216
資本主義 13
資本主義の精神 5, 14, 182, 183
シミュレーション 187
シミュレータ 190
*シャーキン, J. 95, 217, 219-222, 225, 226
*シャープレス, K. 125
『社会科学・社会政策雑誌』 2
社会学 200, 202
社会ネットワーク分析 201
射撃 105
射撃表 98, 99
車検 197, 198
シャシー 55-62, 77, 79, 83, 84
シャシー組立 217
　──工程 56
　──方式 58
*シャノン, C. E. 136
種 201
宗教改革 4
『宗教社会学論文集』 2
10進法 88, 102, 104, 113, 143, 148
集積回路 179
熟練工 76
*シュトラウス, H. 149
種の進化 201
主要配電盤 222
*シュレイヤー, H. 144
蒸気自動車(蒸気車) 25, 34
使用許諾 125, 126
条件分岐 143
条件分析 105

商用コンピュータ　87, 136, 151
少量生産品　179
＊ショールズ, C. L.　41
ジョギング　95
職業義務　14
職業義務感　14
職業人　14
＊ショックリー, W. B.　97
じり貧　i-iii, v-ix, 17, 18, 20, 22, 49, 168, 171, 191, 193, 194, 198, 204, 209-211
＊ジロン, P. N.　101, 107, 118
人為選択　202-204
進化　204, 205
新型車」崇拝　77
進化能力　184, 205
新規事業開発　ix, 194
真空管　92, 93, 103, 111, 117, 119-121, 143, 144, 157, 158
シングル盤　16
信仰心　14
新子安工場　62
進歩　184, 188, 189, 191
進歩関数　175, 176, 186
信頼性　18
水銀遅延線　153, 192
　——メモリ　139, 149, 150
　——記憶　96
　——記憶ユニット　111, 112
水晶振動子　97
水素爆弾（水爆）　121, 122
　——の爆縮時　221
　——爆縮時の平面波　122
スケール観　179, 181, 193
＊スタンウェイ, W.　214
＊スティビッツ, G. R.　97, 118, 130, 147
スペリー・ジャイロスコープ社　152, 156
スペリー・ランド社　152, 156, 157, 161, 169-171
スペリー社　171
＊スマイルズ, S.　192
＊スミス, J. K.　39
スミソニアン協会　142, 220
スミソニアン博物館　222
＊スローン, A. P.　85
生産技術　178
生産コスト　176, 177, 179, 186, 188
生産システム　50, 69, 73, 75, 81, 192
　——（の）硬直化　75, 76
生産性のジレンマ　69, 70, 72, 73, 76
生産単位　49
静止式組立方式　56-60, 62
生存競争　202
制度的同型化　200, 202, 204
製品イノベーション　50, 51, 70, 71, 81, 181, 189
製品デザイン　19, 20, 25, 27, 29, 35, 42, 44, 46, 47, 49, 89, 178, 179, 181
製品のライフ・サイクル　69
生物学　201, 202
＊セイヤ, D.　11
世俗内的禁欲　4, 5, 183
説明責任　18
ゼネラル・モータズ社→GM
セミ・オートマチック・トランスミッション　38, 43
セラミック・モジュール　163
＊セルデン, G. B.　33, 34
セルデン特許　171
セルフ・スターター・モーター　79
全金属製閉鎖型ボディ　82-84, 86, 217
センスメーキング　184, 185
仙台東部道路　208

選別 204
専門化 73
組織フィールド 201
組織論 200
外枠 10
ソフトウェア 158,159,168
ソフトウェア・ロックイン 167,168,174
ソフトウェア危機 164
ソリューション・ビジネス iv,v
＊ソレンセン，C.E. 39,64,71,74-76,81,215

た　行

第2世代のコンピュータ 166
第3世代コンピュータ 160,163,164
体感温度仮説 213
対数線形
　　――型の学習曲線 186
　　――モデル 53
対数目盛 53
大統領選挙 151
タイトー 28
ダイナミック・ケイパビリティ 204
タイプ1 46,78
ダイフォード 163
タイプライター 41,42,171
タイム・シェアリング 167
＊ダイムラー，G.H. 25,26,214
ダイムラー・ベンツ社 26
大量生産 181
多角化 ix,194
＊高島鎮雄 26
＊高橋伸夫 6,9
ダグラス D-3 162
＊ダッジ兄弟 216,217
ダッジ社，ダッジ兄弟自動車会社 83,216,217
脱熟練化 76
脱成熟化 69,70
『ダメになる会社』 5,6
単位当たりの生産コスト 175
単位当たりの直接労働時間 175
鍛造品 75
弾道 122
弾道計算 90
弾道研究所（BRL） 90
単能化 76
地代 vii
＊チャンバース，C. 98,129,131
中古車の下取り 85
直接結合 201
直列処理 143
賃貸料 vii
ツァラトゥストラ 174,211,212
＊ツヴォルキン，V.K. 114
通信カラオケ 28
通信工学研究所（TRE） 138
＊ツーゼ，K. 144
ツーリング・カー 52,61,80,82,86
提案制度 185
ディーラー 196
定格 120
　　――最大電圧 120
　　――最大電流 120
　　――電圧 121
ディケード・カウンタ・リング 105,143,144
定数転送装置 107
ディスク 106
ディフェンス・カリキュレータ 152
＊ディマージオ，P.J. 1,5-7,10,200
テキサス・インスツルメンツ社 163
適者生存 202

索 引

デザイン・フォー・マニュファクチャリング 181
デジタル・コンピュータ 100, 117, 134
デジタル電子計算機 146, 152
デジタル論理回路 103
デジュール・スタンダード 41
鉄の檻 2, 4-13, 15, 22, 173
『鉄の檻』 10, 12
「鉄の檻再訪」 1, 5, 7, 10, 201
デトロイト自動車会社 29, 30, 35
デバッグ 109
デファクト・スタンダード 21, 40-44, 87-89, 146
＊デュリア兄弟 215
電気機械式 157
　──計算機 119, 120
電気工学部 217
電気自動車 34, 214
電子計算機 97, 98, 112, 117, 124
電子式デジタル計算機 120
電子頭脳 123
天井心理 189
天職 4, 5, 182, 183
　──義務 5, 13, 15, 182, 183
「天は自ら助くる者を助く」 192
電話交換機 109
ドイツ・ガスモーター社 25
同意判決 156
同型
　──化 1, 200-202
　──化のメカニズム 201
　──的組織変化の源泉 201
淘汰 18
　──圧力 202
ドーナツ盤 16
特化状態 50, 51, 53, 69, 70, 73, 81, 189

特許 iv, 21, 26, 32, 38, 41
　──権 225
　──権使用料 222, 225
　──権侵害 157
　──自動車製造業者協会 33
　──出願権 222
　──使用料 33, 42, 127, 157, 162, 170
　──庁 169
　──料収入 154
＊ドブットビュ, E. D. 38
ドミナント・デザイン 20, 21, 40, 44-51, 53, 69, 81, 82, 87, 89, 146, 162, 193
＊トムソン, J. 219
トヨタ 184
＊トラヴィス, I. 126, 127, 130
トラック・シャシー 80
トランジスタ 97, 158, 163
トランスミッション 37
トレードオフ 69

な 行

内製化 64, 73
内燃機関 26
＊ニーチェ, F. W. 174, 211
2サイクル・エンジン 26, 33, 171
錦の御旗 18, 19, 21, 89, 137, 140, 146, 193
2進法 88, 94, 113, 138, 143, 144
日給5ドル制 60
ニッチ iv, viii
＊ニューマン, M. H. A. 137
二輪車 26
『人月の神話』 164
＊ヌードセン, W. S. 72, 216
ネオン管 144

ネットワーク外部性 44
燃費 40
*ノイス, R. 163
ノースロップ社 149,150
ノックダウン生産 61,62
ノルマ 196-198

は 行

*バークス, A.W. 92,95,113,115,128,131,218,220,222,226
*ハーシュマン, W.B. 188,189
*パーソンズ, T. 7-11,22,23,228
*ハード, C.C. 135,152,154
ハード・ディスク・ドライブ（HDD） 27
ハートフォード兵器工場 30
*ハートリー, D.R. 91,136,137,223,224
バートル研究財団 92
ハーバード・マークⅠ 119,120,123,130
ハーバード大学 98,120,124,147,225
*バーロフ, N. 188,189
パイオニア 28,29
徘徊モデル 190,191
ハイドラマチック・トランスミッション 43
ハイランド・パーク工場 52,54-57,59-63,66,72,76,84,86,216
*パウエル, W.W. 1,5-7,10,201
*ハウンシェル, D.A. 76
バグ 122
バクスター 4
*ハスキー, H. 110
*バックスター, R. 1,4,12
バナジウム鋼 37,39
バナナ 203,228

*ハナン, M.T. 18
ハネウェル社 160,162,168,170,218,226
ハネウェル200 162
ハネウェル200シリーズ 160
パフォーマンス 18
*バベッジ, C. 144
針金磁気録音機 223
パルス 104,106-108,111
パルス/信号 106
*パルナス, D.L. 166
バローズ社 162,170,171
パンチ 157
パンチカード 94,102,154
　――・システム（PCS） 154
　――・システム600シリーズ 155
　――会計機 157
　――機 157,158
　――事業 156
　――穿孔装置 108
　――装置 151
　――読取装置 107
半導体 160,163,167
半導体メモリ 167
反トラスト法（独占禁止法） 150,156,168,169,171
汎用デジタル電子計算機 21,87-89,124,144,146
汎用電子計算機 109
ビートル 46,78,80
ピエゾ効果 97
東日本大震災 207,209
ピケット・アヴェニュー工場 56
飛行機 94,95
ビッグ・ブルー 159
微分解析機 99,100,117,217
ビュイック 44,85

索　引

ピューリタニズム　4, 183
ピューリタン　4, 5, 15
標準化機関　41
標準化定理　136
標準局　135, 147, 224
フィッター　55
フィラデルフィア　90, 111
フィラメント　120
フィルコフォード社　162, 170
フェアチャイルド・セミコンダクタ
　　163
フェランティ・マークⅠ　140
フェランティ社　140
＊フォード, H.　25-27, 29-36, 39, 40, 42,
　　47, 49, 52, 54, 61, 63, 66, 69, 71,
　　74-76, 78, 80-82, 84, 85, 171, 179,
　　180, 193, 210, 213, 214, 216, 217
＊フォード, E.　217
フォード・システム　75
フォード自動車会社（フォード社）
　　20, 21, 25, 32, 33, 35, 40, 43, 52-55,
　　60, 63-65, 67, 69, 71-74, 76, 79, 81,
　　83, 84, 86, 171, 180, 185, 193, 214,
　　216
フォルクスワーゲン　45, 46, 78, 185
＊フォレスター, J.W.　135, 136, 153
フォローカード　196-199, 203
フォロワー（追随者）　200
＊フォン・ノイマン, J.　111-117, 127,
　　128, 130, 131, 141, 145, 148, 152,
　　154-156, 220-222
フォン・ノイマン・アーキテクチャ
　　114
＊フォン・ヒッペル, E.　31, 51, 52
＊藤本隆宏　184, 186
＊ブッシュ, V.　90, 117, 217, 220
ブッシュ微分解析機　90, 91, 120, 221

部品の互換性　55, 63
不変のT型（フォード）　47, 67, 76, 79,
　　80, 82
ブラウン＆シャープ社　30
＊ブラウン, D.　136
ブラウン管　137
プラテン・シフト機構　42
＊フランケル, S.P.　122
フランチャイズ　v, 210
＊フリーマン, J.　18
フリップフロップ　103, 104, 111
　　――回路　92, 143
プリンストン（大学）高等研究所
　　100, 127, 128, 144, 152
プリンター　157, 159
フルカスタム製品　179
古き理想　194
＊ブルックス, F.P.　164-166
＊ブレイナード, J.G.　98, 100, 118, 125,
　　218, 219
プレーナ・プロセス　164
プレス品　75
プログラマ　165
プログラム　105-108, 111, 122, 138,
　　143, 164, 220
　　――・コントロール　108
　　――可能　109
　　――内蔵式　112, 113, 134, 137, 138,
　　222
　　――内蔵式概念　113
　　――内蔵式コンピュータ　88, 96,
　　136, 139, 150
　　――内蔵方式　104, 110, 115, 145
プロジェクト・ホワールウインド
　　136, 153
プロセス重視　195, 196
ブロックゲージ　30

『プロテスタンティズムの倫理と資本主義の精神』(プロ倫)　1-4, 7-12, 14, 33, 173
プロトタイプ　146, 177, 178
フロントストライク式　42
文化の繭　vii, 213
平均稼働時間　121
米国司法省　156
米国商務省の標準局　132
閉鎖型(クローズド)ボディ　82-85
*ヘイゼン, H. L.　90, 117, 118
並列処理　106, 143
ペシミズム　12
*ベリー, C.　93, 218
ベル研究所　97, 98, 118, 120, 124, 130, 136, 161
ペンシルベニア大学　88, 91, 92, 99, 101, 122, 124-127, 148, 219, 220, 222
変速機　37
*ペンダー, H.　124-126, 133, 222
ベンチャー　viii
*ベンツ, K. F.　26, 27, 32, 63
ヘンリー・フォード自動車会社　29, 31, 32, 214
防衛庁　176
報告書作成プログラム(RPG)　158
*ホーリニー, J.　163
補完資産　158
保護　11, 13-15
*ホッパー, G. M.　225
ボディ　55, 61, 65, 75
ポリシー　58
*ポルシェ, F.　78, 185
*ポルシェ親子　185

ま行

*マイバッハ, W.　25, 26
マグネト　80
マグネト点火式　36, 37
マクリーランド　125
マスター・プログラマー　102, 105, 108, 222
*マッカートニー, S.　169, 171, 217, 225, 226
末人　173, 174, 211
マルチエージェント・シミュレーション　189
マルチプログラミング　166
マン・ハイ」ワーク　58
マンチェスター・マーク 1　139, 140, 224
マンチェスター大学　91, 137-139, 153, 167, 224
マンチェスターのベビー・マシン　138
マンハッタン計画　121, 221
ミシガン大学　99, 128, 222
*ミッツマン, A.　10, 12
*ムアーズ, C. N.　141
*ムーア, A. F.　90
ムーア・スクール　90-92, 96-98, 100-102, 106, 110, 112, 114, 115, 117-119, 122, 124-128, 131-133, 137, 144, 155, 156, 217, 218, 222, 223
ムーア・スクール・レクチャー　129, 130, 132-135, 137-139, 141, 142, 147, 152, 221
無効審判　169
命令語　116
命令コード　225

索　引　251

　　メインフレーム（・コンピュータ）　20,
　　　88, 89, 167, 168, 170, 171
＊メトロポリス, N. M.　116, 122, 221
　　メモリ　102, 106
＊モークリー, J. W.　91-93, 96-102, 105,
　　　110, 113-115, 124-128, 130-132,
　　　138-143, 145, 147-151, 155, 156,
　　　169, 210, 217, 219-222, 225-227
　　木製フレーム　83, 84
　　モデル・チェンジ　71-80, 84
　　モデル・チェンジなしの単一車種生産
　　　47
　　モデル1401→IBM1401
　　モデル604→IBMモデル604
　　モデル650→IBMモデル670
　　モデル701→IBMモデル701
　　モデル702→IBMモデル702
　　モデル704→IBM704
　　モデル705→IBM705
　　モノコック　178
　　もの造り能力　184
　　模倣　200
＊モレンホフ, C. R.　218, 226, 227

や　行

＊安田雪　6, 9
＊ヤスパース, K.　11
＊山之内靖　6
　　ユーザー・イノベーション　31, 52
　　遊星歯車式変速機　36-38
　　誘致進行ポスト　196, 197
　　ゆでガエル現象　vii, 213
　　ユナイテッド・スチール社　39, 215
　　ユニシス社　171
　　要求性能　46
　　溶接　177
　　抑圧　11, 13, 15

　　予言　188
　　予言者　179, 181, 193, 194
　　予言者の出現　175, 209
＊横田理博　11
＊ヨハンソン, C. E.　30
　　4サイクル　25, 26, 33, 213
　　407会計機　159

ら　行

＊ラーソン, E. R.　169, 170
　　ラーソン評決　169
　　ライセンス　222
＊ライト, T. R.　177, 178
＊ライト兄弟　94, 95
　　ライトパターソン空軍基地　177
　　ランド・カーデックス社　87
　　リアエンジン　46
＊リース, D.　137
＊リーランド, H. M.　29, 30
　　陸軍　88, 105, 124, 156
　　陸軍軍需品部　98, 118, 129
　　離職率　60
　　リチャーズ　220
　　理念型　20, 40, 69
　　リバー・ルージュ計画工場　64-66, 76,
　　　84, 217
　　リフレッシュ　95, 103, 138
　　リベット　178
　　流動状態　50-52, 69
　　両A面　17
　　量産態勢　178, 179, 181
　　量産品　176
　　量産方法　179
　　量子力学　112
　　両対数グラフ　53, 177, 188
　　両面性　15
　　リレー　107, 144, 221

リレー式計算機　120
リンカーン社　30, 81
累積生産
　——機数　177
　——台数　53, 191
　——量　175-177
ルーチン　105
レーダー・システム　139
レーダー研究所　139
レコード　16
＊レナードバートン, D.　16, 18, 19
＊レビット, T.　180
レミントン・スタンダード・タイプ・ライター No.2　41
レミントン・タイプライター社　42, 87
レミントン・ランド社　87, 149, 151, 152, 156, 225, 226
レミントン社　41, 171
レンタル料　158, 159
レント　vii, viii
ロスアラモス科学研究所　122, 221
ロスアラモス研究所　115
ロスアラモス問題　122, 221
ロックイン　190
ロックフェラー電子計算機プロジェクト　134, 135
論理回路　93

わ 行

＊ワーグナー, F.X.　42
＊ワイク, K.E.　184
＊ワトソン, T.J.・ジュニア　86, 107, 135, 152, 155
＊ワトソン父子　150

《著者紹介》

高橋　伸夫（たかはし・のぶお）

- 1957年　北海道小樽市生まれ。
- 1980年　小樽商科大学商学部卒業。
- 1984年　筑波大学大学院社会工学研究科退学。
- 1984年　東京大学教養学部助手。
- 1987年　東北大学経済学部助教授。
- 1991年　東京大学教養学部助教授。
- 1994年　東京大学経済学部助教授。
- 1996年　東京大学大学院経済学研究科助教授。
- 1998年　東京大学大学院経済学研究科教授，現在に至る。学術博士（筑波大学，1987）。
- 主　著　*Design of Adaptive Organizations.* Springer-Verlag, 1987.
  『できる社員は「やり過ごす」』文藝春秋，1996；日経ビジネス人文庫，2002。
  『日本企業の意思決定原理』東京大学出版会，1997。
  『虚妄の成果主義』日経BP社，2004；ちくま文庫，2010。
  『組織力』ちくま新書，2010。
  『よくわかる経営管理』（編著）ミネルヴァ書房，2011。

　　　　　　　殻
　　　　──脱じり貧の経営──

2013年3月30日　初版第1刷発行　　　〈検印省略〉

定価はカバーに
表示しています

著　者　　高　橋　伸　夫

発行者　　杉　田　啓　三

印刷者　　坂　本　喜　杏

発行所　株式会社　ミネルヴァ書房

607-8494 京都市山科区日ノ岡堤谷町1
電話代表　(075)581-5191
振替口座　01020-0-8076

ⓒ高橋伸夫, 2013　　冨山房インターナショナル・兼文堂

ISBN 978-4-623-06604-9

Printed in Japan

よくわかる経営管理

―――高橋伸夫 編著　B5判　248頁　本体2800円

経営管理は，組織が動かす現代を理解するために必須の学問である。組織をどう統制し，他の組織と連携させるのか？ 戦略はどう策定するか？ 巻末の「モデル対応表」で，効率的な学習が可能。各項目を見開きで紹介し，経営組織の理論と実際を平易かつ網羅的に解説した必読の入門書。

よくわかる組織論

―――田尾雅夫 編著　B5判　240頁　本体2800円

経営学，社会学，社会心理学など幅広い分野を含む「組織論」の基礎概念や理論，構造と現代における課題などを，明快に初学者から理解できるように構成，記述した教科書。組織論の体系をわかりやすく網羅し，クロスリファレンスによってそれぞれの論題の関連を充分に認識して，組織論の全体像の理解を可能にする。

マックス・ウェーバーの社会学

―――牧野雅彦 著　四六判　264頁　本体2800円

●『経済と社会』から読み解く　ウェーバーの著作の中でもとりわけ難解と言われる『経済と社会』。そこで検討されるのはヨーロッパにおいて初めて成立する近代国家の特質と形成過程であった。本書は，『宗教社会学論集』と並ぶ主要業績とされる『経済と社会』を，当時の国家学・法律学の論争的文脈の中で読み解きながら，ウェーバーの社会学がいったい何を論じようとしていたのかを明らかにする。

最高の職場

―――M・バーチェル／J・ロビン 著　伊藤健市／斎藤智文／中村艶子 訳
四六判　286頁　本体2000円

「最も働きがいのある会社 100」に例年名を連ねる企業が，いかに社員のモチベーションを保ち，仕事の効率を高める良い組織となるか，についてどのような工夫をしているのか。そして，社員が，自分の会社を誇りに思い，評価しているのはどのようなところなのか。本書では，100社近いケーススタディをもとに実践につながる解説を行い，「最高の職場」創出の秘訣を明らかにする。20年にわたる GPTWI の調査成果と気鋭の執筆者による，よりよい職業人生の実現と，組織目標の達成に導く提言。

―――ミネルヴァ書房―――
http://www.minervashobo.co.jp/